행복을 찾아 누리며 살아갈 분들을 위한 책

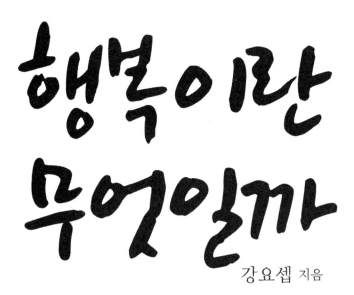

행복이란 무엇일까

강요섭 지음

"내가 오늘 네 행복을 위하여 네게 명하는 여호와
의 명령과 규례를 지킬 것이 아니냐"(신 10:13)

성령

행복이란
무엇일까?

성령

들어가는 말

97세가 되신 할아버지가 하시는 말씀, 행복이란 욕심 부리지 않고, 있는 것에 현실에 만족하고, 무엇이든지 조급하지 않고, 마음 평안하게 살아가는 것이 행복이랍니다.

필자가 얼마 전에 목요일 밤 집회를 마치고 집으로 돌아가 잠을 자며 기도하니까, 성령님께서 하문하시기를 "강목사 행복이라는 것이 무엇인가? 행복하려면 어떻게 해야 하는가?" 물어보시는 것입니다. 평상시 행복에 대하여 관심을 갖지 않고 살아왔기 때문에 쉽게 대답을 하지 못했습니다.

이침에 일어나서 행복이 무엇일까, 생각하면서 기도하니 이런 생각이 떠올랐습니다. "예수님 안에서 영혼의 만족을 누리면서 늙도록 하고 싶은 일을 하는 것이 행복이다." 간단한 것 같아도 복잡해집니다.

늙도록 자신이 하고 싶은 일을 하려면 먼저 건강이 따라줘야 합니다. 자기가 하고 싶어도 건강이 따라주지 않으면 할 수가 없습니다. 건강뿐만이 아닙니다. 하나님께서 함께 해주셔야 가능한 것입니다. 즉, 영혼에 만족함을 누려야 늙도록 하고 싶은 일을 할 수가 있다는 것입니다. 영적인 문제와 정신적인 문제와 육체적인 문제 때문에 일을 하고 싶어도 하지 못하는 분들이 많습니다. 모두 상처에 악한 영들이 역사하여 영적이고 정신적인 문제를 일으킨 것입니다. 영혼이 만족함을 누리려면 말씀과 성령으로 충만해야 가능합니다.

행복이란 무엇일까? 필자는 자신이 생각하기 나름이라고 정의하고 싶습니다. 자기 자신의 생각을 품고 있는대로 행복할 수도 있고 불행할 수도 있다는 말입니다. 그만큼 행복은 정의하기가 아이러니 하다는 뜻입니다. 행복은 자신이 추구하는 것이 이루어질 때 찾아오는 마음의 만족감이라고 생각할 수도 있습니다. 그런데 이러한 만족감도 영구적이 되지 못합니다. 그래서 행복이란 예수님 안에서 영혼의 만족을 누리면서 자신이 하고 싶은 것을 늙도록 할 수 있는 것이 정확하지 않을까 생각합니다. 이러한 행복이야 말로 영구적인 행복일 수가 있다고 생각합니다.

이 책에는 필자가 기도하고 목회하면서 성령님으로부터 깨달은 행복에 대하여 제시되어 있습니다. 행복하려면 이 책을 읽어보시기를 바랍니다. 무엇이 행복인지 개념이 정립될 수 있을 것입니다. 이 책을 통하여 자신의 주인이신 예수 그리스도에게서 흘러 나오는 행복을 알아내어 느끼시고 누리시기는 계기가 되시기를 바라고 소원합니다.

주후 2019년 10월 17일
충만한 교회 성전에서
저자 강요셉목사.

세부적인목차

1부 행복이란 무엇일까요?

1장 행복이란 한 마디로 무엇일까?

(빌 4:4)"주 안에서 항상 기뻐하라 내가 다시 말하노니 기뻐하라"

하나님은 모든 성도들이 예수님 안에서 행복한 삶을 누리며 살아 가기를 원하십니다. 행복은 무엇인지 딱 집어서 말하기 힘든 것이라고 생각합니다. 국어사전에 행복에 대하여 이렇게 설명합니다. "삶에서 기쁨과 만족감을 느껴 흐뭇하다." 사람들은 흔히 행복이 무엇인지 묻고, 찾고 싶어 합니다. 그것은 마치 공기처럼 보이지도 않고, 잡히지도 않기 때문입니다. 행복은 시간의 흐름을 전혀 의식하지 못하고, 표현하기 힘들기 때문입니다. 필자가 깨달은 진정한 행복은 예수님 안에서 전인적인 만족을 누리면서 자기가 하고 싶은 일을 영원한 천국갈 때까지 하는 것이 행복이라고 생각합니다.

진정한 행복은 영적인 만족에 있습니다. 사람이 영적인 존재이기 때문입니다. 모든 것이 영이신 하나님으로부터 시작을 해야 된다는 의미입니다. 사람의 영혼은 하나님께로 말미암았으므로 하나님께 속하여 영혼이 만족해야 모든 것이 만족한 것입니다. 진정한 행복은 영적인 만족에서 오는 것입니다. 물질적으로 환경적으로 풍요로운 성도들이 이 교회 저 교회로 방황하는 것은 영적인 만족을 찾지 못하기 때문입니다. 교회에 들어와 말씀을 듣고 예배드리며 기도하여 성령으로 충만하면 아무 이유 없이 기쁨이 내 온 마음을 사로잡고, 모든 근심이 사라지며, 세상이 전혀 두렵지 않은 평화가 자신의 온 영혼을 지배하는 경험을 해본 적이 있을 것입니다. 비록 영구적인 것은 아닐지라도 그 시간만큼 내 영혼은 만족감으로 채워진 것입니다. 영혼이 만족스러우면 근심이 사라지고 평화가 찾아옵니다. 영혼에 기쁨이 넘치면 내게 닥치는 어떠한 아픔과 고통도 이겨낼 수 있는 힘이 생깁니다. 살아가는 하루하루가 행복합니다.

영(마음)이 불만족스러울수록 육의 욕구는 강해집니다. 그래서 불행한 삶을 살아가게 됩니다. 반대로 영(마음)이 만족스러울수록 육의 욕구는 감소합니다. 행복한 생활을 하게 되는 것입니다. 물질, 권력, 명예와 같은 인간의 욕망은 영(마음)의 불만족에서 비롯되는 것입니다. 예수님이 육신의 몸으로 이 땅에 오셨을 때 항구적 성령 충만 상태에 계셨습니다. 아니 예수님 자신이 바로 성령님이셨습니다. 말 한 마디면 당장이라도 천하권력을 손에 쥘 수 있었음에도 예수님이 마귀의 유혹을 단 번에 뿌리칠 수 있었던 것 역시 성령에 이끌리셨기 때문입니다(눅 4:5-8).

물질, 권력, 명예, 행복과 같은 육의 만족은 실제로 내가 쟁취하는 분량이 아닌, 내가 얼마나 영적으로 만족하느냐에 따라 좌우됩니다. 즉 영(마음)의 만족이 육의 만족을 가져오는 것입니다. 욕망은 그 어떤 것으로도 채워질 수 있는 성질의 것이 아닙니다. 성령으로 충만해질 때에야 비로소 욕망은 사라지고, 만족이 욕망을 대치하게 되는 것입니다. 성령으로 충만해질 때 영의 자유 함으로 삶에서 행복을 누리는 것입니다. 진정한 행복은 말씀과 성령으로 충만하여 영적으로 만족을 누려야 가능한 것입니다.

영적인 만족을 누리려면 먼저 예수를 주인으로 영접해야 합니다. 그리고 성령으로 세례를 받아야 합니다. 성령 충만 받으면서 내면 세계에 쌓인 상처와 자아와 혈통의 문제를 해결해야 합니다. 이제 영과 진리로 예배를 드리면서 성령으로 깊은 기도를 하면 됩니다. 그러면 삶에 만족인 물질, 권력, 명예, 행복을 누릴 수가 있습니다.

성경은 믿는 자의 행복을 위한 책입니다. 하나님은 우리를 행복하게 해주기 위해서 축복을 내려주시는 분입니다. 행복(아쉬레)은 인간이 어떻게 하면 잘 지낼 수 있을까? 편안할 수 있을까?란 뜻입니다. 축복(바라크)은 하나님이 내려주시는 본질적인 복을 뜻합니다. 하나님의 뜻은 모든 자녀들이 예수님 안에서 기쁘고 행복하게 지내는 것입니다. "주 안에서 항상 기뻐하라 내가 다시 말하노니 기뻐하라"(빌4:4). 하나님은 그의 자녀들에게 행복과 복을 주시고자 안달하시는 분입니다.

행복은 모든 조건을 갖춘 것처럼 보이는 사람이 의외로 행복하지 못한 경우가 많습니다. 자신이 행복한 길은 모르고, 남들 기준으로 행복해 보이는 길을 찾고 있기 때문입니다. 그러나 행복은 보이지 않는 마음에 있습니다. 기원전 몇 십 세기부터 인류의 문명이 끊임없이 행복의 조건으로 추구해온 것은 '소유'입니다. 그러나 많은 것을 소유하고도 불행한 사람들 많다는 것입니다. 절대로 이상한 것이 아닙니다. 인간은 원래 그런 것이기 때문입니다. '자기가 소유한 것에 대해서는 더 이상 그리워하지 않는 본성'이 인간에게 있습니다. 예를 든다면 돈이나 집, 사랑, 명예, 어떤 목표든 달성하고 나면 그 행복감은 일시적이고, 금세 또 다른 그리움의 대상이 생깁니다. 인간의 본성이 만족하지 못하며 행복하지 않습니다.

중국의 진시황제는 천하를 제패하고 모든 것을 소유했습니다. 그 이유는 '불안' 때문이었다고 합니다. 누군가 적이나 대상이 있으면 제거하고, 제거하고…. 그 불안을 완전히 없앨 수 있었을까요? 최종적인 불안은 '죽음'이었습니다. '죽음의 최종성' 앞에서는 모두가 공평한 것입니다. 나중엔 '불사(不死)'의 광기를 부리면서 불로초를 구해 오라고 합니다. 그러나 그도 죽었습니다.

그럼 우리는 어떻게 해야 행복할 수 있을까요? 예수 그리스도를 따름으로써만 우리는 본질적인 행복에 들어갈 수 있습니다. "아니, 그리스도 예수는 영이신데, 100% 사람인 동시에 100% 영이신데 우리 인간이 어떻게 하나님을 따라갈 수 있을까요?" 그분도 사람이었으므로 우리와 같은 한계를 가지고 계셨습니다. 예수님이 사형선고 받을 재판도, 결과가 확실한 억울한 재판이었지만 결국 수용하셨습니다. 십자가 형벌을 거두어 달라고 기도하셨지만 하나님은 거두어들이지 않으셨습니다. 예수님은 결국 하나님의 뜻대로 순종하셨습니다. 행복은 하나님의 뜻대로 순종하여 영적인 만족을 누릴 때 가능한 것입니다. 행복이 마음에 있기 때문입니다.

영(마음)의 만족이 육의 만족을 가져오는 것입니다. 육망은 그 어떤 것으로도 채워질 수 있는 성질의 것이 아닙니다. 성령으로 충만해질 때에야 비로소 욕망은 사라지고, 영적인 만족이 욕망을 대치하게 되는 것입니다. 성령으로 충만해질 때 영(마음)의 자유 함으로 삶에서 행복을 누리는 것입니다. 진정한 행복은 말씀과 성령으로 충만하여 영적으로 만족을 누려야 가능한 것입니다. 행복하려면 이렇게 해보시기 바랍니다.

첫째, 다른 사람과 비교하지 않는 것이다. 하나님은 자신을 독특한 존재로 창조하셨습니다. 세상에 자신과 닮은 사람은 없습니다. 하나님 앞에 자신은 자신 만의 특별한 존재입니다. 자신은 자신 하나입니다. 다른이와 비교하지 말라는 것입니다. 다른이와 비교는 행복한 삶을 영위하는데 독이 될 수가 있습니다. 우월감이나 열등감이 생길 수가 있기 때문입니다. 자신은 자신입니다. 지금 자신의 존재는 오직 하나라는 것을 믿는 것입니다. 자신이 자신에게 만족하면 된다는 말입니다. 얼마나 즐거운 일입니까? 그 누구와도 같지 않은 오직 하나뿐인 자신, 자신을 사랑하고 사랑하시기를 바랍니다. 우리가 남들을 보면 다 행복해 보이고, 만족한 것 같지만 반드시 그렇지만은 않습니다. 그러기에 자신을 이웃과 비교하는 것은 심히 어리석은 일입니다.

어느 부부가 오랜만에 데이트를 했습니다. 저녁도 같이 먹고 영화도 보고 즐거운 데이트를 마치고 돌아오는 길에 우연히 부인 친구 얘기가 나왔습니다. "내 친구는 복도 많아, 지난번 아파트를 사더니 또 60평짜리를 샀다네? 그리고 신랑이 얼마나 잘해주는지….
당신은 그 신랑에 비하면 아무것도 아니야!" 그 후 신랑은 말이 없
었습니다. 그리고 설날에 처가댁에 인사를 갔습니다. 식사를 하고
덕담을 나눈 후 돌아오는 길에 우연히 집안 얘기를 하다가 네 집안,
내 집안, 비교하며 깎아내리기를 하였습니다. 이런 것들이 빌미가
되어 결국은 이혼까지 이르고 말았습니다. 다른 사람과 비교하지
마십시오.

　내 자식과 남의 자식을 비교 하지 마십시오. 내 부모와 남의 부모
를 비교 하지 마십시오. 내 아내와 남의 아내를 비교 하지 마십시오.
내 남편과 남의 남편을 비교 하지 마십시오. 내 집안과 남의 집안을
비교 하지 마십시오. 내 직업과 남의 직업을 비교 하지 마십시오.

　페르시아의 사니아라는 시인의 이야기입니다 . 그는 늘 하나님
께 감사드리는 시인으로 유명했습니다. 그런데 어느 날 그가 돈이
없어 신발을 사지 못하고 맨발로 걸어 다니게 되자 그만 처음으로
불평했습니다. "나는 왜 가난한 부모 밑에서 자라 신발도 못 신고
다닐까" 그런데 그가 불평하며 걷는 그때 마침 다리가 없는 장애인
을 만났습니다. 순간 그는 이렇게 감사를 드리게 되었습니다. "하나
님! 감사합니다. 다리가 없는 사람에 비하면 신발이 없지만 두 발로
걸을 수 있으니 참으로 행복합니다."

　이솝 우화에 나오는 얘기입니다. 한 남자에게 애완견과 나귀가
있었습니다. 그런데 나귀가 보니 주인이 개만 사랑했습니다. 그 이
유를 살펴보니 개가 꼬리를 흔들면서 주인에게 사랑받을만한 행동

을 했습니다. 그래서 나귀도 사랑받겠다고 결심하고 주인 앞에서 꼬리쳤지만 주인은 표정이 없었습니다. 그래서 이번엔 개처럼 앞발을 들어 재롱을 부렸습니다. 그러자 깜짝 놀란 주인이 피하려고 벌떡 일어났습니다. 그것도 안 되니까 이번에는 큰 혀로 개처럼 주인의 얼굴을 핥았습니다. 그랬더니 주인이 몸서리를 쳤습니다. 그래서 마지막으로 주인 옆에서 종종 걸음을 치며 까불다가 그만 주인의 발을 밟았습니다. 화가 난 주인은 지팡이로 나귀를 후려치며 마구간에 묶어두었습니다. 개는 개의 길이 있고 나귀는 나귀의 길이 있습니다. 우리는 남과 비교할 필요가 없습니다. 남의 떡만 크게 보면 어느새 인생의 겨울이 됩니다. 반면에 무슨 선물이든 감사하고, 무슨 자리든 감사하며 최선을 다하면 됩니다. 남의 일은 쉬워 보이지만 쉽지 않고, 남의 선물이 커 보이지만 크지 않습니다. 자기에게 주어진 선물을 잘 활용하면 그는 가장 복된 삶을 살 수 있습니다.

우리에게 "헝거리 정신"으로 잘 알려진 영국 경제학자 찰스 핸디는 그의 책 "홀로 천천히 자유롭게"에서 각 분야에서 성공한 사람 29명을 분석하고 그 결론으로 이렇게 말했습니다. "중요한 것은 일등이 아니라, 좋아하는 일을 하는 것이다. 남을 따라하지 말라. 남과 비교하지 말라. 자신을 믿고, 홀로 천천히 자유롭게 아무도 가지 않은 자기만의 길을 가라" 결국 비교의식은 하나님이 미워하는 것들을 가져다줍니다. 낙심, 열등감, 원망, 우월감, 비판 등은 모두가 마귀가 좋아하는 것들입니다.

어느 날 갑자기 나만 홀로 외롭고 고달프게 숨이 차도록 힘든 고

생을 하고 있다고 느껴지는 순간은 없었습니까? 일본에 미즈노 겐조오라는 사람이 있습니다. 그는 30년 이상 뇌성 마비 때문에 자리에 누워 있는 처지입니다. 그러나 독실한 기독교인인 그는 절망하지 않고 많은 시집을 내기도 하였습니다. T.V 프로에 나온 장면인데, 그 미즈노씨를 찾아온 사람이 있었습니다. 눈이 멀게 될 것이라고 하는 선고를 받은 어린이와 그 부모였습니다. 그 때 미즈노씨는 말했습니다. "절대로 자기를 다른 사람과 비교해서는 안 된다. 하나님과 자기와의 관계를 생각하고 살아가도록 하라." 부자유스러운 몸이기 때문에 타인과 비교한다면 자기가 비참해질 것입니다.

문호 톨스토이는 "다른 사람과 비교하지 마라. 그들은 우리가 생각하는 것 보다 훨씬 더 엉망이다. 자신을 다른 사람과 비교하지 말라. 비교하려거든 오직 완전하고 유일한 존재인 하나님과 비교하라." 사람은 누구나 문제투성이를 안고 있습니다. 사람들끼리의 비교는 도토리 키 재기입니다.

우리는 비교하기 위해 이 땅에 태어난 것이 아닙니다. 남들에게 자랑하기 위해 우리가 존재하는 것이 아닙니다. 우리는 다른 사람의 어떤 비교나 평가와 관계없이 온 우주에 하나밖에 없는 소중한 존재입니다. "예수님, 오직 예수님만을 바라보겠습니다! 흔들림 없이 예수님만을 추구할 수 있도록 도와주십시오!"라고 고백하는 모두가 되기를 바랍니다.

주위를 둘러보며 비교의식에 쌓여 힘들어하는 우리들에게 예수님께서는 지금도 역시 다른 사람은 어떠하든지 상관하지 말고 사명의 사람인 너는 나를 따르라고 단호하게 말씀하고 계십니다. 힘들고 어렵다고 느껴지는 순간…. 그러나 나는 내가 달려갈 길과 주 예수께서 내게 주신 사명, 곧 하나님의 은혜의 복음을 증거 하는 사명을 다 완성하기 위해서라면 내 생명을 조금도 귀한 것으로 여기지 않습니다(행20:24). 고 말한 사도 바울의 비장한 신앙고백에 귀를 기울이시기 바랍니다.

둘째, 행복은 자기가 좋아하는 일을 늙도록 하는 것이다. 필자는 행복이란 예수 안에서 영적인 만족을 누리며 자신이 하고 싶은 일을 영원한 천국에 갈 때까지 하는 것이라고 생각합니다. 아무나 되는 것이 아닙니다. 기본적으로 하나님과 관계가 열려야 합니다.

1)꿈이 있어야 한다. 젊은이들이 가장 많이 사용하는 말 가운데 꿈이라는 말과 비전이라는 말이 있습니다. 꿈이나 비전은 같은 뜻을 가진 말입니다. 비전이라는 말은 '10-20년 후에 나는 이런 사람이 되겠다'라는 마음을 품고 그 꿈을 이루려고 힘쓰며 살아가는 것을 꿈이라 하고 비전이라고 말합니다.

사람은 이 비전이 있어야 하고 꿈이 있어야 합니다. 특히 젊은이들은 더욱 이 비전과 꿈이 강렬해야 합니다. '나는 10년 후에 그리고 20년 후에 이런 사람이 되겠다'라는 이런 목표와 꿈이 있어야 합니다. 사람에게 이런 비전과 꿈이 있으면 오늘 절제하고 수고하고 공부하고 수련하게 됩니다. 그런데 이런 기대나 꿈이 없으면 방종하게 되고 시간을 무의미하게 보내게 됩니다.

꿈과 비전이 있는 사람은 막 살지 않습니다. 계획을 세우며 삽니다. 사람이 계획을 가지고 산다는 것은 참 중요한 일입니다. 하루를 시작해도 계획을 세워 살아가는 것이 중요합니다. 계획이 없으면 많은 시간을 허무하게 허비하고 낭비하게 됩니다. 시간은 잠깐 지나가 버립니다. 그래서 사람들이 시간이 다 지나가 버린 후에 후회를 하게 됩니다. 그런데 사람이 계획을 세우고 살면 우선 목표가 생기게 됩니다. 목표가 있는 사람은 그 목표를 이루기 위해서 오늘 노력하고 수고하고 힘쓰게 됩니다. 꿈이 있는 사람은 그 꿈을 이루게 됩니다.

2)전문성을 준비해야 한다. 자기가 하고 싶은 일을 늙도록 하기 위하여 어떻게 해야 하겠습니까? 전문성이 있어야 합니다. 송해아저씨와 같은 전문성이 있어야 늙도록 하고 싶은 일을 할 수가 있는 것입니다. 회사에서는 40대 중반만 되도 어떻게 버티는가를 고민하는 요즘인데 말입니다. 필자는 42살에 군대에서 명퇴하고 나왔습니다. 정말 눈 앞이 캄캄했습니다. 하나님께서 지시하시는 길을 따랐습니다. 그랬더니 지금 행복합니다. 회사생활의 꽃인 임원 되는 것도 환영받지 못하는 세상이 되었습니다. 언제 회사에서 잘릴지 모른다는 불안감이 계속해서 옥죄어 오기 때문입니다.

40이든 50이든 회사를 떠나도 당당히 자기의 길을 걸을 수 있는 전문성을 갖추어야 합니다. 여기에다가 더욱 필요한 것은 자신이 좋아하는 일을 해야 한다는 것입니다. 전문성은 있으나 일을 할 때 행복하지 않으면 아무 소용없는 것일 것입니다.

그리고 인생의 2모작을 50대에 빠르면 저와 같이 40대에 시작할

수 있습니다. 과연 그때까지 얼마나 큰 전문성을 가지고 될 수 있을
지도 고민해보아야 합니다. 전문가로의 길을 걷기위해서 필요한 것
은 무엇인지를 계속해서 고민해보아야 합니다. 전문성을 높게 하기
위해서 MBA를 할 수도 있고 석사를 할 수도 있습니다.

무엇을 추구하든 미래를 위해 자기개발과 자기만의 핵심역량을
만들지 않으면 은퇴 후에, 반 퇴 후에 경제 활동하는 것이 쉽지 않습
니다. 가장 좋은 노후준비는 연금저축, 연금보험이 아니라, 오래도
록 일을 하는 것입니다. 영원한 천국에 갈 때까지 일할 수 있는 전문
성을 미리 준비해야 합니다.

3)끈기가 있어야 한다. 늙도록 자기가 하고 싶은 일을 하려면 끈
기가 있어야 합니다. 한마디로 자기가 하고 싶은 일에 몰입하고 집
중해야 합니다. 가난은 빈곤에 젖어 있을 때 찾아옵니다. 돈을 벌려
고 철저히 준비를 갖추고 있는 사람에게 돈은 틀림없이 따라옵니
다. 그와 같은 법칙이 가난에도 들어맞는 것입니다. 끈기가 없다면
이미 일을 시작하기 전부터 성공 자가 될 수 없다는 것은 자명한 사
실입니다. 사람은 끈기가 있어야 성공합니다. 늙도록 일하면서 행
복을 누릴 수가 있습니다. 누구나 한번쯤은 악몽으로 가위에 눌린
경험이 있을 것입니다. 필자도 경험했습니다. 잠자리에 누워 잠을
자는 도중에 이상한 꿈을 꿔 질식할 것 같은 고통에서 벗어나려고
돌아누우려고 해도 몸이 말을 듣지 않을 때 어떻게 해서든지 몸을
움직이려고 의식했을 것입니다. 그렇게 끈기 있는 의지력을 활동시
켜 가노라면 다른 손까지 움직이게 되어 마침내 두 발이 움직이게

됩니다. 이렇듯 악몽에서 **빠져** 나오기 위해서 우리는 한 걸음씩 순서를 밟아야 합니다. 성공한 사람은 어느 누구를 막론하고 끈기라는 힘을 가지고 있습니다. 그들이 끈기를 기르게 된 이유는 항상 절박한 환경을 통과하지 않으면 앞날이 막막했기 때문에 마침내 끈기의 소유자가 된 것입니다. 아무리 상황이 절박했어도 끈기를 가지고 버티었기 때문에 승리했다는 것입니다. 끈기를 굴복시키는 다른 힘은 없습니다. 성공을 거두는 소질 중에서 가장 큰 영향력을 발휘하는 게 바로 끈기입니다. 여기에 성공을 이루기 위한 목적과 지향하는 가치는 도전의 산물로서 실체를 추구하는 구체적인 활동입니다. 성공에 도전하는 철학과 목표가 명확하지 않으면 내 노동의 대가는 단순한 수단에 불과하며 아무리 노력해도 '성공의 새벽'은 멀기만 할 것입니다. 무엇이든지 10년을 해야 전문인이 되기 때문에 끈기가 없으면 자기가 하고 싶은 일을 늙도록 할 수 없을 것입니다.

4)자기 관리를 잘해야 한다. 자신의 지속적인 영적, 육적 성장이 없이는 늙도록 일할 수 없기 때문입니다. 영적으로 육적으로 건강해야 합니다. 늙어도 강건한 영적이고 육적인 상태를 유지하고 있는 것을 보면서 젊은이들이 도전을 받고 다가오게 됩니다. 자신의 영적 성장과 함께 하는 일을 위한 부단한 자기개발이 요구됩니다. 특별히 건강관리입니다. 나이가 들면 누구나 찾아오는 것이 성인병입니다. 규칙적인 운동을 해서 체력을 유지해야 합니다. 이무리 전문성이 있어도 건강이 따라주지 못하는 헛것입니다. 체력 유지와 건강미, 이미지 관리를 해야 합니다. 사람과의 관계도 잘해야 합니

다. 남자는 여성관계, 여성을 남성관계가 확실해야 늙도록 일하면서 행복하게 살아갈 수가 있을 것입니다.

5)가족의 협조가 있어야 한다. 자기가 하는 일에 가족의 동의와 협조가 있어야 할 것입니다. 필자는 가족회의를 하여 동의를 받고 목회를 시작했습니다. 교회를 개척할 때 가족모두 동의하여 개척했습니다. 그렇게 하니 어려워도 불평하지 않고 견디어 주었습니다.

초등생부터, 청소년들, 대학생, 사회직장인들도 모두 마찬가지. 막상 자기가 하고 싶은 일을 하며 살아가는 사람은 별로 많지 않습니다. 정해진 코스대로, 스펙 쌓으며, 좋은 직장 취직하려고, 혹은 보다 나은 미래를 보장 받으려고 다들 어렵고 힘들게 공부하고 일하는데 시간을 보냅니다. 하지만 마음 한구석에는 모두들, 내가 지금 뭐하고 있는 거지? 내가 꿈꾸던 직장이 이거였던가? 생각할 때가 많다는 것입니다. 4살 때부터 피아노만 맹목적으로 쳐오던 어떤 여성 유명인사는 12년간 치던 피아노 앞에서 문득 내가 이걸 왜 치고 있는 거지? 라는 생각이 들면서 피아노를 그날 바로 팔아 치우고 자기가 좋아하는 것, 잘하는 것, 하고 싶은 것을 고민하고 신중하게 찾아내서 몰입하고 집중하여 지금은 유명인사가 되었다고 라디오에서 고백했다고 합니다.

자기의 소질, 성격, 재능, 인생관 등 여러 요소를 자기분석 해보고 그래도 찾기 어려우면 적성검사, 심리검사, 성격검사 등을 해보고, 자기의 장점, 단점, 하고 싶은 것, 하기 싫은 것, 되고 싶은 것 등을 구체적으로 종이에 그룹 핑 해가며 글로 써봅니다, 그리고 여러 가지 직업군, 일들을 매치시켜보는 것입니다. 물론, 하고 싶고 좋아하는 일에는 생각해볼 것들이 있습니다. 수입이 적을 수도 있고, 사회적 안정이나 명예도 없을 수 있고, 자신의 체질이나, 성격, 체력등도 고려해 보아야 합니다.

그리고 이러한 모든 것을 감수할 수 있는 모험심도 있는지 등등…. 머리가 시키는 일보다 가슴이 마음이 시키는 일을 하라는 것입니다. 평생해도 질리지 않고 후회하지 않을 일을 찾으라는 것입니다. 성취감이 있는 일을 찾아야 합니다. 좋아하는 것 보다는 잘할수 있는 일을 하라는 선배들의 충고도 많다는 것을 알아야 합니다. 좋아는 하지만 내가 잘할 수 없을 때는 난관에 부딪히기 때문입니다. 사람들의 진정한 행복은 자기가 좋아하는 일이나, 자신이 하고 싶은 일을 하는 것입니다. 그래야만, 즐거움도 있고, 힘들지도 않고, 성공할 확률도 높아지기 때문입니다.

자기가 하기 싫은 일을 평생 한다고 생각을 해보아야 합니다. 스트레스가 얼마나 심하겠습니까? 반대로 자기가 하고 싶은 일을 한다면 피곤한 줄도 모르고 신명나게 해낼 것입니다. 능률 역시 배가하게 될 것입니다. 자기가 하고 싶지 않은 일을 하다가 보니 정신적이고 육체적인 질병이 나타나기도 합니다.

셋째, 행복은 이웃에 대한 배려고 봉사이다. 진정한 행복은 이웃에 대한 배려에서 나옵니다. 자기가 가진 것을 나누는 것입니다. 이웃에게 피해가 도지 않는 삶을 살 때 행복을 느낄 수가 있습니다. 이것은 친척들에게 피해를 끼치지 않는 것도 포함이 됩니다. 남에게 배려하고 도와주고 봉사하면 행복합니다.

넷째, 겸손하고 만족할 줄 알아야 한다. 누구도 겸손한 사람을 미워하거나 무시하지 않습니다. 예수님은 겸손한 사람을 사랑하십니다. 모든 사람들이 그를 사랑합니다. 겸손한 사람은 모든 사람을 사랑합니다. 모두가 겸손한 사람과 관계를 맺고 싶어 합니다. 겸손한 사람은 말을 많이 하지 않습니다. 필요한 말만 한다는 것입니다. 그래서 그가 하는 말은 꿀보다도 더 답니다. 비록 많이 배우지 못했고 사회적인 지위가 낮을 지라도 겸손한 사람은 다른 사람들의 존경을 받습니다. 작은 것에 만족할 줄 아는 사람은 걱정하지 않습니다. 지금은 비록 어리석게 보여도 그 마음의 작은 기쁨들로 곧 행복한 이야기를 만들어 낼 것이기 때문입니다.

진정한 행복은 나만 행복한 것이 아니라 우리 모두가 행복해야 합니다. 상대를 배려하고 개성을 존중하는 마음이 풍성하면 주변에 행복이 넘쳐나는 것이 아닌가 생각을 해봅니다. 삶의 질은 부피의 문제가 아닙니다. 우리가 가진 것만큼 행복할까요? 물론 어느 정도는 관계가 있겠지만 많이 소유하고 있으면서도 나눌 줄 모르고 더 많이 채우려고 한다면 행복할 수가 없습니다. 또 행복은 먼 곳에서 찾으려고 하지 말고 내 주변의 사소한 것으로 행복할 수 있습니다. 행복은 결코 밖에서 찾을 것이 아니라, 만족할 줄 아는 마음속에서 찾아야 합니다.

2장 참 행복은 어느 곳에 있을까?

(시144:15)"여호와를 자기 하나님으로 삼는 백성은 복
이 있도다"

사람은 누구나 세상을 살아가면서 행복을 추구하며, 아니 행복
을 누리기를 원하고 살아갑니다. 그런데 지금 우리의 주변을 살펴
보면 행복할 것들이 너무나 많이 있음에도 불구하고 감사하지 아
니하며, 불평불만에 집중하고 있는 마음들을 가지고 있습니다.

우리가 나름의 주관으로 '저 사람은 정말 행복할 것 같다'라고
생각하는 사람들 가운데 의외로 인생을 불행하게 살고 끝내는 자
살로 인생을 마감하는 사람들이 많이 있는 것을 보게 됩니다. 유명
한 배우나 탤런트, 가수 같은 사람들 가운데 이런 예들을 많이 봅
니다. 이들은 사람들이 그렇게 흠모하는 미모와 인기와 돈을 가진
사람들입니다. 그런데 사실은 이들 가운데 불행하게 사는 사람들
이 의외로 많이 있습니다.

몇 년 전에 공개된 연예 노조에 발표에 의하면 연기자 협회에 등
록된 연예인 중에 활동하고 있는 사람은 400명 정도 된다고 합니
다. 그 중에 TV에 활동하는 사람은 50명 쯤 된다고 합니다. 연기
자 협회에 등록된 연예인들 가운데 불안감을 안고 사는 사람들이
있으며, 불면증, 위장병, 대인 기피증, 조울증을 가지고 고통을 당
한다면서 살아가는 사람들이 있다고 합니다. 또 알코올 중독, 약물

복용으로도 시달리고 있는 사람이 있다는 것입니다. 그들은 모두가 최고를 향해 뛰고 있습니다. 하지만 많은 사람들이 실패자로 살아갑니다. 그리고 보면 인생의 행복은 사람들이 추구하고 있는 것들로 인하여 얻어지는 것이 아님을 알 수 있습니다.

결혼하는 청년들에게 늘 당부하는 말이 있습니다. 무엇을 위해 결혼하느냐? 물으면 행복하기 위해서 결혼한다고 대답합니다. 그러면 그때마다 저는 생각을 바꾸라고 말합니다. 행복해지기 위해서 결혼한다면 결혼하는 마음속에는 이미 상대방이 나에게 잘 해주기를 기대하는 마음이 가득하다는 것입니다. 그런데 이 마음은 상대 배우자에게도 가지고 있습니다. 이 마음을 가지고 결혼해서 함께 삶을 살기 시작하면 상대방을 배려하고 섬기려고 하는 마음보다는 상대방을 통해서 무엇인가를 얻고자 하는 받고자 하는 마음이 있기 때문에 행복에 대한 환상은 깨지기 시작합니다.

우리 그리스도인의 행복도 마찬가지입니다. 행복을 추구함으로 행복을 누리는 것이 아닙니다. 주님의 소원을 이루어드리는 삶을 위해 내 자아를 포기하고 주님 앞에 순종할 때 하나님은 행복을 선물로 주십니다. 우리들의 인간관계, 부부관계, 교우관계, 직장의 동료들과의 관계에서 왜 싸움과 다툼이 일어나는 것입니까? 자신의 권리를 주장하고 있기 때문입니다. 우리의 신앙생활도 마찬가지입니다. 주님을 믿으면서도 삶의 주도권을 여전히 내가 주장하고 있는 사람은 항상 마음이 불안하고 조급합니다.

그러나 그 권리를 포기하고 주님께 양도해 보십시오. 포기한 사람은 더 이상 잃을 것이 없습니다. 빼앗길 것이 없습니다. 그래서 자유롭고 편안합니다. 그런 사람을 주님께서 마음껏 사용하십니다. 주님께서 사용하시니 놀라운 변화와 기적들을 체험합니다. 뿐만 아니라 우리는 우리 자신을 비워야 합니다. 자아를 비운 사람은 어떤 환경 가운데서도 편합니다. 복잡하지 않습니다. 삶이 단순합니다. 거기에 진정한 행복이 있습니다. 예수 그리스도를 구주로 모시면 어떠한 처지에 있든지 소박한 행복을 느낄 수 있는 것입니다. 나는 고향인 하나님을 찾았고, 길인 예수님을 모시고 잃어버린 내 자신을 찾았기 때문에 이제는 내가 어디서 와서, 왜 살며, 어디로 가는 것을 아는 평안을 마음속에 소유하게 된 것입니다.

스웨덴의 복음가수 레나 마리아는 두 팔과 한쪽 다리 절반이 없는 선천성 장애인입니다. 그러나 그녀는 예수 그리스도를 구주로 모시고 하나님을 섬기는 건강한 자아상을 가지고 있었습니다. 자기의 모습에서 하나님의 신묘막측(神妙莫測)한 창조의 뜻을 깨닫고 오히려 불구로 태어난 것조차도 감사하는 사람이 된 것입니다. 장애에 굴하지 않고 모험을 즐긴 결과 장애인 올림픽에서 수영 4관왕을 차지했습니다. 두 팔이 없고 한쪽 다리의 반이 없는 그가 수영에 4관왕을 차지한 것은 놀라운 일입니다. 세계적인 복음가수가 되었습니다. 지금 그녀는 자신을 사랑하는 신실한 청년과 결혼해서 아름다운 가정을 이루었습니다. 스스로를 저버리지 아니하고 좌절하고 낙심하지 아니하고 예수 그리스도를 모시고 하나님 안에서 기쁘고 행복하게 사니까 그의 삶속에 긍정적이고 적극적이고 창조적인 일들이 늘 생겨난 것입니다. 그러므로 그 불구의 몸으로 올림픽에 나가서 수영 4관왕도 되고 가수가 되어 대중들 앞에 부끄러움 없이 서서 찬송가 노래를 부르고 그러한 밝고 맑고 환한 인격에 감동한 젊은 청년이 프러포즈해서 결혼해서 행복한 인생을 살아가고 있는 것입니다.

그러나 이와 반대로 20세기 최고의 여류작가로 불리는 프랑스와즈 사강은 유복한 가정에서 태어나 소르본 대학에 재학 중이던 18세 때 「슬픔이여 안녕」이라는 소설을 발표한 천재 작가요, 인물도 아름다운 지성인이었습니다. 그러나 그는 항상 인생을 부정적으로 생각하고 낙심하고 탄식하며 하나님을 등지고 예수 그리스도를 구주로 영접하지 않았습니다. 그는 무신론자요, 자기를 의지하는 사람이었습니다. 그러나 두 차례의 이혼을 하고 도박에 빠지고 알코올 중독으로 폐인이 되고 약물 남용으로 비참하게 삶을 마감하고 만 것입니다. 그는 하나님과 예수님을 저버렸습니다. 명예도 가지고 돈도 가지고 미모도 가지고 있었지만 항상 불행하고 불만족한 것으로 꽉 들어차고 최후에는 패퇴한 인생을 살다가 처참하게 죽고만 것입니다. 진정한 삶의 의미와 목적과 행복은 오직 예수 그리스도 안에 있는 것입니다.

그러므로 예수 그리스도 안에서 자신의 정체성을 찾은 사람만이 행복한 삶을 살아갈 수가 있는 것입니다. 오늘 나는 환경 때문에 불행하다고 생각하지 마십시오. 행복은 마음속에 있지 환경에 있지 않는 것입니다. 환경은 행복에 플러스 요건은 될 수 있어도 행복의 원인은 되지 못합니다. 환경이 아무리 어렵고 고통스러워도 행복은 내가 하나님을 아버지로 섬겨서 빈 가슴속에 영원의 고향을 차지하고 인생의 길이신 예수님을 섬기고 예수님을 따라가며 그리스도 안에서 나의 새로운 삶의 신분을 발견하고 살 때 비로소 행복해지는 것입니다. 그리스도 예수 안에서 하나님을 섬기고 인생을 밝고 맑고 환하게 살며 긍정적이고 적극적이고 창조적으로 살 때 하나님도 복을 주시고 사람들도 그러한 사람을 존경하게 되는 것입니다. 인간 세상에 살면서 아무리 환경이 좋고 천재적인 지혜와 총명을 가지고 있다 할지라도 하나님 모르고 예수님을 등지고 사는 인생은 비참한 결과를 초래하고 말 것입니다.

어느 해 국내 굴지의 그룹의 회장 딸이 미국에서 자살했다는 내용의 뉴스는 사람들에게 충격을 주었습니다. 많은 유산을 물려받을 것으로 예상되는 부자집 딸이고 명문대학에 유학 중인 그녀가 무슨 힘든 일이 있기에 스스로 자살한 것일까. 그 이유를 모두 알 수는 없지만 분명히 알 수 있는 것 하나가 있습니다. 그것은 지구촌 어디에도 인간의 삶 가운데는 진정한 행복이란 없다는 사실입니다. 하지만 인간이 이룰 수 없던 그 행복이 주어지는 곳이 있습니다. 주님의 십자가 밑에 나와 짐을 내려놓고 무릎을 꿇으면 주님께서 우리에게 진정한 행복을 주시는 것입니다. 행복은 어디에 있으며 어디서 오는 것일까요?

첫째, 탐욕을 버린 소박한 마음 안에 있다. 하나님은 우리 모든 사람에게 분량대로 인생을 살도록 해주었습니다. 뱁새는 뱁새로 살아야 되지 황새가 될 수 없습니다. 황새는 황새로 살아야지 뱁새로 낮아질 수 없습니다. 이솝우화에 보게 되면 개구리가 황소처럼 되겠다고 공기를 들여 마셨다가 배가 터져서 죽었다는 말이 있는 것입니다. 자기의 분수를 뛰어넘는 것이 탐욕인 것입니다. 아담이 사람으로 지음 받았으면 사람으로 살아야지 하나님처럼 되겠다는 것은 엄청난 탐욕입니다. 피조물이 어떻게 조물주가 되겠다는 것입니까? 탐욕을 가지고 있기 때문에 마귀가 시험하는 것이지 탐욕이 없으면 마귀가 시험하지 않습니다. 거름 무더기가 있어야 똥파리가 찾아오지 거름 무더기가 없는데 똥파리가 찾아오지 않습니다. 탐심이 곧 우리를 파멸케 하는 우상숭배가 되는 것입니다.

약 1:14~15에 "오직 각 사람이 시험을 받는 것은 자기 욕심에 끌려 미혹됨이니 욕심이 잉태한즉 죄를 낳고 죄가 장성한즉 사망을 낳느니라."고 한 것입니다. 탐심이 들어오면 부정한 방법으로 욕심을 채우기 위해서 온갖 범죄를 하게 되고 종국적으로 사망에 이르고 마는 것입니다. 아담의 탐욕은 결국 자기와 전 인류를 파멸로 이끌고 만 것입니다.

벤 플랜클린은 탐심에 대해 이런 말을 했습니다. "탐욕과 행복은 결코 서로 만나지 않는다. 그러니 이 둘이 어떻게 친구가 될 수 있겠느냐?" 또한 석유 재벌인 록펠러는 이렇게 말했습니다. "부자가 행복하리라고 생각하는 것은 잘못이다." 록펠러만한 부자가 어디 있습니까? 그러나 부자가 행복하다는 것은 거짓말이라고 했습니다. 통계에서 보면 사람이 어느 정도의 물질만 가지면 그 이후로는 물질과 환경으로 행복하지 않다는 것입니다. 15평의 집에 사는 사람이 35평의 집을 얻을 때는 행복한데, 35평을 사는 사람이 50평의 집을 살 때는 덤덤하고 별 볼일 없다는 것입니다. 남루한 옷을 입은 사람이 좋은 옷을 사 입었을 때는 행복하지만 나중에 화려한 옷을 입었을 때는 별로 행복하지 않다는 것입니다. 이것은 어느 정도의 물질만 가지면 그 다음에는 물질을 아무리 가져도 행복하지 않다는 것입니다. 행복은 환경이 조그마한 플러스 요건은 될 수 있어도 전적으로 환경이 행복을 가져오지는 않습니다. 행복은 예수 그리스도 안에서 하나님아버지를 주인으로 모시고 성령으로 충만한 은혜 속에 있을 때 행복한 것입니다.

아담은 탐욕으로 파탄에 이르렀습니다. 탐욕이 들어오면 아무리 많이 가져도 결코 만족함을 느끼지 못합니다. 우리가 탐욕을 버리고 겸허한 마음으로 살 때 행복을 누릴 수 있는 것입니다. 이 세상에 하나님을 의지하고 살면 하나님의 은혜로 우리가 무엇을 먹을까, 무엇을 입을까, 무엇을 마실까 걱정하지 않고 살게 해주겠다고 한 것입니다. 이스라엘이 애굽에서 살 때는 인간의 수단과 방법과 노력으로 살았지만 하나님을 따라 광야로 돌아왔을 때는 농사도 지을 수 없고 논밭도 없었습니다. 짐승도 기를 수가 없었습니다. 빈 손 들었습니다. 하늘만 쳐다 보았습니다. 그들이 40년 동안 광야에서 하늘만 쳐다 보고 하나님만 의지했지만 헐벗지도 아니하고 굶주리지도 아니하고 배고프지도 아니하고 목마르지도 아니한 것은 하나님이 그들을 돌보아 주셨기 때문인 것입니다. 우리가 이 광야 같은 세상을 살면서 우리가 인간의 수단과 방법과 노력이 모자란다 할지라도 하늘을 쳐다보고 하나님을 주인으로 모시면 하나님이 우리에게 복을 주셔서 먹고, 입고, 마시고 살게 만들어 주시겠다고 약속하신 것입니다.

마태복음 6장에 보면 먼저 하나님의 나라와 하나님의 의를 구하면 그 다음일은 하나님이 돌보아 주시겠다고 약속하신 것입니다. 하나님은 인생이 아니신지라 거짓이 없으십니다. 인자가 아니신지라 식언치 아니하십니다. 하나님의 약속은 반드시 이루어집니다. 저 하늘이 무너지고 이 땅이 꺼져도 일점일획도 변하지 않습니다. 그러므로 하나님의 나라와 하나님의 의인 예수 그리스도를 먼저 구하고 살면 하나님이 우리의 삶을 책임져 주시는 것입니다.

둘째, 인간관계가 좋은 것이 행복이다. 우리는 어찌할 수없이 태어날 때부터 가족을 가지고 태어나는 것입니다. 하나님이 아담만 지어놓지 아니하시고 하와를 지어서 두 사람이 함께 살도록 만들어 놓은 것입니다. 창 2:24에 "이러므로 남자가 부모를 떠나 그의 아내와 합하여 둘이 한 몸을 이룰지로다."라고 말한 것입니다.

어찌할 수없이 남자와 여자가 부부가 되어서 함께 살아야 되지 이 함께 사는 것이 없으면 행복하지 않습니다. 또 부부가 있으면 자식을 낳기 때문에 부모, 자녀의 관계가 원만해야 행복하게 살아갈 수 있는 것입니다. 부모, 자녀가 원만하지 못하면 행복이 없습니다. 또 형제들이 있기 때문에 형제의 관계도 원만하게 이끌어 나가야 되는 것입니다. 또 우리 형제만 있는 것이 아니라 이웃과의 관계도 잘 맺어야 됩니다. 별 도리 없이 우리는 혼자 살지 않고 사회에서 함께 몸을 부딪치며 살아가기 때문에 이웃과도 올바른 관계를 갖고 살아야 되는 것입니다. 우리가 선한 인간관계를 위해서 항상 주님께 의지하고 상대를 이해하려고 노력해야 되는 것입니다. 이 세상에 살아온 사람은 모든 사람이 나와 똑같이 않다는 것을 알고 있는 것입니다. 모든 사람들은 자기 개인의 경험이 다르고 개성이 다른 것입니다. 경험과 개성이 다른 사람을 보고 나와 똑같으라고 생각할 수 없는 것입니다. 나는 나의 세계가 있고 다른 사람은 다른 사람의 세계가 있으니 이것을 인정하고 상대를 이해하려고 노력해야 되는 것입니다. 벧전 3: 8에 "너희가 다 마음을 같이하여 동정하며 형제를 사랑하며 불쌍히 여기며 겸손하며"라고 말한 것입니다.

또 언제나 우리가 서로 좋은 관계를 갖고 살려면 기쁨과 슬픔을 함께 나누며 살아야 되는 것입니다. 롬12:15에 "즐거워하는 자들과 함께 즐거워하고 우는 자들과 함께 울라" 즐거워하는 집에 가서 울면 안 되고 우는 집에 가서 깔깔 거리고 웃으면 안 되지 않습니까? 우리가 이웃에 동정하는 마음을 가지고 서로 짐을 나누어지는 그러한 자상스러운 마음을 가져야 인간관계를 잘 유지할 수 있습니다. 그리고 무엇보다도 참는 것입니다. 첫째도 참고, 둘째도 참고, 셋째도 참는 것입니다. 내 마음대로 안 된다고 화를 내고 주먹을 휘두르면 큰 사고가 나지 않습니까? 우리 인생에도 부부간에도 참아야 되고, 부모 자식 간에도 참아야 되고, 형제간에도 참아야 되고, 이웃 간에도 참고 또 참고 또 참아야 문제가 해결되고 좋은 인간관계를 가질 수가 있는 것입니다.

롬15: 5에 "이제 인내와 위로의 하나님이 너희로 그리스도 예수를 본받아 서로 뜻이 같게 하여 주사"라고 말씀하고 있는 것입니다. "모든 겸손과 온유로 하고 오래 참음으로 사랑 가운데서 서로 용납하고 평안의 매는 줄로 성령이 하나 되게 하신 것을 힘써 지키라(엡 4:2-3)"고 성경은 말하고 있는 것입니다. 그리고 우리는 사랑해야 되는 것입니다. 사랑한다는 것은 용서하고 화해하는 것을 말하는 것입니다. 사랑한다고 해서 뛰어 나가서 얼싸안고 뛰고 구르라는 것은 아닙니다. 사랑하라는 것은 잠잠하게 이웃을 용서하고 화해하는 마음, 관용하는 마음을 가진 것이 사랑하는 마음인 것입니다. 남편과 아내도 늘 마음이 부딪히잖아요. 잠잠하게 용서하고 화해하고 관용하는 마음, 이것이 부부간에 부모자식 간에 형제간에 이웃 간에 있을 때 우리가 인간관계를 올바르게 가질 수 있고 행복을 가져올 수 있는 것입니다.

인간관계가 굉장히 우리 마음속에 슬픔과 고통을 가질 수 있습니다. 부부간에 불화하면 마음을 고통스럽게 만드는 것입니다. 부모 자식 간에 상극이 되면 부모의 마음, 자식의 마음도 깊은 슬픔에 차이게 되는 것입니다. 형제간에 싸워도 괴롭고 이웃 간에 싸워도 마음에 평안하지 않습니다. 마음에 평안과 행복을 가져오기 위해서는 인간관계를 올바르게 하기 위해서 이해하고 동정하고 인내하고 사랑하는 마음으로 인생을 살도록 끊임없이 우리가 노력을 해야 되는 것입니다. 갈 5:13~14에 "사랑으로 서로 종노릇 하라 온 율법은 네 이웃 사랑하기를 네 자신 같이 하라 하신 한 말씀에서 이루어졌나니"라고 말하고 있는 것입니다.

셋째, 건강을 감사하고 관리할 때 행복하다. 건강함을 감사하고 즐기는 우리는 삶을 살아야 되는 것입니다. 우리는 건강할 때 건강이 얼마나 소중하다는 것을 모릅니다. 그러나 건강을 잃고 보면 얼마나 건강이 소중한 것을 알게 되는 것입니다. 하나님이 건강 주신 것을 감사를 해야 행복해지는 것입니다. 건강한 것이 얼마나 감사하고 행복합니까? 오늘도 병원에 가보십시오. 환자들이 줄을 서서 있는 것입니다. 얼마나 고통가운데 있는 것입니까? 병들지 않고 건강하게 사는 것만 해도 절대로 행복하고 즐거운 것을 알아야 할 것입니다.

필자는 하나님의 은혜로 3년동안 병원에 능력전도를 다녔습니다. 병원에 입원한 환자 중에는 목사님도 계시고, 장로님도 계시고 권사님, 성도님들이 계십니다. 이분들이 이구동성으로하는 말이 교회에 나가서 예배를 드리는 것이 소원이라고 말합니다. 걸어서 교회에 나가 하나님께 예배를 드리고 싶다는 것입니다. 시 6: 2에 보면 "여호와여 내가 수척하였사오니 내게 은혜를 베푸소서 여호와여 나의 뼈가 떨리오니 나를 고치소서"라고 시편기자가 간구하는 것을 볼 수 있습니다.

우리는 시103: 2~ 3에 "내 영혼아 여호와를 송축하며 그의 모든 은택을 잊지 말지어다 그가 네 모든 죄악을 사하시며 네 모든 병을 고치시며"라고 말한 것입니다. 병을 치료받고 건강함을 가져야 행복을 누릴 수 있는 것입니다. 아무리 좋은 집에서 호의호식하고 살아도 몸이 아프면 짜증이 나고 좋은 것이 하나도 없고 고통만 꽉 들어찬 것입니다. 그러므로 주님께 늘 건강을 달라고 기도하고 건강함을 감사, 찬송을 해야 되는 것입니다. 성경에는 감사로 제사를 드린 자가 나를 영화롭게 하나니 그 행위를 옳게 하는 자에게 하나님의 구원으로 보이리라 했는데 평소에 건강할 때 건강을 감사하지 아니하면 나중에 병들 때 아무리 고쳐달라고 해도 응답이 잘 오지 않습니다. 있는 것을 가지고 감사를 하면 하나님이 나중에 기쁘게 기도를 들어 주시는 것입니다.

우리가 일생에 살면서 건강에 투자를 해야 돼요. 건강에 투자를 하지 않고 자연히 건강해 지지는 않습니다. 건강에 어떻게 투자를 합니까? "마음의 즐거움은 양약이라(잠17:22)"고 했으니까 우리가 마음에 즐거움을 항상 가지고 평안을 가지고 살려고 투자를 해야 돼요. 노력을 해야 돼요. 마음에 평화를 깨고 흔들고 마음에 화평을 잃게 하는 것은 피해야 돼요. 우리가 과도한 스트레스를 받으면 마음에 즐거움과 평화가 다 사라지잖아요. 그런데 이 스트레스를 피하기 위해서 열심히 하나님께 기도하고 수고하고 무거운 짐을 주님께 맡기고 말씀 읽고 기도하고 하나님께 맡기는 것을 게을리 하지 말아야 되는 것입니다. 그래서 하나님을 의지하고 마음에 기쁨과 평안을 늘 가지고 있어야 되는 것입니다. 잠17:22에 "마음의 즐거움은 양약이라도 심령의 근심은 뼈를 마르게 하느니라"고 한 것입니다.

우리는 자기만 즐거워할 뿐 아니라 이웃에 즐거움을 주는 약이 되어야 되는 것입니다. 자신의 마음이 약이 될 수도 있고 독이 될 수도 있습니다. 이웃을 즐겁게 하면 이웃에 양약이 되어 주고 이웃에 마음에 근심을 끼치면 독이 될 수 있는 것입니다. 남편이 아내에게 약이 될 수도 있고 독이 될 수도 있고 아내가 남편을 약이 되게도 하고 독이 될 수도 있는 것입니다. 부모가 자식에게 약이 되고 독이 되고 자식이 부모에게 약이 되고 독이 될 수 있는 것입니다. 우리가 남에게 기쁨을 주고 평안을 주면 양약이 되는 것입니다. 그러나 남에게 근심을 끼치면 우리가 남을 죽이는 독이 되는 것입니다. 우리는 인생을 살면서 언제나 이웃에 양약이 되고 독이 되지 않기를 주님 이름으로 축원합니다.

시16:11에 "주의 앞에는 충만한 기쁨이 있고 주의 오른쪽에는 영원한 즐거움이 있나이다."고 말했습니다. 우리가 주님께 기도하고 주의 은혜 속에 있으면 마음의 즐거움이 주님께로부터 오며 평안도 주님께로부터 오므로 우리 속에 양약이 역사해서 질병을 이기고 건강할 수가 있는 것입니다. 마음에 즐거움과 평안은 우리의 건강에 절대적인 요소가 되는 것입니다. 그리고 우리는 식생활에 조심해야 되는 것입니다. 식생활에 우리가 관심을 가지고 너무 기름진 음식을 많이 먹지 말고 절제할 수 있어야 우리가 건강을 가질 수 있는 것입니다. 그리고 언제나 건강에 조심하기 위해서 걸어야 되는 것입니다. 우리는 항상 앉아있고 자동차를 타고 다니고 걷는 기회가 없으므로 건강을 손상시킬 때가 많은 것입니다. 우리는 많이 걸어야만 되는 것입니다. 남녀모두 하체가 강해야 건강합니다.

성경 고전 6:19~20에 "너희는 너희 자신의 것이 아니라 값으로 산 것이 되었으니 그런즉 너희 몸으로 하나님께 영광을 돌리라"고 했는데 몸이 자신의 것이 아니고 하나님의 것입니다. 자신이 하나님의 성전이기 때문에 살아있을 동안에 이 성전을 건강하게 보수하고 유지하는 것은 자신의 책임인 것입니다. 행복을 위해서 우리는 건강에 투자해야 됩니다. 건강을 위해서는 적당한 운동을 하고 음식도 적당하게 먹어야 합니다.

WHO 자료에 의하면 전 세계 인구의 10%에서 30%가 고혈압을 앓고 있습니다. 이를 막기 위해서는 지속적인 운동으로 체지방을 줄이고 야채를 많이 먹고, 소금은 적게 먹어야 한다고 말하고 있습니다. 미국의 국립 심장-폐-혈액연구소인 NHLBI에서는 고혈압을 막기 위해서는 하루 30분 이상 운동하고 체중을 관리하며 야채와 저지방 낙농 식품을 즐겨야 한다고 발표했습니다. 하버드 의대와 오키나와 국제대학이 25년간 세계적인 장수촌인 일본 오키나와 주민들 생활을 연구한 끝에 발표한 장수의 비결이 이러합니다. 먼저 신선한 물을 많이 마시고 야채와 잡곡을 많이 먹고, 동물성 음식과 술 담배를 먹지 말며, 운동하고, 긍정적인 사고를 지니면 오래 산다. 그렇게 말한 것입니다.

물론 죽고 사는 권세는 하나님께 있지만 하나님께서 건강을 우리에게 내어 준 이상 잘 돌보아야 오래 유지할 수가 있는 것입니다. 사람이 살면 70이요, 강건하면 80이라고 했는데 아무리 못살아도 70이상은 살아야 될 것이요. 그러기 위해서 자신이 언제나 마음에 평안을 가지고 기쁨으로 충만하면 양약이 몸속에 충만하게 되는 것입니다.

그리고 식생활을 조심해서 하고 늘 운동하며 긍정적인 사고방식을 가지고 살면 건강해지고 소박한 행복을 가질 수 있는 것입니다. 행복을 위해서 우리는 먼저 이와 같이 식생활 개선과 운동에 투자를 해야 건강해질 수 있는 것입니다. 우리가 항상 병원에 가서 우리 몸의 건강을 조사하는 것처럼 우리의 신앙생활은 하나님의 병원과 세상병원이 있습니다. 하나님의 병원은 믿음으로 하나님의 병원에 입원하는 것입니다. 기도할 때마다 하나님 병원에 입원하십시오. 하나님 아버지는 내가 너의 병을 고치는 하나님이라고 말한 것입니다. 우리 하늘나라 병원 원장은 하나님이 되시는 것입니다. 출15:26에 "나는 너희를 치료하는 여호와임이라"고 했으니 우리는 우리 병원은 영적인 병원인 하늘나라 병원의 원장인 하나님 아버지가 계시고 하늘나라 약은 예수 그리스도인 것입니다.

벧전 2:24에 "그가 채찍에 맞음으로 너희는 나음을 얻었나니"다고 말한 것입니다. 하나님이 나의 의사가 되시고 예수님이 나의 약이 되시므로 언제나 의사되시는 하나님께 기도하고 치료해 주시기를 간구하고 예수님이 우리의 치료약이기 때문에 저가 채찍에 맞음으로 너희가 나음을 입었다는 이 약속의 말씀을 마음속에 간직하고 항상 입으로 시인하며 살게 되시기를 바랍니다. 그러나 이와 같은 지식과 믿음이 다 있는 것은 아닙니다. 이와 같은 믿음과 지식이 없는 사람은 하늘나라 병원에 입원하지를 못합니다. 하나님이 의사인 것을 모르고 예수님이 약인 것을 모르는 사람들이 억지로 남 따라서 했다가는 큰일 납니다. 그런 믿음이 없는 사람은 세상병원에 가고 세상 약을 먹고 세상에 의지해서 하나님의 도움을 받아 치료함을 입어 건강을 얻어야만 되는 것입니다.

예수님 안에 행복이 있습니다. 진정 행복한 사람은 명예나 명성을 얻고, 세상에서 권세나 물질적으로 풍요를 누리는 사람이 아니라 하나님을 사랑하고 하나님을 기뻐하며 찬송하는 사람입니다. 그리고 이웃 사랑을 실천하는 사람입니다(눅10: 27). 하나님을 경외하는 자에게 복이 있습니다. (엡1:3)"찬송하리로다 하나님 곧 우리 주 예수 그리스도의 아버지께서 그리스도 안에서 하늘에 속한 모든 신령한 복을 우리에게 주시되"

존 웨슬레도 "하나님을 떠나서는 행복이란 없다"고 했고, 아브라함 링컨도 "행복은 우리 안에 있는 것이 아니다. 그렇다고 우리 밖에 있는 것도 아니다. 행복은 우리가 하나님과 연합하는 데 있다"고 하였습니다. 자신의 마음속에 하나님을 주인으로 모시고 범사에 감사함으로 인생의 행복자, 신앙의 승리자가 되시기를 축원합니다.

3장 행복의 조건이 진리의 말씀에 있다.

(신 10:13)"내가 오늘 네 행복을 위하여 네게 명하는 여호와의 명령과 규례를 지킬 것이 아니냐"

하나님은 예수를 믿는 모두 다 행복하기를 원하시는 것입니다. 사람들은 행복의 조건을 외적인 면에서 찾으려고 합니다. 돈, 지위, 명예, 영화, 사치, 자기과시 등 이런 것들로 행복을 누리려고 합니다. 물론 그것이 행복에 기여하지 않는 것은 아닙니다. 그런 것도 행복에 보탬이 됩니다. 그러나 행복의 집은 내적 조건인 마음의 평화, 감사하는 마음, 이웃을 보듬어 안는 관용과 용서, 이웃을 섬기는 희생적 사랑이 없이는 모래 위에 지은 집이 되어 곧 허물어지고 마는 것입니다. 내적 행복이 있어야 외적 행복의 조건이 가치 있게 되는 것입니다. 하나님은 예수를 믿는 모두 다 행복하기를 원하시는 것입니다. 그 행복을 찾아서 산을 넘어가면 또 저 건너편 산에 행복이 있다고 합니다. 아무리 외적인 환경을 쫓아서 부귀영화, 공명 이런 것을 통해서 행복을 얻으려고 달음질 해보면 행복은 찾을 수 없는 것입니다.

그러나 행복은 내 마음속에 있는 것입니다. 예수 그리스도를 믿고 하나님을 섬기면서 마음에 평안을 가지고 내 주어진 삶을 감사하게 받아들이고 감사의 뜻을 찾고 감사와 찬양을 드리며 내 이웃을 진실로 관용하고 용서해주며 남을 위해서 희생 봉사하는 사랑을 실천하면 행복이 마음속에 찾아오게 되는 것입니다. 이러한 사람은 초가삼간에 나물을 먹고 살아도 행복해질 수 있는 것입니다. 우리는 행복을 멀리서 찾지 마십시다. 행복은 자신의 마음속에 있는 것입니다. 내 마음을 다스리면 행복을 가질 수가 있는 것입니다. 내 마음을 다스리지 않고 바깥에 행복을 찾는 사람은 영원히 행복을 놓쳐 버리고 말 것입니다. '세기의 영웅' 나폴레옹은 세계를 정복을 하고 그 꿈을 꾸며 영토를 확장했고 사람들이 부러워할 것은 모두 다 소유했던 사람입니다. 지배와 소유의 정상에서 인생의 성취감도 누렸습니다. 그러나 죽을 때 그가 남긴 말은 "내가 진정 행복했던 때는 단 6일밖에 없었다." 그렇게 말했습니다. 온 유럽을 석권하고 프랑스의 왕좌를 점령하고 부귀와 영화를 한 몸에 누렸던 나폴레옹도 일평생 행복한 날은 엿새밖에 없었다고 했습니다.

그러나 헬렌 켈러는 듣지도 못하고 말하지도 못하고 보지도 못하지만 말년에 과거를 회상하면서 "내 인생은 기쁘고 행복한 나날이었다."라고 말한 것입니다. 왜 그렇습니까? 인생의 행복은 소유와 지배가 아닌 마음에 있기 때문에 그런 것입니다. 헬렌 켈러는 마음에 행복을 찾았고 나폴레옹은 환경에서 행복을 찾았기 때문에 나폴레옹은 행복을 찾지 못하고 헬렌 켈러는 행복을 찾아 누릴 수 있었던 것입니다.

첫째, 마음에 예수님이 주인이 되어야 행복하다. 영국의 식민 정치가였던 세실 존 로즈(Cecil John Rhodes)는 건강 관계로 남아프리카로 이주해 갔다가 그곳에서 다이아몬드 광산을 발견하고 큰 부자가 되었습니다. 그는 600만 파운드의 다이아몬드를 옥스포드 대학의 장학기금으로 기증할 정도로 부자였습니다. 한번은 그가 잠시 영국에 귀환했다가 구세군의 2대 장군이었던 브람 웰부드 장군(Bramwell Booth)을 만나게 되었습니다. 부드 장군이 그에게 물었습니다. "당신은 거부인데 그 돈을 가지고 행복합니까? 그렇지 않으면 행복하다고 생각하십니까?" 하고 묻자 그는 침울한 표정으로 "행복이라니요? 행복이 어디 있어요?" 그러자 부드 장군이 그에게 이렇게 말했습니다. "천하에 진실로 행복한 곳은 오직 한 곳뿐인데 그 곳은 주님의 십자가 아래입니다. 왜냐하면, 그 곳에서만 우리의 죄를 용서 받을 수 있기 때문입니다." 맞습니다. 예수 안에 들어와야 죄도 용서를 받고 하나님 아버지의 날개 아래 들어갈 수 있게 되고 하나님의 보호와 은혜를 받을 수 있기 때문에 평안한 것입니다. 그 속에 들어오면 죄책도 다 사함을 받고 세상에 법적인 고통을 당해도 합력하여 유익을 이루고 악을 선으로 바꾸는 하나님의 역사를 기대하고 믿고 의지할 수가 있는 것입니다. 그곳에 들어오면 이 세상에서 어렵고 고통스러운 문제도 해결 받을 수 있고 의지할 수 있게 되는 것입니다. 우리 하나님 날개 아래 거하면 우리의 마음속에 참 평안을 얻고 평안이 있는 곳에 행복을 누릴 수가 있게 되는 것입니다.

톨스토이는 말하기를 '사람들은 흔히 속세적인 행복을 찾다가 아무것도 얻지 못하고 기진맥진한 두 팔을 그리스도 앞에 내놓을 때 비로소 행복을 얻게 된다.'고 말했습니다. 일본의 유명한 신학자 우찌무라 간조도 '인생의 행복이란 소유의 많고 적음에서 오는 게 아니다. 하나님과 함께 하는 삶 속에 진정한 행복이 있다. 아무리 많은 것들을 가졌다 해도 하나님과 동행하지 않는 사람의 생활에는 행복이 없다.'고 말한 것입니다.

마음에 평안을 깨뜨리는 요소들이 이 세상에 많아요. 우리가 마음에 죄책으로 인한 양심의 고통을 가지고 있으면 평화가 없습니다. 저는 이런 이야기를 들어본 적이 있습니다. 어머님이 청춘과부가 되어서 딸 하나를 의지하고 열심히 일해서 교육을 시켜 대학까지 졸업 시켰습니다. 그리고 좋은 사윗감을 만나서 행복한 가정을 이루어 주었습니다. 이제 어머니가 사위와 딸하고 함께 사는데 늘 딸이 어머니가 몸이 약하기 때문에 바깥에 출입을 못하고 어머니 곁에 있었습니다. 그런데 한번은 사위가 해외출장을 가게 되었는데 자기 부인보고 동행을 하자고 그럽니다. 그 부인은 어머니 걱정 때문에 동행을 하겠다고 나서지 못했습니다. 그런데 어머니가 "걱정하지 마라. 나는 아직까지 건강히 있으니까 내가 끓여먹고 집 잘볼 테니까 너는 남편 따라 출장 갔다 오너라."고 권면을 자꾸 했습니다. 못 내켜 하는 그 딸을 강압적으로 출장을 따라가라 했는데 남편과 부인이 출장을 갔다가 돌아오니까 집이 딱 잠겨 있어요. 아무리 두드려도 대답이 없기에 열쇠 공을 불러서 문을 따고 들어가니까 어머니가 세상을 떠나셨습니다.

아무도 없는 집에 혼자서 세상을 떴습니다. 굉장히 충격을 받은 그 딸은 자기 때문에 어머니가 죽었으니 자기가 어머니를 죽였다는 것입니다. "자기가 남편 따라 해외 출장만 안 갔더라면 어머니를 돌봐서 살았을 것인데 자기가 집을 비워 놓았기 때문에 어머니가 세상을 뜨셨다. 그러므로 내가 어머니를 죽였다." 그 양심에 고통으로 견딜 수 없어서 몇 번 자살을 시도했습니다. 고통스러워서 견딜 수 없으니까 목사님에게 신앙상담을 왔는데 목사님이 자매에게 이렇게 말했다고 합니다. "자매님, 지금 어머님이 살아났다 하더라도 자매님이 한일을 보고 좋아할 것입니다. 어머님은 기뻐하시고 잘 갔다 왔다. 잘 갔다 왔다. 나는 기왕 나이가 들어서 죽을 때 죽었으니 그뿐이고 나는 네가 행복하게 남편하고 출장 갔다 온 것 잘했다고 칭찬할 것입니다. 어머니는 절대로 당신을 정죄하지 않을 것입니다. 하나님도 당신의 모든 죄를 예수 그리스도를 통해서 다 청산했습니다. 당신이 인생에 실수했다고 할지라도 예수님이 십자가에 몸 찢고, 피 흘려 그 죄를 다 청산했기 때문에 예수 그리스도 안에서 당신을 용서해 주었습니다. 하나님도 용서하고 어머님도 용서한 죄를 왜 당신이 용서하지 못합니까? 그것은 교만입니다. 하나님 앞에서 어머님 앞에서 용서를 받은 죄를 스스로 용서해 주고 당신을 용납하십시오." 그리고 기도하고 격려를 해주었는데 그 양심의 고통에서 해방되고 나중에는 행복하고 기쁜 생활을 하게 된 것입니다. 마음에 평화가 깨어지면 불행하기 짝이 없습니다. 남편의 사랑을 받고 행복한 가정생활을 하면서도 양심에 극렬

한 고통을 받으니까 그는 자살하려고 한 것입니다. 행복의 가장 근원이 마음의 평화인 것입니다. 마음이 천국이면 세상도 천국입니다. 마음이 지옥이면 세상도 지옥입니다. 마음에 평안이 없으면 부귀영화, 공명이 무슨 소용이 있습니까? 이런 것이 행복을 갖다 주지 못하는 것입니다. 애 3:39에 "살아 있는 사람은 자기 죄들 때문에 벌을 받나니 어찌 원망하랴"고 말한 것입니다.

마음에 고통은 하나님 아버지의 사랑과 예수 그리스도의 보혈을 통하지 않고는 평안을 얻을 수 없는 것입니다. 세상 법을 어기고 법적조치를 당할 때도 굉장히 불행해 합니다. 많은 신앙상담을 오는 사람들이 고소를 당하거나 법정에 불려가거나 검찰에 조사를 받고 많은 고통을 가지고 제게 신앙상담을 옵니다. 그들의 삶은 지옥 그 자체인 것입니다. 어떠한 것도 그들을 위로해줄 수 없는 마음에 고통, 괴로움 속에 있는 것입니다. 이러한 사람이 세상의 부귀영화, 공명을 가지고 행복할 수 있습니까? 오직 위로받을 수 있는 곳은 하나님 밖에 없습니다. 기도로 마음을 정화하는 것입니다.

제가 늘 말하는 것은 하나님께 일을 맡기십시오. 잘했든 못했든 하나님의 자비와 긍휼을 구하고 하나님께 일을 맡겨야 되는 것입니다. 하나님은 모든 것을 합력하여 선을 이루게 하시는 하나님이기 때문에 우리는 모르지만 하나님 손에 맡기면 하나님이 끝장에 가서 유익하게 만들어 주실 것입니다. 그러므로 하나님께 맡기자고 말하는 것입니다. 악을 선으로 바꿀 수 있는 분은 하나님 밖에 계시지 않습니다. 그러므로 세상 법을 어기고 법적조치를 당해 크게 불안한 사람도 하나님께 의지하고 하나님께 내어 맡기면 그 불행조차도 끝장에 가서는 합력하여 유익을 이루시게 하시는 것이 하나님의 섭리인 것입니다. 하나님 의지하지 않고 결코 마음에 평안을 얻을 수 없는 것입니다.

사람들은 대인관계 속에 갈등을 가지고 불행한 사람 많습니다. 가정에 남편과 아내가 서로 마음이 안 맞아 갈등을 가지면 결코 가정이 평안하지 않습니다. 부부간에 서로 싸우고 대결하면 남편이 마음에 평안을 잃어버리기 때문에 밖에 나와서 일이 손에 잡히지 않습니다. 부인도 마찬가지지요. 가사 일이 손에 잡힐 리가 없는 것입니다. 부부간의 갈등, 부모 자식 간에 갈등 되어도 부모의 마음에 고통이 말로 다 할 수 없고 사회적인 갈등도 그렇습니다. 우리 한국에 사회가 불안한 이유가 왜 그렇습니까? 사람들의 마음에 평안이 없으니 지역 간 갈등이 있고, 계층 간 갈등이 있고 노사갈등이 있어 서로 대결하기 때문에 사회가 불안하고 평안이 없는 것입니다. 이 갈등을 누가 해결할 수 있는 것입니까?

하나님의 아들 예수 그리스도만이 평안을 가져올 수 있는 것입니다. 갈등을 가졌을 때 자꾸 상대방 때문에 내 마음에 갈등을 가지고 있다고 생각하지 말고 내가 예수 그리스도 안에서 회개하고 그리스도의 평안을 가득히 가지고 상대를 대하면 내 평안을 상대에게 전달해줄 수가 있는 것입니다. 그렇기 때문에 남이 내게 평안을 빼앗아 간다고 말하지 말고 내가 마음에 평안을 가지고 상대를 포용하면 평안을 가져올 수 있는 것입니다. 이 평안은 예수 그리스도에 대한 은혜와 하나님의 사랑을 통하지 않고는 가져올 수 없는 평안인 것입니다. 또한 생활의 고통이 극심하면 마음이 굉장히 불안합니다. 마음에 직장을 잃을까 싶어 번뇌하고 있을 때 평안이 없잖아요. 사업이 무너져가고 부도가 날 지경에 이르는데 평안이 있을 수 있습니까?

우리의 마음속에 평안은 양심의 가책, 세상의 법적인 고통, 대인관계의 갈등, 생활의 고통이 있을 동안에는 평안이 없습니다. 이러한 모든 것을 극복할 수 있는 외적인 힘이 있어야만 되는 것입니다. 물에 빠져서 허우적이며 죽어가는 사람이 자기 힘으로 물밖에 나올 수 없는 것입니다. 물에 빠져 숨이 막혀서 죽을 지경이고 폐속에 물이 가득해지는데 어떻게 스스로 헤쳐 나올 수 있습니까? 다른 사람이 와서 건져줘야 되는 것입니다. 누가 우리를 이 마음의 불안과 고통에서 건져줄 수 있습니까? 이것은 하나님의 아들 예수 그리스도가 와서 고쳐줄 수가 있는 것입니다.

예수 그리스도와 하나님 아버지의 사랑이 와서 우리를 건져줄 수 있습니다. 하나님과 예수님의 사랑은 믿는 사람을 통하여 역사하십니다. 예수믿는 사람의 마음을 감동시켜 물에 빠진 사람을 건지는 것입니다. 예수 믿는 사람과 안 믿는 사람이 다른 점 여기에 있는 것입니다. 우리는 고통에 빠졌을 때 우리를 건져줄 자가 있다는 것입니다. 그리스도 예수와 아버지 하나님이 우리를 건져 주신다는 믿음이 있기 때문에 마음에 평안을 얻고 기도하고 하나님께 짐을 맡길 수가 있는 것입니다. 성경에는 수고하고 무거운 짐 진

자들은 다 내게로 오라. 내가 너희를 쉬게 하리라고 말씀하고 있는 것입니다. 수고하고 무거운 짐을 짐 진 자들만 내게로 오라고 한 것입니다. 수고하고 무거운 짐 없는 사람 내게로 오라고 말하지 않았습니다. 그러므로 어떠한 수고하고 무거운 짐을 가졌을지라도 짐을 가지고 있는 사람은 주님께 나올 수 있는 자격이 있는 사람인 것입니다. 주님은 그러한 사람들에게 내게 평안을 주겠다고 약속을 하신 것입니다.

시91: 1~ 7에 보면 놀라운 하나님의 약속의 말씀이 있습니다. "지존자의 은밀한 곳에 거주하며 전능자의 그늘 아래에 사는 자여," 지존자의 은밀한 곳이 뭡니까? 하나님의 은밀한 곳은 예수 그리스도인 것입니다. 하나님의 은밀한 곳 예수 그리스도 안에 있는 사람은 전능자의 그늘아래 있겠다고 말한 것입니다. "지존자의 은밀한 곳에 거주하며 전능자의 그늘 아래에 사는 자여, 나는 여호와를 향하여 말하기를 그는 나의 피난처요 나의 요새요 내가 의뢰하는 하나님이라 하리니 이는 그가 너를 새 사냥꾼의 올무에서와 심한 전염병에서 건지실 것임이로다 그가 너를 그의 깃으로 덮으시리니 네가 그의 날개 아래에 피하리로다 그의 진실함은 방패와 손방패가 되시나니 너는 밤에 찾아오는 공포와 낮에 날아드는 화살과 어두울 때 퍼지는 전염병과 밝을 때 닥쳐오는 재앙을 두려워하지 아니하리로다 천 명이 네 왼쪽에서, 만 명이 네 오른쪽에서 엎드러지나 이 재앙이 네게 가까이 하지 못하리로다." 얼마나 놀랍습니까? 자신이 하나님을 자신의 피난처라 하고 지원자로 거처를 삼으면 하나님께서 천사를 보내서 자신을 지켜 모든 길에 보호를 해주시겠다고 약속하신 것입니다.

이러므로 하나님의 아들 예수 그리스도를 통해서 아버지의 품에 안기면 우리가 마음속에 평안을 누릴 수 있는 것입니다. 의뢰할 데가 있기 때문에 우리의 짐을 맡길 데가 있기 때문에 우리가 평안을 얻을 수 있는 것입니다. 아무도 나를 도와줄 수 없고 아무도 내 손 붙잡아 이끌어 줄자가 없을 때 우리는 절망하는 것입니다. 더구나 시23: 4에 보면 "내가 사망의 음침한 골짜기로 다닐지라도 해를 두려워하지 않을 것은 주께서 나와 함께 하심이라 주의 지팡이와 막대기가 나를 안위하시나이다."

너무나 놀라운 말씀인 것입니다. 우리가 이 세상에 살면서 크고 적은 사망의 골짜기를 안지날수가 없어요. 인생사는 자체가 곧 고난이니까. 크고 작은 사망의 골짜기를 지나고 부모, 형제 날 떠나고 아무도 나를 도와줄자 없을지라도 성경에는 주께서 나와 같이 계신다고 말한 것입니다. 주님은 우리와 언약을 맺었습니다. 십자가의 보배로운 피로 언약을 맺었습니다. 예수 그리스도를 구주로 모시고 피를 의지하는 자는 결단코 떠나지 아니하고 버리지 않겠다는 언약을 주신 것입니다. 내가 사망의 음침한 골짜기에 다닐지라도 주님이 함께 계시는데 주님은 목자로써 지팡이와 막대기를 가지고 오십니다. 지팡이(진리말씀)는 길을 열어 주시고 막대기(성령님)는 보호해 주시는 것입니다. 어떻게 길 잃어버린 처지에 있을지라도 주님은 길을 열어 주시고 어떻게 큰 원수가와도 막대기(성령님)로 막아 주시는 주님이 계시기 때문에 마음에 평안을 누릴 수 있는 것입니다. 우리가 마음에 평안이 있어야 행복의 기초가 될뿐 평안이 있어야 문제 해결도 되는 것입니다. 성경에 주님은 "나의 평안을 너희에게 주노라. 내가 너희에게 주는 것은 세상이 주는 것과 같지 아니하리라. 너희는 마음에 근심하지도 말고 두려워하지도 말라"고 말씀한 것입니다.

부귀영화, 공명에 행복이 있다고 하는 사람은 속았습니다. 부귀영화, 공명에는 행복보다도 더 많은 불만족과 고통이 따라오는 것입니다. 참 행복은 예수 그리스도 안에서 아버지를 섬길 때만 찾아오는 것입니다. 우리의 마음에 하나님 아버지와 예수께서 안주하실 때 비로소 마음이 풍족해 지고 평안해지고 행복해지는 것입니다. 마음의 평안은 하나님께 의지 안할 때는 없습니다. 돈이 의지할 곳이 못됩니다. 지위나 권세가 의지할 것이 못됩니다. 세상에 부귀영화가 자신의 피난처가 되지 못합니다. 하늘과 땅을 지으시고 세계와 그 가운데 모든 것을 다스리시는 만군의 여호와 우리 아버지 하나님과 그 아들 예수 그리스도의 품안에서만이 진실로 평안하고 행복해질 수가 있는 것입니다.

둘째, 항상 감사하는 마음이 행복하다. 마음의 행복을 깨는 원망, 불평, 짜증, 탄식 등을 가지고 있으면 행복하지 않습니다. 사람들은 행복을 깨는 것이 원망, 불평, 짜증, 탄식이라는 것을 알고 있음에도 불구하고 자꾸 그 속에 들어가는 경향성이 있는 것입니다.

사람들은 자기에게 있는 것보다 없는 것을 바라보고 늘 불평합니다. 사람들은 자기에게 있는 것을 계산하지 않습니다. 자꾸 없는 것을 계산합니다. 성경에는 있는 자에게는 더 주고 없는 자에게는 있는 것까지 빼앗겠다고 말한 것입니다. 우리에게 주어진 것을 생각하고 계산하고 감사를 할 줄 알아야 되는 것입니다.

화상을 입어서 눈썹을 잃어버린 분의 간증을 들었습니다. 눈썹이 있을 때는 눈썹 고마운 줄 몰랐는데 눈썹이 없고 보니 비가 오면 물이 눈으로 다 들어온다는 것입니다. 눈썹이 있을 때는 물이 그곳을 통해서 흘러 나가 버렸기 때문에 눈을 뜰 수 있는데 눈썹이 없으니까 물이 눈으로 들어오므로 눈을 뜰 수 없어요. 눈썹 있는 것을 얼마나 감사했는지 모른다고 했습니다. 지금 책을 읽는 분은 눈썹이 있지요? 그러니 고마울 수밖에 들을 수 있는 귀가 있고 냄새 맡고 맛볼 수 있는 입이 있고 수족이 있으니 얼마나 감사합니까? 이것만해도 우리가 하나님께 감사할 것이 얼마나 넘칩니까? 6.25사변 이후로 한국이 얼마나 가난하고 어려울 때도 살았는데 지금은 너무 너무 잘살잖아요. 그러므로 의식주 문제가 해결되고 행복하게 사는 것을 생각하고 감사할 줄 알아야 되는 것입니다. 내게 있는 것을 헤아려 보고 감사해야지 자꾸 없는 것을 계산하면 안 돼요. 시42: 5에 "내 영혼아 네가 어찌하여 낙심하며 어찌하여 내 속에서 불안해하는가? 너는 하나님께 소망을 두라"

하나님께 소망을 두고 내게 하나님이 주신 모든 것을 헤아려 보고 감사해야 되는 것입니다. 자기보다 나은 타인과 자기 사물을 비교하면 안 됩니다. 자꾸 자라는 사람은 저렇게 키가 큰데 왜 나는 키가 작으냐. 다른 사람은 미남, 미녀인데 왜 나는 이렇게 못생겼냐. 다른 사람은 몸이 날씬한데 나는 왜 이 뚱보냐. 다른 사람들은 잘사는데 왜 못사느냐. 자꾸 비교하면 안 됩니다. 우리 옛날 한국 속담에도 뱁새가 황새 따라가려고 하다가 가랑이가 찢어진다는 말이 있습니다. 자기 운명을 받아들일 줄 알아야 되는 것입니다. 내 주신 운명, 내 팔자를 다른 사람 팔자하고 자꾸 비교하면 안 되는 것입니다. 다른 사람은 다른 사람 팔자로 살고 내 팔자는 내 팔자로 사는 것입니다. 예수님을 믿은 나는 예수 팔자를 사는 것입니다. 내 운명을 받아들이고 그 운명에 내가 충실할 때 행복을 가져오는 것입니다. 내 주어진 삶을 받아들이고 감사하고 거기에 충실할 때 행복을 가져올 수 있는 것입니다. 시37: 8에 "분을 그치고 노를 버리며 불평하지 말라 오히려 악을 만들 뿐이라"고 말했습니다. 딤전 6: 7~ 8에 "우리가 세상에 아무 것도 가지고 온 것이 없으매 또한 아무 것도 가지고 가지 못하리니 우리가 먹을 것과 입을 것이 있은즉 족한 줄로 알 것이니라"고 말씀하고 있는 것입니다.

미국의 유명한 상담가 아비(Abby) 박사에게 15세의 한 소녀가 편지를 썼습니다. "나는 불행합니다. 나는 독방도 없고 부모의 간섭은 심하고 나를 믿어주지 않습니다. 나를 청해주는 남자 친구도 없고 좋은 옷도 없습니다. 나의 장래는 암담합니다."라고 편지를 썼습니다. 그런데 이 편지를 신문에서 읽은 다른 13세 소녀가 이런 글로 답 글을 썼습니다. "나는 걷지 못하는 불구의 소녀입니다.

사람이 보고 말하고 걷는 것이 얼마나 큰 행복입니까? 그러나 나는 비록 걷지 못하고 살지만 볼 수 있고 들을 수 있고 말할 수 있는 행복이 있습니다. 나는 못 걷는다는 것보고 불평하지 않고 볼 수 있는 눈과 들을 수 있는 귀와 말할 수 있는 입고 팔이 있는 것을 감사합니다. 그러므로 있는 것을 생각하고 없는 것으로 불평하지 마십시오." 그런 답 글을 신문에 냈습니다.

맞습니다. 자기에게 주어진 삶을 자기의 운명으로 받아들이고 수용하고 그곳에서 최선을 다하면 하나님이 점점 축복을 해 주시는 것입니다. 감사를 하면 할수록 하나님이 점점 그곳에서 더 나은 삶으로 이끌어 주시는데 원망, 불평, 탄식, 짜증을 하면은 점점 더 하락하고 마는 것입니다. 점점 더 나빠지고 마는 것입니다. 행복은 감사에 있습니다.

다른 사람과 비교하지 않고 자신이 받은 복을 헤아리는 사람만이 감사의 마음을 가질 수 있습니다. 프랑스의 철학자이며 평론가인 알랭은 말하기를 "남보다 나은 점에 대해서 행복을 구한다면 영원히 행복하지 못할 것이다. 왜냐하면 누구든지 남보다 한두 가지 나은 점은 있어도 전부가 뛰어날 수는 없기 때문이다. 행복이란 남과 비교해서 얻는 것이 아니라 스스로 만족하는 데서 얻는 것이다."라고 말한 것입니다.

4장 행복은 마음에 작정해야 쟁취한다.

(잠 17:22)"마음의 즐거움은 양약이라도 심령의 근심은 뼈를 마르게 하느니라."

이 지상에 있는 모든 사람들은 행복하게 살 권리가 있습니다. 그리고 사람이 이 땅에 태어나서 살다가 무덤에 들어가는 그 기간 동안에 행복을 맛보지 못하고 울며 불행하게 인생을 산다면 이 사람이야말로 이 세상에 헛되이 왔다 헛되이 돌아가는 길밖에는 다른 길이 없습니다. 사람들은 행복이라고 말하면 여기에 대한 대단한 신비감을 느끼고 있습니다. 행복이라는 것은 마치 신비한 것으로써 운명적으로 태어날 때부터 행복하도록 태어나는 사람이 있고, 불행하도록 태어난 사람도 있다고, 미신적으로 생각하는 사람도 있고, 또 다른 사람들은 행복이란 것은 우연히 다가오는 것으로, 마치 하늘에서 별똥이 떨어져서 그 생애 속에 우연히 행복이 떨어져 올 줄 알고 기다리고 있는 사람도 있는 것입니다.

실상은 행복은 그렇지 않습니다. 행복은 농부가 농사를 짓는 것과 똑 같습니다. 농부가 밭을 가꾸고 씨를 뿌려서 잡초를 제거하고 가꾸어 농사를 지어 열매 맺는 것처럼, 행복이란 것은 반드시 자신의 생활 속에 행복의 씨앗을 심어 가지고서 행복의 생활이라는 열매를 거두는 것입니다. 이러므로 남녀노소 귀천을 불구하고 오늘 필자가 알려드리는 대로 하면 행복을 얻을 수 있습니다. 왜냐하면 필자는 성경에서 행복을 얻는 비결을 깨닫고 있고, 또 내 자신이 행복을 체험하고 있기 때문인 것입니다. 그럼 저는 무엇이 행복이 아닌가를 먼저 말씀드리고 난 다음, 그 다음에는 참된 행복을 어떻게 얻을 수 있을까 거기에 관해서 말씀해 드리겠습니다. 그러면 무엇이 참된 행복이 아닐까요?

첫째, 좋은 환경은 그 자체가 행복이 아니다. 우리가 좋은 환경을 가지고 있다는 것은 행복에 플러스는 될 수 있을지 몰라도 행복 그 자체는 행복으로 오지 않습니다. 혹은 좋은 집을 가진다. 혹은 좋은 옷을 입는다. 혹은 좋은 음식을 먹고산다. 혹은 지위와 명예와 권세를 얻는다. 혹은 좋은 직장을 얻는다. 이런 것이 행복할 수 있는 그런 사람에게 플러스 요인이 될지 몰라도 그 자체가 절대로 행복이 되지 못합니다. 역사적으로 거대한 나라를 세워서 위대한 안건으로 눈에 보이는 것마다 다 소유하고 살았던 사람이 있습니다. 살아서는 위대한 왕이었던 갈립 에브다할람은 거의 50년의 통치를 끝마치고 난 다음 그는 이렇게 기록했었습니다. "나는 50여 년의 세월동안 승리와 평화로 이 나라를 다스려왔다. 나의 신화들은 내게 존경을 받고 적들은 나를 보고 두려워하였고 동맹국들에게는 존경을 받았고 부, 명예, 권력, 쾌락 그 어느 것이나 내게 없는 것이 없었다. 그리고 나의 복된 삶을 누리는데 필요한 지상의 축복 중 부족한 것이라고는 찾아볼 수가 없었다. 이러한 생활 중 내가 체험한 진정한 행복한 달수를 부지런히 헤아려 보았다. 결과 결국

오십년 세월 중에 행복했다고 생각한 날은 열나흘밖엔 없었다" 하늘의 새라도 내가 명령하면 떨어지고 그 당시에 구라파 거의 절반을 점령하고 호령했던 세라세의 대왕도 오십년을 통치한 생활 속에서 거의 행복한 날을 헤아려 보니 열나흘밖엔 없었다고 말했습니다. 이것은 행복이란 그 굉장한 생활의 무대장치에서 오지 않는다는 것을 우리는 너무나 잘 알 수 있습니다.

성경에 보면 우리 하나님께서 물질적인 환경과 부귀영화 권세와 공명이 행복을 가져오지 않는다는 것을 우리 사람들에게 증명하기 위해서 솔로몬을 세워서 그 모든 것을 체험해 보게 한 적이 있습니다. 그리고 솔로몬은 이것을 다 체험해 보고 난 다음에 전도서 2장 4절로 11절에 이렇게 탄식의 시를 적었습니다. 솔로몬의 탄식을 통해서 보면 행복은 환경에서 오지 않는다는 것을 볼 수 있습니다. "나는 나의 사업을 크게 하였으며 나는 나를 위하여 집들을 지으며 포도원을 심으며 여러 동산과 과원을 만들고 그 가운데 각종 과목을 심었으며, 수목을 기르는 삼림에 물주기 위하여 못을 팠으며 노비는 사기도 하였고 집에서 나게도 하였으며 나보다 먼저 예루살렘에 있던 모든 자보다도 소와 양떼의 소유를 많게 하였으며 은금과 왕들의 보배와 여러 도의 보배를 쌓고 또 노래하는 남녀와 인생들의 기뻐하는 처와 첩들을 많이 두었노라 내가 이같이 창성하여 나보다 먼저 예루살렘에 있던 모든 자보다 지나고 내 지혜도 내게 여전하여 무엇이든지 내 눈이 원하는 것을 내가 금하지 아니하며 무엇이든지 내 마음이 즐거워하는 것을 내가 막지 아니하였으니 이는 나의 모든 수고를 내 마음이 기뻐하였음이라 이것이 나의 모든 수고로 말미암아 얻은 분복이로다. 그 후에 본즉 내 손으로 한 모든 일과 수고한 모든 수고가 다 헛되어 바람을 잡으려는 것이며 해 아래서 무익한 것이로다" 솔로몬은 이렇게 행복할 수 있는 무대 장치를 다 하고 인생을 살았음에도 불구하고 그는 종국적으로 헛되고 헛되며 또 헛되고 헛되니 모든 것이 헛되도다. 그는 헛됨과 불행의 절망 가운데서 몸부림을 치게 된 것입니다. 이와 같은 사람들은 환경이 좋아지면 행복이 꿀물같이 넘쳐흐를 것이라는 망상에 찬물을 끼얹고 만 것입니다.

저는 환갑이 넘은 나그네 생활에서 진실로 환경이 좋은 사람들이 행복한 사람을 지금까지는 별로 보지 못했습니다. 왜냐하면, 환경은 행복한 사람에게 더 행복할 수 있도록 플러스 요인이 될지 몰라도 환경 그 자체가 사람을 행복하도록 변화시켜주는 일은 나는 못 보았습니다. 하늘에서 아무리 비가 쏟아진다고 할지라도 내가 비를 담아낼 그릇을 준비하지 않으면 비는 그대로 쏟아져서 흘러가버리고 맙니다. 그 마음속이 행복한 사람이 되어 있지 않은 사람에게는 어떠한 환경적인 행복한 장치를 해 놓아도 그 장치가 그 사람에게 행복을 주지 못한다는 것을 우리는 알아야 합니다. 그러므로 제가 말하고 싶은 것은 환경은 행복이 아니다. 이것을 말한 것입니다.

둘째, 무엇이 행복이 아닌가? 미래에 행복이 다가올 것을 기대하고 사는 것은 속아서 사는 것입니다. 행복 속에 들어간 것은 아닙니다. 유명한 과학자요. 신앙인이었던 파스칼은 이렇게 말했습니다. "우리들은 언제나 참으로 현재에 살지를 않고 장차 잘 살 것을 바라고 있다. 그리고 언 제간 미래에 행복하게 되겠지 하고서 기대하고 있고, 그러나 필경 알게 되는 것은 미래가 다가와도 행복은 거기에 있지 않다"는 것입니다. 이것은 참으로 진실 된 체험이 아닙니까? 자식들을 다 길러 놓고 나면 행복하겠죠. 그러나 자식들을 다 길러놓아도 여전히 행복은 없습니다. 아들 딸 다 좋은 데 시집 장가보내면 행복하겠지. 아들, 딸들이 다 시집, 장가들어도 역시 기대한 행복은 거기에 있지 않습니다.

우리가 좀 더 좋은 집을 사면 행복하겠지. 좀 더 좋은 옷을 입고 좋은 음식을 먹으면 행복하겠지. 그곳에 들어가면 행복할 것 같으면서도 역시 공허는 여전히 남아있습니다. 내가 과장이 되고 국장이 되고 차관이 되고 장관이 되고 높은 자리에 올라가면 그때 행복이 있겠지. 그러나 올라가면 그곳에 지나가는 공허한 바람소리밖에는 남은 것이 없다는 것입니다. 행복은 장차 어떠한 일이 생기면 행복할 것이라고 장차를 기다리지만 그 장차에 가보면 거기에 행복은 없는 것입니다. 행복이 산 너머 있다기에 그 산 너머에 가보니 또 행복은 저 산 너머에 있다더라. 미래에다가 행복을 주면 행복은 언제나 미래에 있지 절대로 체험하지 못하는 것입니다. 문제가 다 해결되면 행복이 다가올 줄 알지만, 그 문제를 해결하면 인생을 사는 동안 다른 문제가 생기고, 그 문제를 해결하면 또 다른 문제가 생기고 인간은 문제에 부딪쳐서 살고 있는 것이 인생이기 때문에 문제 해결로 말미암아 행복이 다가오는 것은 아닙니다. 이렇기 때문에 행복이란 현재 누려야지 지금 이 자리에서 행복하지 않는 사람은 인생의 끝이 되어도 절대로 행복하지는 않습니다. 행복은 지금 이 자리에서 행복을 누려야 하는 것입니다. 그러면 어떻게 해야 행복할까요?

세 번째, 행복은 마음의 작정에 있다는 것이다. 빈부귀천 남녀노소 누구든지 행복하겠다고 마음속에 작정한 사람은 행복해질 수 있는 것입니다. 행복하지 않도록 작정한 사람은 행복할 수 없습니다. 그럴 수가 있느냐? 잘못된 발언 아니냐? 이렇게 말할 수도 있겠죠. 행복이 뭡니까? 도대체 행복이란 무엇을 행복이라고 정의합니까? 집이 행복입니까? 옷이 행복입니까? 지위가 행복입니까? 돈이 행복입니까? 훌륭한 남편과 예쁜 아내가 행복입니까? 자식들이 행복입니까? 그런 조건이 행복이 아니란 것을 우린 알고 있습니다.

유명한 의학박사였던 존 에이 쉰 들러가 정의한 행복의 정의는 아무도 깨뜨릴 수 없습니다. 그는 말하기를 "행복이란 우리들에게 주어진 시간의 대부분을 우리 생각이 기뻐하며 지내는 마음의 상태가 행복이다."는 것입니다. 그러므로 우리에게 24시간 주어졌으면 24시간의 대부분을 우리의 생각이 기뻐하면서 지날 때 그 마음의 상태가 행복의 상태인 것입니다. 마음이 기쁘지 아니하면 그게 불행한 것입니다. 그러므로 행복이란 자신의 생각과 마음의 상태가 기쁨 속에 있을 때 이것이 행복한 것입니다.

다른 게 아닙니다. 이렇기 때문에 바울 선생이 빌립보 인들에게 편지를 쓸 때 바울로 보아서는 행복할 수 없습니다. 로마에서는 바울이 갇혀있던 감옥은 땅속에 파낸 감옥으로 지하 동굴입니다. 햇빛은 비추지 않습니다. 위에 조그마한 구멍을 파서 뚜껑을 열고 밥을 내려줍니다. 그는 깜깜한 동굴 가운데서 손발이 수갑에 채워 있습니다. 그리고 난 다음 거기에 촛불하나 켜 놓았습니다. 그 가운데서 바울은 감옥생활 하면서 빌립보 교인들에서 편지하기를 "기뻐하라 내가 다시 말하노니 기뻐하라" 세상에 그 감옥의 동굴 속의 습기 척척한 어두운 곳에서 자기도 기뻐하지 않는데 다른 사람들에게 "기뻐하라 내가 다시 말하노니 기뻐하라"고 말할 수 있겠습니까? 그러나 바울의 마음은 행복했습니다. 바울의 마음이 천국이었다는 것입니다. 대다수 시간에 바울의 생각과 마음은 기쁨으로 가득 차 있었습니다. 그러므로 바울은 그 가운데서 행복한 것입니다. 할렐루야! 행복이란 자신의 마음의 사고인 것입니다.

아브라함 링컨은 말하기를 "대개의 사람들은 행복해지고자 마음에 작정한 정도에 따라 행복해진다"고 말했습니다. 많이 행복해지겠다고 마음속에 작정하면 많이 행복해지고 적게 행복해지겠다고 하면 적게 행복해지고, 행복하지 않겠다고 작정하면 행복하지 않을 수도 있는 것입니다.

심리학자 마틴에놀초펠 박사는 그의 책에서 기록하기를 "행복은 순수 내적인 것이다. 그것은 사물에 의해서 생성되지 아니하고 이념이나 생각 및 삶의 태도 등에 의해 이룩된다. 그리고 이와 같은 것은 환경에 관계없이 개인 자신의 행동에 의하여 발전되고 이룩된다."고 말하고 있는 것입니다. 그렇기 때문에 행복도 내가 만들어 내는 것이고 불행도 내가 만들어 내는 것입니다. 왜냐하면, 환경으로 말미암아 이룩되지 아니하고 행복이란 것은 내 이념이나 내 생각 이것으로 말미암아 기쁨으로 채워 놓을 때는 행복해지고 부정적인 것과 슬픔으로 파괴적인 것으로 생각하게 되면 슬퍼지고 불행해지는 것입니다. 그러므로 행복과 불행은 남편 때문에 아내 때문에 자식 때문에 환경 때문에 나라 때문에 세계 때문에 하고 우리가 책임을 전가해서는 안 될 것입니다. 그러면 오늘 이 시간 필자가 남은 인생 어떻게 하면 행복 되게 살 수 있을까. 그 길을 말씀해 드리겠습니다.

첫번째로 현실적인 환경을 초월한 삶의 목표와 가치를 가져라.
첫 번째로 말하고 싶은 것은 진실 된 행복을 얻기 위해서 현실적인 환경을 초월한 삶의 목표와 가치를 가져야만 되는 것입니다. 인간은 목표와 가치를 추구하는 존재인 것입니다. 우리가 삶의 목표를 잃어버리고 삶의 가치를 상실해 버리면 인간은 어떠한 일에도 행복할 수가 없는 것입니다.

그리기 때문에 내가 살아갈 목표가 있고 내가 살아있는 가치가 있고 내가 살 가치가 있다고 생각할 때 행복한 것입니다. 세상에 부귀영화 공명 지위 권세 같은 것이 자신의 삶의 목표요 가치이면 어느 순간에 이와 같은 세상 적이고 현실적인 목표나 가치는 이것이 허물어질 때가 오는 것입니다. 이런 것은 모두 다 허물어진 토대 위에 서 있습니다. 모든 인생은 풀과 같고 그 영화는 풀의 꽃과 같다 풀은 시들고 꽃은 떨어지고 마는 것입니다. 이렇기 때문에 세상적인 목적과 세상적인 일에 가치를 추구하는 사람은 그 어느 때인가 이것이 다 무너져 없어져 버리고 말할 수 없는 공허와 절망의 구렁텅이 속에 떨어져 불행에 몸부림 칠 일이 다가오는 것입니다. 그러나 우리가 참으로 행복해지기 위해서는 흔들리지 않고 빼앗기지 않는 터전 위에서 사라지지 않는 영원한 목표와 가치를 얻어야 됩니다.

이 가치가 어디 있을까요? 하나님이 세상을 이처럼 사랑하사 독생자를 주셨으니 누구든지 저를 믿으면 멸망하지 않고 영생을 얻으리라. 예수 안에서 이 가치와 행복을 얻을 수 있는 것입니다. 죄를 지었음에도 불구하고 못났음에도 불구하고 버림을 받아야 마땅함에도 불구하고 하나님 아들 나사렛 예수 그리스도가 우리의 죄를 위해서 십자가에 못 박혀 죽어서 다 청산하시고 부활하셔서 이제 누구든지 수고하고 짐 진 자들은 다 내게로 오라 내가 너희를 편히 쉬게 하겠다는 그 발 앞에 엎드려서 예수를 구주로 모실 때 가슴속에는 살아가야 할 영원한 가치가 생기는 것입니다.

하나님을 섬기고 천국을 내 소유로 만들고 그 속으로 들어가는 영원한 목적이 생기고 그 다음 삶의 가치가 마음속을 점령하면 내일을 보아도 하나님의 사랑을 받는 사람, 그리스도의 신부된, 그리스도의 제자 된 자격으로서 매일 매일 살아갈 가치를 느끼게 되는 것입니다. 기도하고 찬미하고 전도하고 살아갈 때 내 인생의 가치가 넘치는 것입니다. 사람이 인정해 주고 인정해 주지 않아도 상관없는 것은 나는 하나님께서 인정을 하고 하나님께서 가치 있다고 생각하시기 때문에 그 가운데 위대한 가치를 가지고 살 수 있습니다. 그렇기 때문에 잃어버리고 깨어지고 흔들려 버릴 그러한 목표나 가치로 삶을 살아간 사람은 절망이 순식간에 다가옵니다.

그러나 진실로 행복해지길 원하는 사람은 현실적인 환경을 초월한 삶의 목표와 가치를 예수 그리스도 안에서 하나님 안에 두고 있을 때 동남풍이 불고 서북풍이 불어도 지진이 나고 나라가 변해도 역사가 변천되어도 이것만은 변하지 않는 목표와 가치가 되는 것입니다. 그래서 마음에 심지가 꽉 잡혀야 합니다. 하나님은 오늘 이 시간에 누구든지 예수 안에서 자신을 붙잡기를 원합니다. 하나님의 용서와 하나님의 의롭게 하심과 하나님의 거룩하게 하심과 하나님의 은혜가 성경으로 말미암아 자신 속에 지금 피어오르고 있는 것입니다. 믿음을 가지고서 마음만 열어 놓으면 하나님의 용서에 사로잡히고 용서와 사랑에 사로잡히고 의와 성결에 사로잡히게 되는 것입니다. 이와 같은 참으로 삶의 근원적인 목적과 가치가 자신 속에 주어지면 환경이 좋을 때도 할렐루야! 환경이 어려워지고 깨어질 때라도 나는 동요하지 않고 할렐루야! 하는 것입니다.

둘째로 자신이 행복해지기를 결심해야 한다. 사람이란 행복은 마음의 자세이기 때문에 마음에 행복해지기를 결심하고 생각의 씨앗을 심어야 되는 것입니다. 우리는 끊임없이 우리 속에 수많은 생각들이 들어옵니다. 미운 생각, 분노, 원한, 질투, 시기, 분쟁, 살인 여러 가지 생각들이 마음속에 들어옵니다.

그러나 또 우리 생각 속에 좋은 생각도 있습니다. 사랑과 희락과 화평과 오래 참음과 자비와 양성과 충성과 온유와 절제와 같은 좋은 생각도 들어옵니다. 우리는 농부와 같이 마음의 바탕에 생각의 씨앗을 심어서 그 결과를 추수해서 결과를 누리는 것인데 마음속에 불행한 생각, 슬픈 생각을 집어넣고 그 결과 기뻐지기를 기대할 수 없으며 마음에 기쁜 생각을 심어 놓고 난 다음에 그 결과 불행과 슬픔을 거둘 수는 없습니다.

행복이란 뭘까요? 주어진 시간의 대부분을 기쁨으로 가득 채워 놓은 마음 상태가 행복인 것입니다. 간단하게 요약하면 행복은 자기 만족감에서 오는 것입니다. 그러므로 마음속에 생각은 내가 좌우하는 것이지 남편이나 아내나 자식이 좌우하는 것은 아닙니다. 이렇기 때문에 우리 머리의 생각 속에 이제는 과거의 추억도 기쁜 추억으로 심어놓고 슬픈 추억이란 뽑아버려야 합니다. 어릴 때 자랄 때 부모와 자식 간에 슬픈 일이 있었으면 슬픈 그 씨앗을 뽑아버리고 즐거운 것으로 생각 속에 심어야 합니다. 즐거운 생각으로 마음속에 심어 놓습니다. 현실 속에서 하루하루 살아갈 때에도 즐거운 생각들로 내 마음속에 심어 놓고 아주 슬픈 생각, 파괴적인 생각은 뽑아버리는 것입니다. 그렇게 할 때 마음속에 고의적으로 일부러 기쁜 생각이 가득하게 되는 것입니다.

필자는 어린 시절을 불행하게 자랐습니다. 생각하면 불행해 질 필요도 없는데 제가 생각하기에는 40년의 생활은 불행하게 살았습니다. 저는 늘 생각하기를 우리 아버님이 돈을 잘 벌었으면 행복했을 것이라고 늘 원망을 했습니다. 내가 더 많은 고등 교육을 받았더라면 더 행복해 졌을 것인데 그것을 못했기 때문에 불행하다고 늘 원망을 했습니다. 군대에서도 늘 저의 능력을 인정해주지 않는다고 불평했습니다. 교회를 개척하고 나니까, 마음대로 부흥되지 않는다고 하나님께 원망과 불평을 했습니다. 하루도 저는 솔직히 말해서 주님께 기도도 하고, 설교도 하고 했지만, 내 마음속에 기쁜 생각이 아니라, 늘 불행한 생각, 부정적인 생각, 그리고 외롭고 고통스러운 생각으로 가득 차서 행복하지가 않았습니다. 그러다가 하나님께서 늦게 내게 깨달음을 주셨습니다.

　요사이 와서 제가 불행하다고 생각할 수 있는 이유는 전혀 없습니다. 저는 하나님께서 특별한 능력을 주셨고, 교회도 안정되어 성도들이 찾아오고 있고, 책을 써서 출간할 수 있는 여건도 마련해 주셨고, 좋은 가정을 가졌고, 좋은 집에서 살고, 좋은 아내를 가지고, 좋은 자식들을 가지고, 좋은 환경에서 좋은 성도들을 모시고, 아주 좋은 것만 꽉 들어차 있는데 요사이 가만히 생각해 보면 "아~ 내가 목사가 되기를 참으로 잘했구나! 목사가 되어 참으로 행복하다" 이런 생각을 날마다 하고 살아갑니다. 제가 깨달은 것은 "아하 행복이란 것은 내 생각에 있지 환경에 있지 않구나." 그래서 저는 그때부터 결심하고, 그때부터 저는 내 생각 속에 즐겁고 기쁜 생각으로 채워놓고, 슬프고 괴로운 생각이 오면 빨리 처리하고 예수님의 이름으로 떠나보냅니다. 저는 그것을 오래 마음속에 심어버리지 않고 뽑아버립니다. 그때부터 저는 기쁜 생각을 하기 시작했습니다. 우리 아내에 대해서도 기쁜 것만 생각합니다. "하나님 좋은 아내 주셔서 감사합니다. 예쁜 아내 주셔서 감사합니다. 건강한 아내 주었으니 감사합니다." 이런 좋은 것만 생각하고 나쁜 것을 생각하려고 하면 이것은 지나갔다. 소용없다. 그것을 괜히 마음속에 생각해 봤자 나도 불행하고 마누라도 불행하니 소용없다. 우리 자녀들도 그렇습니다. 잘 자라서 스스로 앞길 열어가고 있으니 감사하다. 그렇게 기뻐하고 할렐루야! 하니까 마음속에 행복합니다.

이 세상에 사람이 살면서 슬프고 어려운 것이 안 다가올 수 없지만 그런 일을 처리하고 난 다음 이제 머물러 놓지 않아요. 그것은 곧장 예수 이름으로 기도하고 없애버리고 난 다음에 기쁘고 좋은 일은 차곡차곡 마음의 곳간에 채워놓고서 그것을 끄집어내어서 그것을 기억해 보고, 그 다음 현실적 관계에도 기쁨의 생각으로 자꾸 마음속에 채워놓고 있으니까, 내 삶의 대부분의 시간이 기쁨의 생각으로 가득하기 때문에 나의 생활이 행복해지고 마는 것입니다. 행복이란 기쁜 생각을 가지고 사는 것이기 때문에 아무리 환경이 좋아도 기쁨의 생각을 먹지 아니하면 행복은 올 수가 없는 것입니다. 물질적인 환경이 기쁜 생각을 채워놓지 않습니다. 구원을 받고 하나님을 사랑하고 기도하는 사람이 행복해지기로 결심을 하고 마음속에 끊임없이 기쁜 생각으로 채워 놓을 때 행복해지는 것입니다.

셋째로 행복은 생각의 습관이다. 사람에게는 습관이 있어요. 아침에 일찍 일어나는 습관이 있고 늦잠을 자는 습관이 있습니다. 또 밥을 빨리 먹는 것도 습관이고 밥을 천천히 먹는 것도 습관입니다. 성을 잘 내는 것도 습관이 될 수 있고 성을 안내는 것도 습관이 될 수 있습니다. 사람이라는 것이 자기 습관을 한번 들여놓으면 습관이 자동적으로 움직이는데 습관적으로 불평하고 원망하고 탄식하고 습관적으로 부정적으로 생각하고 부정적으로 말하고 불행을 스스로 늘 찾는 것이 대다수의 사람입니다.

대다수의 사람은 언제나 중립 아니면 대개 불행을 스스로 습관적으로 찾고 있습니다. 무엇을 보아도 안 좋은 것을 바라봅니다. 물통에 물이 반 정도 가득해도 아 반 정도 가득하다고 하지 않고 반 정도 텅 비었다고 말을 합니다. 이와 같이 언제나 부정적이고 파괴적이며 슬픔을 가져오는 습관을 가지고 있기 때문에 이 습관을 뿌리 뽑지 않으면 회개와 기도로써 나의 부정적이고 언제나 원망하고 불평하고 탄식하고 남을 할퀴고 미워하고 이와 같은 습관을 뽑아내야 합니다.

예수 그리스도 안에서 오늘 행복하기로 마음에 작정하면 말씀을 읽고 기도하고 또 회개하고 성령께 의지해서 삶의 분명한 목표와 가치를 설정하고 행복해지기로 마음에 결심해서 기쁨의 씨앗만 늘 심고 슬픔의 씨앗은 뽑아버리고 부정적인 환경에 노예가 되지 말고 늘 마음에 중심을 잡고 행복의 길을 걸어가며 이것을 반복해서 습관화하면 참으로 행복한 사람이 될 수 있는 것입니다.

5장 행복하게 살고 싶으면 연습하라.

(고전 1:30-31)"너희는 하나님으로부터 나서 그리스도 예수 안에 있고 예수는 하나님으로부터 나와서 우리에게 지혜와 의로움과 거룩함과 구원함이 되셨으니 기록된바 자랑하는 자는 주 안에서 자랑하라 함과 같게 하려 함이라"

하나님은 예수를 믿는 모두가 행복하기를 원하십니다. '나는 행복하게 살고 싶다.' 행복하게 살고 싶다면 '아멘'하십니다. 우리가 운동을 하면 몸의 근육 량이 늘어납니다. 운동을 하지 아니하면 근육이 줄어들지요. 행복도 훈련을 해야 늘어나는 것입니다. 리버사이드 주립대학 심리학과 소냐 류보머스키 교수는 "행복도 연습이 필요하다"는 사실을 과학적으로 밝혔습니다. 행복에 영향을 미치는 환경적인 요인은 10%정도 밖에 안 된다는 것입니다. 나머지는 긍정적인 생각이나 믿음 등, 자기의 노력에 의해 행복이 결정된다는 것입니다.

그러므로 환경이 어렵고 힘들어도 우리가 기뻐하고 감사하는 훈련을 한다면, 얼마든지 행복해질 수 있다는 것입니다. 몇 년 전에 미국의 여론조사기관 갤럽이 세계 각국의 국민 행복 도를 조사했는데, 우리나라의 행복지수는 143개국 중에 118위에 그쳤다는 것입니다. 별로 행복하지 못합니다. 또한 대한신경정신의학회가 성인 1천 명을 대상으로 조사했는데, 무려 36%가 행복하지 않다고 대답했습니다. 모든 사람들이 행복하게 살고 싶어 하지만, 10명 중 4명은 행복을 누리지 못한 채 살아가고 있다는 것입니다.

첫째, 하나님의 사랑 받는 자녀임을 믿으라. 사랑을 주고 사랑을 받을 때 행복을 느낄 수가 있는 것입니다. 천하제일의 귀중한 사랑은 하나님의 사랑인 것입니다. 우주와 만물을 지으신 하나님이 나를 사랑해주신다. 그 사랑을 느낄 때 행복이 따라오는 것입니다. 스바냐서 3장 17절에 보면 "너의 하나님 여호와가 너의 가운데에 계시니 그는 구원을 베푸실 전능자이시라 그가 너로 말미암아 기쁨을 이기지 못하시며 너를 잠잠히 사랑하시며 너로 말미암아 즐거이 부르며 기뻐하시리라" 하나님이 우리를 끌어안으시고 "아이고 내 새끼야! 네가 왔느냐?" 기쁨을 견디지 못하는 하나님이시라니 얼마나 기쁘고 좋은 일인 것입니까? 요한복음 3장 16절에 보면 "하나님이 세상을 이처럼 사랑하사 독생자를 주셨으니 이는 그를 믿는 자마다 멸망하지 않고 영생을 얻게 하려 함이라" 하나님이 독생 하신 예수님을 우리를 구원하기 위해서 제물로 내어놓으신 하나님이십니다. 하나님이 어지간히 우리를 사랑하지 않는 이상 그런 일을 할 리가 없습니다. 그런데 하나님은 독생하신 그 아들 예수님을 우리 대신 제물로 세상에 보내셨습니다. 하나님이 우리를 사랑하시는 것이 얼마나 지극하다는 것을 우리가 알 수 있는 것입니다.

고린도전서 1장 26절로 31절에 본문에 읽은 말과 같이 우리는 없는 자라고 스스로 자기를 비하할 때가 많습니다. 그러나 하나님께서는 우리를 예수님 안에 거하게 하시고 예수님의 선하심과 인자하심과 거룩함과 온전하심을 우리에게 선물로 주시는 것입니다. 그러므로 하나님 아버지의 이 일을 생각하고 우리가 기뻐하지 아니할 수 없는 것입니다. 여하간 이 모든 일을 통해서 하나님은 좋은 하나님이시라는 것을 발견할 때 우리는 마음이 행복해지는 것입니다. 우리는 오랫동안 하나님이라면 무서운 하나님, 두려운 하나님, 심판하시는 하나님, 늘 꾸짖는 하나님으로 생각하고 하나님 앞에서 벌벌 떨었습니다. 제가 20년 목회생활 하는 동안에 깨닫게 된 가장 위대한 발견은 하나님은 좋으신 하나님이라는 것을 발견하게 되었을 때 마음이 너무나 기뻐지고 행복해졌던 것을 느낄 수 있습니다. 요한삼서 1장 2절을 읽을 때 그 감격이 마음을 부딪쳐 왔습니다. "사랑하는 자여 네 영혼이 잘됨 같이 네가 범사에 잘되고 강건하기를 간구하노라" 하나님은 우리를 못되게 하시고, 가난하게 만드시고 병들게 만드시고 꾸짖으시고 쉽게 노하시는 하나님이라고 생각할 때, 안 믿을 수는 없으나 할 수 없이 하나님을 믿어도 마음에 늘 불안하고 공포에 떨었습니다.

그런데 하나님께서 "네 영혼이 잘 됨 같이 네가 범사에 잘되고 강건하기를 간구한다." 네가 잘되기를 원한다. 하나님이 좋은 하나님이라고 생각할 때, 내가 비록 헐벗고 굶주리고 가난하고 어려울지라도 이 하나님이 계시니 좋게 될 수 있다. 하나님이 날 위하여 축복해주심으로 나는 이 어려운 환경을 극복할 수 있다. 이러한 담대한 용기가 생기고 믿음이 생기고 기쁘고 행복했던 것입니다. 좋으신 하나님을 생각하면 마음에 기쁨이 넘쳐나고 행복했던 것입니다. 요한3서 1장 2절에 보면 "사랑하는 자여 네 영혼이 잘됨 같이 네가 범사에 잘되고 강건하기를 내가 간구한다."고 함으로 하나님이 결코 우리가 못되기를 원하지 않습니다. 구체적으로 우리가 잘되기를 원하시기 때문에 우리의 잘못을 그 아들 예수 그리스도에게 대신 맡겨서 십자가에서 몸 찢고 피 흘려 청산시키고 우리를 예수 안에서 이롭고 거룩한 하나님의 자녀가 되게 만들어주시는 은혜로우신 하나님이신 것입니다.

시편 145편 1절로 2절에 보면 "왕이신 나의 하나님이여 내가 주를 높이고 영원히 주의 이름을 송축하리이다. 내가 날마다 주를 송축하며 영원히 주의 이름을 송축하리이다."라고 말한 것입니다. 시편 145편 8절로 10절에 "여호와는 은혜로우시며, 긍휼이 많으시며, 노하기를 더디 하시며 인자하심이 크시도다. 여호와께서는 모든 것을 선대하시며 그 지으신 모든 것에 긍휼을 베푸시는 도다, 여호와여 주께서 지으신 모든 것들이 주께 감사하며 주의 성도들이 주를 송축하리이다" 하나님의 사랑과 은혜를 체험한 사람은 주를 감사하고 찬송하지 아니할 수 없습니다. 내 영혼아 여호와를 송축하라. 내 속에 있는 것들아 다 그 성호를 송축하라. 내 영혼아 여호와를 송축하며 그 모든 은택을 잊지 말지어다. 저가 내 모든 죄악을 사하시며, 내 모든 병을 고치시며, 내 생명을 파멸에서 구속하시고, 인자와 긍휼로 관을 씌우시며, 좋은 것으로 내 소원을 만족케 하사 내 청춘으로 독수리같이 새롭게 하시는 도다. 좋으신 하나님인 것입니다. 이런 하나님을 좋은 하나님이 아니고 무엇이겠습니까?

우리 하나님께서는 자녀들을 위해서 항상 사랑을 베풀길 원하시고 있기 때문에 하나님의 사랑을 받고 있다고 생각할 때, 행복해지는 것입니다. 사람들이 나를 비웃고 손가락질한다 하더라도 천지를 지으신 하나님께서 나를 품에 품으시고 좋아해주시고 사랑해주시니 행복하지 아니할 수가 없습니다. 사랑을 받으면 행복해져요. 목사가 교회에서 목회하면서 하나님의 사랑을 받는다고 생각할 때, 굉장히 행복해지는 것입니다. 그리고 성도들은 또한, 목사가 성도들을 사랑해주고 있다는 것을 생각할 때 행복해지는 것입니다. 사랑은 행복의 근원이 되는 것입니다.

둘째, 항상 긍정적으로 생각하고 말하라. 우리가 행복을 느낄수 있는 것은 항상 긍정적으로 생각하고 말하라는 것입니다. 우리가 한두 사람 모여서 의논할 지라도 어떤 사람에 대해서 부정적으로 말하기 시작하면 마음이 우울해집니다. 행복이 사라집니다. 그러나 그 사람을 두고 좋은 면을 들어 칭찬하고 좋아하면 내 마음도 밝아지고 맑아지고 기뻐지고 행복해지는 것입니다. 사람이나 일들이 부딪혀왔을 때 좋은 면을 생각해야 돼요. 나쁜 것을 들추어서 생각하려면 얼마든지 나쁜 것을 들추어 생각할 수 있습니다.

그러나 좋은 점을 들어 이야기하면 또 좋은 점을 우리가 들추어

낼 수 있는 것입니다. 로마서 8장 28절에 보면 "우리가 알거니와 하나님을 사랑하는 자 곧 그의 뜻대로 부르심을 입은 자들에게는 모든 것이 합력하여 선을 이루느니라" 나빠지는 것도 하나님은 결국 선으로 변화시켜 주신다. 좋은 일이다. 좋은 일이면 기쁘지요. 나쁜 일이면 슬퍼지는데. 우리가 하나님 말씀을 통해서 모든 것이 합력하여 선을 이룬다. 모든 일이니까 좋고 나쁜 것을 분별할 수 없습니다.

나쁘고 괴로운 것도 참고 기다렸다가 나중에 그것이 좋게 변하는 일이 얼마나 많습니까? 그러므로 긍정적인 생각을 하면 우리가 행복해지는 것입니다. 로마서 5장 3절로 4절에 "다만 이뿐 아니라 우리가 환난 중에도 즐거워하나니 이는 환난은 인내를, 인내는 연단을, 연단은 소망을 이루는 줄 앎이라" 환난을 안 당한 사람 누가 있겠습니까? 그러나 환난이 하나님이 계시면 인내를 길러 내고 인내는 소망을 길러내서 하나님 앞에 더 큰 은혜를 받을 수 있는 그릇이 되게 만들어 주시는 것입니다.

그러므로 긍정적인 생각은 굉장히 중요한 것입니다. 부정적인 생각을 우리가 멈춰야 돼요. 부정적인 생각은 하면 할수록 점점 커지는 법인데 심리학자들은 이것을 '눈덩이 효과'라고 말합니다. 우리가 어릴 때, 눈이 내리면 좀 기다렸다가 조그마한 눈덩어리를 만들어서 언덕 위에서 굴립니다. 그러면 이것이 굴러가면 눈덩이가 점점 커져서 나중에는 밀어낼 수 없을 만큼 큰 눈덩이가 되는 것입니다. 부정적인 생각이 이와 같다고 심리학자들은 말합니다. 부정적인 생각을 하다 보면 꼬리에 꼬리를 물어서 눈덩어리같이 커지는 것입니다. 조그마한 부정적인 생각이 큰 눈덩어리처럼 되어서 나중에는 그것으로 말미암아 밤잠을 자지 못하고 마음에 괴로워하게 되는 것입니다. 부정적인 생각을 우리가 멈춰야 되는 것입니다. 의식적으로 부정적인 생각을 멈추고 좋은 편으로 생각해야 되는 것입니다. 정말로 훌륭한 신앙을 가진 사람은 언제나 좋은 편을 말하는 것입니다. 그래서 좋은 편을 말하면 행복이 따라오지만, 나쁜 편을 말하면 자꾸 나쁜 것이 나쁜 것을 물고 와서 태산 같이 되어버리고 마는 것입니다. 하나님을 바라보고 모든 것이 합력하여 선을 이룰 것이라고 믿으면, 어떤 상황에서도 마음의 평안을 누릴 수 있는 것입니다.

우리는 보통 사람이 아닙니다. 우리는 하나님의 사람인 것입니다. 하나님이 우리와 같이 계시는데 그냥 있을 정도가 아닌 것입니다. 그 아들 예수님을 보내셔서 십자가에 몸 찢고 피를 흘려 우리 일생의 죄악을 영원히 청산해버린 것입니다. 모든 허물을 청산해버려 의로움과 거룩함을 주시는 하나님, 우리의 질병을 예수님께 책임지어서 예수님이 채찍에 맞으심으로 병을 다 청산하고 예수님을 믿음으로 질병을 극복할 수가 있게 만들어 주신 좋은 하나님 아니십니까? 예수님께서 십자가에 못 박혀 인간의 베풀어진 모든 저주를 속량해버리셨습니다. 아담과 하와가 하나님을 배반하고 대가로 얻은 저주의 무서운 형벌을 예수님이 친히 십자가에 못 박혀서 몸 찢고 피를 흘려 청산하셨습니다. 성경에 저주받은 자는 나무에 매달으라고 했는데, 예수님이 우리의 저주를 대신 짊어지고 나무에 매달려 피를 흘린걸 생각하면 얼마나 기가 막힌 것입니까? 거기에다가 예수님 우리 대신하여 죽어서 음부에 내려가서 그를 폐하고 부활해서 영생 천국을 우리에게 문을 열어 놓았으니 예수님이 십자가에서 베푸신 은혜를 우리가 마음속에 품고 있으면 세상에 어떤 원수들이 와서 흙을 덮어 씌워도 씌워지지 않습니다.

우리들은 영혼이 잘 됨 같이 범사에 잘되며 강건하고 생명을 얻되 넘치게 얻도록 하나님께로부터 축복을 받은 사람인 것입니다. 넘어졌어도 깨뜨러지지 않습니다. 사방으로 욱여쌈을 당하여도 싸이지 않습니다. 답답한 일을 당해도 낙심하지 않습니다. 핍박을 받아도 버린바 되지 않습니다. 우리가 항상 예수 죽인 것을 몸에 걸머짐은 예수의 생명도 우리 몸에 나타나게 하려 함인 것입니다. 예수 죽인 이 어마어마한 형벌들이 다가와도 예수님의 부활의 생명이 우리를 끌어안고 우리에게 생명을 얻되 풍성히 얻게 만들어주시는 것입니다. 그러므로 이것을 생각할 때 우리가 하나님께 감사하지 아니할 수 없고 행복하지 않을 수 없습니다. 우리는 매일같이 사랑하고 기뻐하고 웃으면서 살아야 되는 것입니다. 할 수만 있으면 우리 이웃을 사랑하고 이웃을 인하여 기뻐하고 웃고 살아야 되는 것입니다. 시편 126편 1절로 3절에 보면 "여호와께서 시온의 포로를 돌려보내실 때에 우리는 꿈꾸는 것 같았도다 그 때에 우리 입에는 웃음이 가득하고 우리 혀에는 찬양이 찼었도다 그 때에 뭇 나라 가운데에서 말하기를 여호와께서 그들을 위하여 큰일을 행하셨다 하였도다. 여호와께서 우리를 위하여 큰일을 행하셨으니 우리는 기쁘다" 하나님께서 입에 웃음을 주시고 혀에 찬양을 주신 긍정적이고 적극적인 하나님이신 것입니다.

데살로니가전서 5장 16절로 18절에 "항상 기뻐하라, 쉬지 말고 기도하라 범사에 감사하라 이것이 그리스도 예수 안에서 너희를 향하신 하나님의 뜻이니라" 하나님이 뜻하신 것은 우리가 늘 기뻐하는 것, 늘 기도하고 늘 감사하라. 쉽게 그렇게 안 됩니다. 그러나 그렇게 하기로 작정을 하고 항상 기뻐 안 할 때라도 기쁘다. 참 좋다. 할렐루야. 우리 성령 받은 사람은 할렐루야가 얼마나 말하기 쉽지 않습니까? 기쁘지 않은 것에도 할렐루야. 좋습니다. 기쁩니다. 하나님 감사합니다. 하나님이 도와주시니 고맙습니다. 하나님 감사합니다. 기뻐하고 즐거워하고 감사할 때에 우리에게 행복이 다가오는 것입니다. 웃음의 효과는 이미 의학적으로 증명된바 된 것입니다. 웃음은 굉장한 선물인 것입니다.

미국 인디애나 주 메모리얼 병원 연구팀에 의하면 15초 동안 크게 웃기만 해도 엔돌핀이 나와서 면역 세포를 활성화 시켜 수명이 이틀 동안 생명이 연장될 수 있다. "당신 이틀 후에 죽을 것입니다." "아니오. 나는 이틀 후에 죽지 않습니다." "어떻게요?" "내가 웃고 있기 때문입니다." 웃음으로서 나오는 엔돌핀이 죽어가는 사람의 생명을 이틀이나 연장시킬 수 있는 능력을 나타낸다는 것입니다. 한번 웃어보시겠어요? 하하하하~ "이틀 더 살게 되었어요." 웃음은 암을 예방하는데도 효과적이며 각종 바이러스에 대한 저항

력도 높여 준다는 것입니다. 웃음이 이렇게 좋은 것인데, 많은 사람이 웃음을 버리고 세상을 살아갑니다. 아이들은 하루에 얼마나 웃는지 아십니까? 400번을 웃습니다.

그런데 어른들은 15번 밖에 안 웃어요. 웃지 않는 통계도 이렇게 나오는걸 보면 웃는 것이 힘든 것이 아닙니다. 그런데도 불구하고 우리가 많이 웃지 않습니다. 우리의 생활 속에 웃는 훈련도 해야 됩니다. 미국의 심리학자 윌리엄 제임스는 "행복하기 때문에 웃는 것이 아니라, 웃기 때문에 행복해 진다"는 것입니다. 그러므로 웃어야 됩니다. 저는 설교하다가 내려다보면 성도들 중에 미소를 띠는 있는 분도 계시고 어떠한 사람은 손 주 죽은 할머니처럼 긴~ 얼굴을 하고 앉아 있는 분들도 계시는 것입니다. 웃는 성도들을 보면 마음이 굉장히 기쁩니다. 기쁨을 전달 받는 것입니다. 슬픈 얼굴을 하고 있는 분을 보면 저도 같이 슬퍼지는 것입니다. 우리의 뇌는 거짓으로 웃는 것도 진짜 웃는 것으로 구분하지 못합니다. 억지로라도 웃으면 90%는 진짜로 웃겨서 웃는 것과 같은 효과를 얻을 수 있다고 말하는 것입니다. 웃을 일이 많지 않아도, 건강을 위해서라도 웃는 것이 좋습니다. 집안에 우환질고가 사라지지 아니하면 웃음의 소리를 내어서 하나님의 긍정적인 축복이 집안에 가득 차게 해야 되는데 웃을 일이 없지 않습니까? 그럼 거짓으로라도 웃으란 것입니다. 우리 뇌는 거짓으로 웃으나 진짜로 웃으나 그것을 구분 못한다는 거예요. 그러면 앉아서 허허허~하하하~아하하하~아 좋다 할렐루야! 그렇게 하면 성령의 능력이 나타나는 것입니다. 웃음을 그처럼 선물로 주신 것입니다.

셋째, 삶의 기쁨과 행복을 나눠라. "주라, 그리하면 돌려줄 것이요. 곧 후히 되어 흔들어 넘치게 해서 안겨 주리라." 내가 혼자 누리고 있으면 행복하지 않습니다. 그러나 내가 가진 것을 이웃과 나누게 되면 나눈 것만큼 행복이 다가오게 되는 것입니다. "주라, 그리하면 돌려줄 것이요. 곧 후히 되어 흔들어 넘치게 해서 안겨 주리라." 그냥 돌려주는 것이 아니라 후히 되어 흔들어 넘치게 해서 안겨주는 것입니다. 사랑은 주고 또 주고 넘치도록 주기를 원하시는 것입니다. 예수님이 우리를 사랑하사 자기의 목숨을 주신 것을 생각해 보십시오. 하나님이 우리를 사랑하사 그 아들 예수님을 우리에게 주신 것을 생각할 때, 우리가 사랑함으로 하나님이 주신 은혜를 나누는 것은 마땅한 것입니다. 누가복음 6장 38절에 "주라 그리하면 너희에게 줄 것이니 곧 후히 되어 누르고 흔들어 넘치도록 하여 너희에게 안겨 주리라 너희가 헤아리는 그 헤아림으로 너희도 헤아림을 도로 받을 것이니라." 오른뺨을 치면 왼 뺨을 돌려대고, 겉옷을 달라 하면 속옷을 주고, 오리를 가자하면 십리를 가고, 이와 같은 마음 품성을 가진 사람은 행복합니다.

잠언서 11장 25절에 "구제를 좋아하는 자는 풍족하여질 것이요 남을 윤택하게 하는 자는 자기도 윤택하여지리라" 우리가 옛날에 외국에서 얻어먹고 살 때 마음이 언제나 씁쓸했습니다. 가는 곳마다 손을 내밀고 구제를 요구했던 때가 있습니다. 그러나 요사이는 마음이 떳떳한 것은 어느 곳에 가나 구제하는데 우리가 함께 구제를 할 수 있게 된 것입니다. 함께 나누어 먹게 된 것이니 얼마나 감사합니까? 잠언서 11장 25절에 "구제를 좋아하는 자는 풍족하여질 것이요 남을 윤택하게 하는 자는 자기도 윤택하여지리라" 풍족하게 되고 윤택하게 되고 싶으면 가난하고 헐벗은 사람을 풍족하게 만들어주고 윤택하게 만들어주면 그것이 우리에게 돌아오는 것입니다. 잠언서 19장 17절에 "가난한 자를 불쌍히 여기는 것은 여호와께 꾸어 드리는 것이니 그의 선행을 그에게 갚아 주리라" 불쌍한 사람 돌보아 주는 것이 하나님 돌보시는 것이라고요. 그러므로 하나님께서 얼마나 우리가 이웃을 사랑하고 도와주기를 원하시냐 하면 이웃을 사랑하고 돌봐주는 것은 하나님을 사랑하고 도와주는 것과 같다고 그렇게 말씀하시는 것이니, 우리가 깊이 생각해야 될 것입니다. 삶의 기쁨과 행복을 나누어줄 때 우리가 행복해지는 것입니다.

흑인 해방운동가인 마틴 루터 킹 목사님이 하신 말씀이 "어둠은 어둠을 쫓아낼 수 없고 빛이 있어야만 사라집니다. 이와 같이 미움은 미움을 쫓아낼 수 없습니다. 사랑만이 미움을 쫓아낼 수 있는 것입니다." 얼마나 위대한 말입니까? 캄캄한 어두움에 어두움을 가지고 밝힐 수가 없지 않습니까? 빛을 비춰야지요. 미워하는데 서로 미움을 가져오면 끝까지 미움밖에 없지 않습니까? 미워하는데 사랑을 가져오면 미움이 사라지지 않습니까? 우리는 남북이 대결하고 있는 이 시점에서 어찌하든지 북한 동포들을 사랑해야 되는 것입니다. 사랑해야 미움이 사라지는 것입니다.

인생을 살아가면서, 일이나 사람 때문에 부딪히게 될 때, 미움을 미움으로 대하면 미움이 더 자라게 됩니다. 미움을 이기기 위해서는 사랑으로 대해야만 되는 것입니다. 우리 마음속에 사랑이 있을 때 행복해지는 것입니다. 하나님께 기도를 게을리 하지 말고 주님은 수고하고 무거운 짐 진 자들은 다 내게로 오라 하셨으니 예수님께로 기도로써 나가야 되는 것입니다.

참 주님의 말씀 가운데 큰 위로와 힘이 되는 것은 수고하고 무거운 짐 진 자들은 다 내게로 오라. 다 저 사람에게로 가라. 이리로 가라. 그렇게 말씀하지 않으시고 주님 내게로 오라. 수고하고 무거운 짐. 수고하고 무거운 짐을 안 진 사람 누가 있습니까? 영적인 무거운 짐, 마음의 짐, 육신의 짐, 생활의 짐. 수고하고 무거운 짐이 없는 사람이 없습니다. 그 짐을 지고 내게로 오라. 예수님께 와서 기도와 간구로 짐을 맡기는 것입니다. 주님께서 내 짐은 쉽고 가볍다고. 우리가 수고하고 무거운 짐을 짊어지고 예수께로 오면 예수님이 쉬게 하겠다고 말하는 것입니다. 짐이 있으면 마음이 괴롭습니다. 예수님이 '너의 짐 내게 맡겨라'고 했으니 죄 짐도 맡기고, 질병의 짐도 맡기고, 생활의 짐도 맡기고, '내가 너의 짐을 걸머지고 너와 함께 걸어가겠다'고 하신 것입니다. 우리는 주님께 짐을 맡기고 나가면 마음에 행복을 가질 수가 있는 것입니다. 하나님께 소리 내어 감사와 찬양을 끊임없이 우리는 해야 될 것입니다.

주님께 기도도 배에서 나오는 소리를 내어 하는 것이 효과가 있습니다. 찬송도 소리 내어 하고, 기도도 소리 내어서 하고, 그 기도를 하나님이 들으시고 자기가 듣는 것입니다. 하나님이 들으시고 자기가 들으면 그 기도는 능력과 힘이 있는 것입니다. 우리가 병자 위한 기도를 많이 하는데 병을 낫기 위해서 기도하고 난 다음에 자기가 듣도록 늘 입으로 시인해야 되는 것입니다. '저가 채찍에 맞으므로 네가 나음을 입었다. 요셉아~ 저가 채찍에 맞으므로 네가 나음을 입었다. 너는 건강하다. 너는 튼튼하다. 너는 씩씩하다. 주께서 너를 돌보아 주신다.' 소리 내어 자기를 격려할 줄 알아야 되는 것입니다. 우리는 기도는 하나님께만 하는 것이 아니라, 그 기도를 자기가 들릴 수 있도록 입으로 소리를 내어서 시인하는 것 굉장히 능력이 있고 효과가 있는 것입니다. '나는 행복하다. 요셉아~ 너는 힘 있다. 너는 낙심하지 말아라. 내게 좋은 일이 일어난다. 하나님이 함께하신다.' 하나님이 들으시고 자신이 듣고, 그 기도는 능력을 나타내는 것입니다. 이와 같은 행복한 사람은 온통 그가 있는 분위기를 부드럽게 하고 살맛이 있게 만들어주는 것입니다. 우리는 우리 자신이 행복해지면 이웃을 다 행복하게 만드는 것입니다. 남편이 행복하면 그 행복의 분위기를 아내에게 전달해주어서 아내가 행복하게 되는 것입니다. 부부가 행복해지면 자녀들이 행복해지는 것입니다. 우리는 하나님 앞에서 행복해야 될 책임이 있습니다. 하나님이 우리를 사랑하사 독생자까지 주셨는데 그를 받아서 기뻐하고 행복하지 않으면 어떻게 됩니까? 예수님은 우리 위해서 살을 찢고 피를 흘려주셨는데, 그를 받아먹고 마시고 행복 안해지면 어떻게 하겠습니까? 행복해져야 되는 것입니다. 하나님은 오늘도 이 시간 행복하기를 원하시는 것입니다. 하나님이 기뻐하고 즐거워하십니다. 우리가 하나님의 사랑을 받고 있고, 하나님을 사랑함으로 큰 행복이 우리에게 이미 던져주신 것입니다. 그 가운데서 우리가 노력을 해야 되는 것입니다. 우리가 긍정적으로 생각하고 긍정적으로 말하고, 긍정적으로 살므로 행복이 만들어지도록 자기 스스로가 노력해야 되는 것입니다.

충만한 교회는 매주 다른 과목을 가지고 매주 화-수-목(10:30-13:00)집회를 인도합니다. 무료집회입니다. 단 교재를 구입해야 입장이 가능합니다. 매주 다른 과목으로 집회를 합니다.

병원이나 세상 방법으로 해결하지 못하는 무슨 문제든지 해결을 받겠다는 믿음을 가지고 오시면 15가지 질병과 문제도 모두 치유 받습니다. 천국을 누리고 싶은 분은 믿음을 가지고 오시기만 하면 무슨 문제라도 치유되고 해결이 됩니다. 오시면 천국을 체험하고 누리며 살아가게 됩니다.

6장 행복은 마음의 평안에서 시작된다.

(요삼2)"사랑하는 자여 네 영혼이 잘됨 같이 네가 범사에 잘되고 강건하기를 내가 간구하노라."

하나님은 행복이십니다. 앞에서 설명한 행복은 원론(原論)에 불과한 것입니다. 진정한 행복은 하나님 안에 있습니다. 영혼이 잘되어 영적으로 만족해야 진정한 행복을 누릴 수가 있습니다. 아담의 죄악을 가지고 마귀에게 종이 되어 살아가는 사람이 행복할리는 만무합니다. 아담의 죄악으로 영이 죽어 하나님과 단절되었습니다. 영이 살아나 하나님과 교통하기 위하여 예수님을 믿어야 합니다. 살아난 영으로 하나님과 교통하며 성령으로 세례를 받고, 성령으로 기도하며 세상 신을 몰아내야 영적인 만족으로 진정한 행복이 찾아오기 시작을 하는 것입니다. 예수를 믿고 성령으로 영혼이 본향을 찾아야 에덴동산에서 아담이 죄를 짓기 전에 하나님 안에서 누렸던 행복을 누릴 수가 있는 것입니다.

에덴동산은 지상천국이었습니다. 하나님께서는 천상천국을 본따 지상천국인 에덴동산을 만드셨습니다. 에덴동산에는 죄가 없었습니다. 그러므로 죄로 인한 부끄러움과 하나님과의 교통의 단절이 전혀 없었습니다. 아담과 하와는 항상 하나님과 함께 동거, 동행 했습니다. 만물의 생기발랄함과 아름다움은 형언할 수없이 영광으로 충만했습니다. 하나님조차도 보시기에 심히 좋았더라고 말씀하셨습니다. 사람이 보아서 얼마나 아름답겠습니까? 에덴에는 죽음이란 그림자도 없었습니다. 아담 부부도 모든 생명체도 영원히, 영원히 살도록 만들어졌습니다. 행복하려면 성령으로 세례를 받고 성령으로 기도하며 영-혼-육이 성령의 지배를 받아야 합니다.

첫째, 영혼이 잘되어야 행복하다. 행복은 하나님 안에 있습니다. 하나님은 영이십니다. 영이신 하나님과 관계가 열려야 행복한 것입니다. 우리 영혼이 잘 안 된 이유는 악한 마귀의 꾀를 쫓아서 아담과 하와가 생수의 근원 되시는 하나님을 떠나서 등을 돌리고 자신을 신으로 삼고 자력으로 살려고 한 이것이 모든 비극의 근원인 것입니다. 마음에 평안이 사라진 것입니다.

우리 하나님께서는 이 불쌍한 인생들을 건지려고 이천년 전에 그 아들 예수님을 보내셔서 인간이 저지른 죄악을 대신 담당하게 하여 십자가에 걸머지고 몸을 찢고 피를 흘려 인류의 모든 죄를 대속하신 것을 우리는 잘 알고 있습니다. 하나님의 사랑의 손길인 예수 그리스도를 우리가 받아들이고 하나님께로 돌아 와야 합니다. 영혼이 잘 될 수 있는 길은 우리가 떠난 하나님을 다시 찾아 돌아오는 길밖에 없습니다. 사람은 하나님을 주인으로 모시고 믿고 살도록 지어졌기 때문에 이 삶의 근본적인 자세를 떠나가면 인간은 불행한 삶을 살게 되어 있는 것입니다.

이러므로 하나님께서 우리에게 돌아올 수 있는 길, 예수 그리스도의 길을 허락해 주셨기 때문에 우리가 영혼이 잘되어 행복한 삶을 살기 위해서는 회개하고 깨닫고 예수님을 구주로 모시고 하나님께로 돌아와야 되는 것입니다. 그래서 하나님을 참 신으로 인정하고 주인으로 모시고 하나님을 믿고서 사는 새로운 삶으로 출발해야 하는 것입니다.

사도행전 14장 15절은 "가로되 여러분이여 어찌하여 이러한 일을 하느냐 우리도 너희와 같은 성정을 가진 사람이라. 너희에게 복음을 전하는 것은 이 헛된 일을 버리고 천지와 바다와 그 가운데 만유를 지으시고 살아계신 하나님께로 돌아오라 함이라"고 말씀하셨습니다. 이러므로 우리의 불신의 악한 마음을 저버리고 주님께로 돌아와서 그를 섬기고 그를 따르는 이 길이 영혼이 잘되는 일차적인 길인 것입니다. 영혼이 본향을 찾아 하나님께 돌아와 영의 만족을 누려야 행복한 삶을 살아갈 수가 있습니다.

우리가 하나님께 복 받고 영혼이 잘되어 행복한 삶을 살려면 신앙 내용이 있어서 하나님의 계명을 지켜서 정의를 실천하면서 살아야 됩니다. 그리고 우리 마음속에 탐욕을 버리고 분수대로 살아야 되는 것입니다. 자기의 분수대로 살아야지 욕심을 가지고 자기의 처지와 신분을 뛰어넘어 탐욕을 이루려고 하다가는 자기도 망하고 수많은 사람을 다치게 만드는 것입니다.

그리고 우리의 평상적인 생활에 그 나라와 그 의를 구하는 삶을 평생 살아야 됩니다. 그 나라를 구한다는 것은 교회를 열심히 받들고 섬기는 것이고, 그 의를 구하는 것은 예수 그리스도가 나와 같이 계시면 어떻게 하실 것인가를 늘 질문해 보고, 그리스도를 닮아가는 삶을 사는 것이 그 의를 구하는 삶인 것입니다. 우리의 삶 속에 언제나 마음에 중심이 교회가 되고, 그리스도의 몸 된 교회를 통하여 믿음을 성장하게 하고 예수님을 본받아 사는 그런 삶을 살려고 노력할 때 영혼이 잘 되지 아니할 수 가 없는 것입니다.

또한 영혼이 잘되기 위해서는 자기 자랑에 심취하여 교만해지는 것을 막아야 됩니다. 루시퍼는 하나님이 만든 아름다운 천사였지만 그가 자기의 아름다움에 심취해서 그만 하나님 보다 높아지려고 하고 하나님 보좌를 빼앗으려고 하다가 쫓겨나서 오늘날 사탄이 되어 버리고 말았지 않습니까? 우리도 하나님이 주신 우리의 신분과 처지를 생각하여 감사히 여기고 자기를 분수 이외로 높게 생각하면 안 되는 것입니다. 이 세상에서 가장 좋은 것은 자기를 낮추고 겸손하고 남을 나보다 낮게 여기면서 허리를 굽히고 사는 것이 좋습니다.

우리가 영혼이 잘 되어 행복한 삶을 살기 위해서는 항상 눈을 들어 자기를 바라보지 말고 주님을 바라보아야 됩니다. 모든 생명의 근원이 되시는 주님을 바라야 됩니다. 우리 생사화복의 근본이 되시는 주님을 바라보고 살아야지 주님을 바라보지 않고 내 자신을 바라보고 나를 흠모하고 나를 자랑하면 그는 벌써 파멸합니다. 교만은 패망의 선봉이요 거만한 마음은 멸망의 앞잡이가 되는 것입니다.

그리고 우리의 자랑은 늘 주님으로 자랑을 해야 하는 것입니다.

사람이 자랑할 것이 무엇입니까? 오늘이라도 호흡이 끊어지면 한 줌의 흙으로 돌아가고 마는데 무엇을 가지고 인간을 자랑 할 수 있습니까? 우리의 자랑은 오직 우리에게 생명을 주시고 생활을 하게 해 주시는 우리 주님을 자랑해야 됩니다. 자기를 낮추고 언제나 주님께만 복종하고 주님의 말씀을 늘 읽고 공부하고 묵상하여 하나님의 뜻을 받들어 살려고 애를 쓰며 열심히 기도하는 그런 삶을 살 때 우리 영혼이 잘되는 삶을 살아갈 수 있는 것입니다.

이러므로 우리가 먼저 아담과 하와가 저버린 그 영적인 삶을 새로 복구하고, 하나님과의 뜨거운 교통과 교제가 이루어져 영혼이 잘 되면, 행복한 삶을 살도록 인도하시는 사랑의 하나님이신 것입니다. 영혼이 잘되어야 행복한 삶을 살아갈 수가 있는 것입니다. 예수 안에 들어와야 행복을 누릴 수가 있는 것입니다. 하나님의 근본적인 뜻은 우리가 잘 되고 형통하며 복을 받고 행복하게 살기를 원하는 것입니다.

둘째, 범사가 잘되어야 행복하다. 하나님과 바른 관계를 갖고 관계가 열려 있으면 자연적으로 범사가 형통하고 행복하게 되는 것입니다. 가정이나 사업이나 국가 사회가 어지럽고 안 되는 이유는 하나님 앞에서 올바르게 생활하지 못하기 때문인 것입니다. 에덴동산은 범사가 잘 되는 낙원이었습니다. 하나님이 중심이 되고 하나님이 주인이 되어 있으니까 에덴동산에는 아무런 부정적인 것이 없었습니다. 그런데 하나님께서 돌보시는 그 삶을 저버리고 나왔기 때문에 저주가 다가오고 가난이 다가오고 불행과 슬픔도 다가 온 것입니다. 오늘날 같이 고통스러운 세상은 모두 다 하나님을 저버렸기 때문에 다가온 것입니다. 이것이 "정치적인 환난이다. 경제적인 환난이다. 사회적인 문제다. 국제적인 문제다"라고 말하지만, 문제는 다 한 가지 영적인 문제밖에 없습니다. 하나님과 영적인 관계가 열려야 모든 인간의 불행이 떠나가고 행복한 삶을 살아갈 수가 있는 것입니다. 하늘과 땅을 지으시고 현 우주와 만물을 주장하시는 하나님과 올바른 관계를 맺으면 하나님 명령 한마디에 갈릴리 풍파가 잠잠해진 것처럼, 죽은 나사로가 무덤에서 살아나 온 것처럼, 순식간에 문제가 해결되어 행복한 삶이 되어 버리고 말 것입니다.

"회개하라 천국이 가까워 왔느니라." 우리가 회개하면 하늘나라가 가까이 오는데 무슨 문제가 있겠습니까? 오늘날 우리가 범사에 잘 되기 위해서는 하나님을 중심으로 섬기고 나오면 됩니다. 왜냐하면 예수님께서 이 땅에 오실 때 벌써 우리 가난을 대속하신 것입니다. 고린도후서 8장 9절에 "우리 주 예수 그리스도의 은혜를 너희가 알거니와 부요하신 자로서 너희를 위하여 가난하게 되심은 그의 가난함을 인하여 너희로 부요케 하려 하심이니라"고 말씀하셨습니다. 왜, 천지와 만물을 지으시고 우주를 손에 쥔 부요하신 예수님이 동정녀 마리아의 몸을 통해서 저 베들레헴 버린 짐승의 우리에서 태어나시고 나사렛 목수의 아들로서 일하시고, 주님께서 3여 년 동안의 목회 생활이 바람을 맞으며 식사를 하고 눈비를 맞으며 주무시고 그런 고통을 당했습니다. 그 예수 그리스도께서 그런 가난을 짊어지신 것은 우리가 하나님을 버리고 나와서 가난하게 된 것을 대신 갚아 주기 위한 것입니다. 그러므로 예수 그리스도의 일생은 우리의 가난에서 구속하기 위한 것이기 때문에 이 예수 그리스도를 우리가 구주로 모시고 섬기고 살면 예수님이 지불한 그 대가 때문에 우리가 가난에서 해방될 수밖에 없는 것입니다.

주님께서 십자가에 못 박힌 것도 갈라디아서 3장 13절에 저주를 갚기 위한 것입니다. "그리스도께서 우리를 위하여 저주를 받은 바 되사 율법의 저주에서 우리를 속량하셨으니"라고 말하고 있는 것입니다. 저주에서 우리를 값을 쳐주고 사내셨습니다. 저주가 있으면 모든 것이 안 되는데 저주가 떠나가면 모든 일이 형통해지는 것입니다. 손으로 수고한 것이 다 형통하게 되는 것입니다. 이러므로 예수님께서 천신만고를 다 겪으면서 가난의 삶을 살고 십자가에서는 결국 몸을 찢고 피를 흘려 저주를 받은 것은 우리의 가난과 저주에서 해방시켜서 범사에 잘 되게 살게 하려고 하신 것입니다.

우리는 마음을 새롭게 해야 되는 것입니다. 우리 마음을 긍정적인 형통과 성공의식을 가져야 됩니다. 나는 그리스도를 의지하고 하나님을 주인으로 모시고 삶으로 나의 모든 하는 일에 하나님이 같이 하사 성공과 형통과 행복이 자신을 따른다는 마음을 가져야 되는 것입니다. 마음에 가시와 엉겅퀴가 꽉 들어차서 "나는 못한다. 나는 안 된다. 나는 할 수 없다. 나는 망한다. 나는 가난하다." 이와 같은 부정적인 생각을 가지고 있는 사람에게는 하나님이 행복으로 역사할 수 없습니다. 우리가 온갖 구하는 것이나 생각하는 것에 넘치도록 능히 하신 하나님이시기 때문에 우리 마음의 생각을 형통과 행복과 긍정적인 성공의식으로 채워 넣어야 됩니다.

그리고 우리 마음속에 내일은 오늘 보다 다음 달은 금번 달보다 나아진다는 그런 긍정적인 꿈과 환상을 가지고 있어야 됩니다. 꿈이 없는 백성은 망한다고 말했습니다. 마음속에 이와 같은 꿈과 환상을 가지고 희망에 차서 살아야 되는 것입니다. 우리 하나님께서는 우리들에게 범사에 잘 되게 이미 그리스도를 통해서 다 만들어 놓고 그 범사에 잘 되는 삶을 살도록 촉구하고 계신 것입니다.

셋째, 영육이 강건해야 행복하다. 영혼이 본향 찾아 성령으로 충만하여 영-혼-육이 건강합니다. 전인격이 성령의 지배를 받아 하늘나라가 되었기 때문입니다. 아담과 하와가 지음을 받았을 때는 병이 없었고 죽음도 없었습니다. 병과 죽음이라는 것은 아담과 하와가 죄를 지음으로 죄가 들어와서 결국에는 병과 죽음을 가져온 것입니다. 죄가 바로 누룩인 것입니다. 그런데 예수님께서 이 땅에 구주로 오셨을 때 주님께서는 바로 죄와 병은 한 가지에서 나온 열매라는 것을 알기 때문에 우리 주님께서는 가는 곳마다 병을 고치고 죄를 용서해 주었습니다. 주님이 말씀하시기를 "나를 본 자는 아버지를 보았다"고 말했는데 그 아버지의 뜻을 예수님의 세계 속에서 분명히 보여주신 것입니다. 예수님은 어느 곳에 가나 죄를 용서하는 사역을 베풀어주신 것입니다. 회개시키시고 죄를 용서해

주고 그 다음 주님은 병을 고쳤습니다.

귀신을 쫓아내고 병을 고치고 문둥이를 깨끗이 하고 죽은 자를 살리셨습니다. 그 위에는 부수적인 은혜의 역사를 하셨습니다만 주님이 행하신 주된 역사는 죄를 사하시고 병을 고치시는 주의 역사였습니다. 주님께서 열두 제자, 70인의 제자를 보낼 때도 회개하라 천국이 가까워 왔다고 하고, 병든 자를 고치라고 주님이 당부하셨습니다. 그러므로 병은 바로 죄의 가지에서 온 것이기 때문에 죄 사함을 주실 때는 주께서 병도 고치시고 병도 멸하기를 주님이 원하시는 것입니다.

예수 그리스도의 십자가의 대속을 보게 되면 주님께서 십자가의 고통당할 때 반드시 죄와 함께 우리의 질병도 대신 짊어지고 가신 것을 분명하게 보여 주시고 있습니다. 이사야서 53장 4절에 "그는 실로 우리의 질고를 지고 우리의 슬픔을 당하였거늘 우리는 생각하기를 그는 징벌을 받아서 하나님에게 맞으며 고난을 당한다 하였노라" 말했습니다.

실로라는 말은 진짜로 우리의 질고를 지고 우리의 슬픔을 당했다고 말했습니다. 이사야서 53장 5절에 보면 "그가 찔림은 우리의 허물을 인함이요 그가 상함은 우리의 죄악을 인함이라 그가 징계를 받음으로 우리가 평화를 누리고 그가 채찍에 맞음으로 우리가 나음을 입었도다." 말하고 있는 것입니다. 하나님 아버지께서는 예수님께서 얻어맞아서 상해서 우리의 질병을 대신 짊어지기를 간절히 소원했다고 말했었습니다.

이렇기 때문에 질병에 대한 하나님의 태도는 단호합니다. 하나님은 근본적으로 우리가 병 앓기를 원치 아니합니다. 병으로 고생하다가 죽기를 원치 아니한 것입니다. 이것이 아버지 하나님의 근본적인 뜻입니다. 아버지는 죄를 미워하고 병을 미워합니다. 얼마나 미워했기에 예수님을 통해서 그 병을 다 짊어지게 하고 그 죄를 다 짊어지게 하고 주님이 십자가에서 몸을 찢고 피를 흘려 그 대가를 지불하도록 까지 하셨을까요.

그러므로 우리는 예수 그리스도 안에서는 확연하게 용서의 샘이 넘쳐나고 치료의 샘이 넘쳐나는 것을 알아야 되는 것입니다. 이렇기 때문에 치료에 대해서는 하나님께서 우리 예수 믿는 교회와 성도들에게 주신 확실한 명령이 있습니다. 마가복음 16장 17절로 18절에 "믿는 자들에게는 이런 표적이 따르리니 곧 저희가 내 이름으로 귀신을 쫓아내며 새 방언을 말하며 뱀을 집으며 무슨 독을 마실지라도 해를 받지 아니하며 병든 사람에게 손을 얹은즉 나으리라. 하시더라."고 말씀하셨습니다.

우리가 하나님께서 우리에게 건강을 주셨으면 우리가 건강을 보존할 줄 알아야 됩니다. 저 칼로리의 음식을 섭취하고 적당한 운동을 하고, 주일날에는 주님을 예배하고 마음에 평화와 기쁨을 유지하고 그렇게 살면 건강하게 살 수 있는 것입니다.

결과적으로 말하면 우리의 삶 속에 가장 중요한 것은 하나님과의 관계에 있습니다. 하나님과의 관계에 문제가 없으면 우리의 삶의 문제는 하나님께서 다 해결하여 주시는 것입니다. 행복하지 않을 수가 없습니다. 하나님께서는 자기를 사랑하는 자를 위해서 모든 것을 예비하십니다. 우리의 눈으로 보지 못하고 귀로 듣지 못하고 마음으로 생각지 못한 일을 하나님이 예비하여 주시는 것입니다. 자녀가 부모를 예비하는 것이 아니라 부모가 자식을 위해서 예비하신다고 말했었습니다. 그러므로 하나님은 우리를 위해서 예비해 주시는 것입니다.

우리의 영혼이 잘 되는 것이 우리 삶에 가장 중요한 것입니다. 성경에는 성령께서 사도 요한을 통하여서 영혼이 잘 되면 범사도 잘 되고, 그 다음에는 자연적으로 강건하게 된다고 말씀하신 것입니다. 우리 하나님께서는 간구한다는 말을 쓰십니다. 사랑하는 자여 내 영혼이 잘 됨같이 네가 범사에 잘 되며 강건하기를 내가 간구하노라. 우리 하나님께서 얼마나 간절히 사모했는지 그렇게 말하고 있습니다. 그것은 하나님께서 우리 기도를 안 들어주어서 우리가 그렇게 못되는 것이 아니고 귀가 둔하여 우리 기도를 안 들어주는 것이 아닙니다. 우리가 하나님의 뜻을 받들어 올바른 신앙을 가지고 나오면 하나님은 누구 못치 않게 먼저 나와서 우리를 돌보아 주기를 원하시고 계신다는 것을 말하고 있는 것입니다. 하나님이 간절히 원하는 소원입니다. 영혼이 잘 되고 범사가 잘 되고 강건한 것을 하나님 아버지가 간절히 소원하고 있습니다.

넷째, 영혼이 잘되어 마음의 만족을 누려야 행복하다. 예수님을 믿고 교회에 들어와 성령으로 세례를 받아 마음의 상처와 자아를 부수면 혈통에 역사하는 귀신들이 물러갑니다. 영혼이 성령의 지배를 받으면 영(마음)의 만족을 누리게 됩니다. 물론 예수님 안에서 행복한 나날이 될 수가 있습니다. 교회에 들어와 말씀을 듣고 예배드리며 기도하여 성령으로 충만하면 아무 이유 없이 기쁨이 내 온 마음을 사로잡고, 모든 근심이 사라지며, 세상이 전혀 두렵지 않은 평화가 내 온 마음을 지배하는 경험을 해본 적이 있을 것입니다. 비록 영구적인 것은 아닐지라도 그 시간만큼 내 마음은 만족감으로 채워진 것입니다. 마음이 만족스러우면 근심이 사라지고 평화가 찾아옵니다. 마음에 기쁨이 넘치면 내게 닥치는 어떠한 아픔과 고통도 이겨낼 수 있는 힘이 생깁니다.

사람이 삶에서 체험하는 주림과 목마름은 고통의 일종으로 몸 안에 무언가가 부족하다는 생리적 신호입니다. 우리는 이러한 신호를 통해 생명을 유지할 수 있는 것입니다. 육체뿐만 아니라 마음도 배고픔과 갈증을 느낄 때 신호를 보냅니다. 영적인 신호를 감지하고 부족한 것을 채워줄 때 마음(영혼)이 건강할 수 있습니다. 그런데 영혼(마음)은 세상의 것으로 채울 수가 없습니다. 물질을 쌓아 얻는 만족, 명예를 얻어 누리는 영광, 쾌락으로 찾는 기쁨, 어떤 것으로도 채워도 계속해서 주림과 목마름을 느끼게 됩니다. 그래서 다윗도 "하나님이여 사슴이 시냇물을 찾기에 갈급함 같이 내 영혼이 주를 찾기에 갈급하나이다."(시42:1)라고 고백했습니다. 우리의 영혼(마음)이 주리고 목마른 이유는 주님을 찾기 위해서입니다. 하나님의 형상대로 창조된 인간은 하나님을 찾기 전에 그 무엇으로도 만족을 얻을 수 없습니다. 하나님을 만나 영혼(마음)이 만족을 누리기 전에는 행복은 없습니다.

영적인 갈급함을 해결하려면 하나님을 찾을 뿐만 아니라 하나님과 올바른 관계를 맺어야 합니다. 예수님께서는 하나님과 올바른 관계를 맺고, 이웃과 올바른 관계를 맺으며, 말씀대로 사는 것이 하나님의 규범대로 사는 것이라고 말씀하셨습니다(막12:29-31). 영적인 갈급함이 해결이 되어야 육적인 만족이 오고 세상을 살아가는 것이 의미가 있고 행복합니다.

우리는 하나님과 사랑의 관계를 맺고, 모든 일에 하나님의 뜻을 물으며 살 때 하나님의 형상을 닮아갑니다. 하나님의 형상을 닮아갈 때 영적인 만족을 찾아 삶에서 행복을 누릴 수가 있는 것입니다. 탕자는 무언가 마음에 채워지지 않는 욕구 때문에 집을 떠났습니다. 그러나 아버지를 떠나서도 욕구를 채울 수 없었습니다. 결국 탕자는 집으로 돌아오게 되었고 아버지는 아들을 조금도 주저하지 않고 용서했습니다. 더러운 옷을 벗기고 목욕을 시키고 새 옷을 입혀 잔치를 열었습니다. 탕자는 그제야 아버지의 사랑을 깨달으며 참된 만족을 얻었습니다. 이렇듯 바른 관계성은 행복과 만족을 줍니다. 이것이 하나님께서 우리에게 약속하진 축복입니다. 하나님과의 올바른 관계성으로 인해 누리게 되는 복은 친밀감이며, 영적인 만족이며, 영육의 행복함 입니다.

하나님과의 친밀한 관계에서 마음껏 기쁨과 행복을 느낀 사람은 이웃과의 관계에서도 친밀감을 느끼려고 합니다. 이러한 욕구는 거룩한 영성을 더욱 추구하며 하나님과 친밀한 연합을 원하게 됩니다. 하나님과의 관계에서 형성된 친밀감이 나를 채우고도 넘쳐 이웃에게까지 흘러가게 되는 것입니다. 하나님으로부터 경험한 나의 친밀감이 내 삶을 풍성하고 행복하고 따뜻하게 바꾸게 됩니다. 이것이 바로 하나님의 나라가 내 안에 임하는 경험이고, 영적인 배부름에서 오는 참된 만족입니다.

하나님께서는 우리가 하나님과 올바른 관계를 맺기 원하십니다. 나아가 이웃과의 관계도 바로 맺게 하십니다. 이 친밀한 관계성 안에서 참된 만족과 행복과 기쁨을 누리게 하십니다. 우리에게는 하나님과 그의 길을 구하면 그를 찾게 될 것이라는 약속이 있습니다. "너희가 온 마음으로 나를 구하면 나를 찾을 것이요 나를 만나리라"(렘29:13). 예수님께서는 진심으로 그분을 찾고 그의 의를 구하는 사람들을 절대로 실망시키시지 않으십니다. 언제나 하나님의 의를 갈망하고 추구함으로 영적인 회복과 만족의 기쁨으로 행복한 삶을 누리시기 바랍니다. 진정한 행복은 영적인 만족에서 오는 것입니다. 마음이 행복하면 세상의 모든 것이 행복해보입니다.

그런데 세상에 인생의 경험이 짧은 젊은 사람들은 영적인 추구가 없어도 사람은 잘 살 수 있다고 합니다. 영적으로 무뎌져도 사는데 아무 지장이 없다고 합니다. 다만, 영의 만족을 아는 사람에게만 그것이 사람의 생각이며 일시적인 것이라고 알고 있습니다. 영적인 만족을 아는 사람은 한 차원 높은 사람으로 하나님의 사랑을 받고 사는 행복한 사람입니다.

세상은 영적인 만족이 없어도 잘 살 수 있다고 하지만, 언젠가는 진정한 만족과 기쁨이 영적인 만족 안에 있다는 것을 깨닫게 될 것입니다. 사람은 육적이면서 영적인 존재이기 때문입니다. 영적인 만족이 없이는 진정한 삶의 의미를 찾을 수 없기 때문입니다. 진정한 행복은 영혼이 잘되어 하나님과 관계가 열린 영적인 만족에서 발원하는 것입니다. 영적인 만족을 위하여 시간과 마음과 물질을 투자해보세요. 하루하루의 삶은 행복할 것이며, 세상을 살아가는 의미를 찾을 수 있을 것입니다.

영적인 만족을 찾으려면 먼저 예수를 믿어야 합니다. 교회를 잘 찾아가야 합니다. 영적인 만족을 누릴 수 있는 교회라야 하기 때문입니다. 예배에 참석하여 생명의 말씀을 들어야 합니다. 생명의 말씀을 듣고 기도해야 합니다. 기도하면서 성령으로 세례를 받아야 합니다. 성령의 인도에 따라 내면의 상처를 치유하면서 자아를 십자가에 매달아야 합니다. 그러면서 성령의 역사로 세상 신들을 축귀해야 합니다. 점차로 하나님과의 관계가 열리면서 영적인 만족을 체험하게 될 것입니다. 행복하기를 원하시면 먼저 영적으로 만족해야 합니다.

2부 행복은 어느 곳에 있을까?

7장 행복은 자신의 마음 안에 있다.

(빌 4:4-7)"주 안에서 항상 기뻐하라 내가 다시 말하노니 기뻐하라. 너희 관용을 모든 사람에게 알게 하라 주께서 가까우시니라. 아무 것도 염려하지 말고 다만 모든 일에 기도와 간구로, 너희 구할 것을 감사함으로 하나님께 아뢰라. 그리하면 모든 지각에 뛰어난 하나님의 평강이 그리스도 예수 안에서 너희 마음과 생각을 지키시리라"

인간은 그 누구든지 또 어느 곳에 살던지 모두다 행복을 간절히 추구하고 있습니다. 그리고 대개 그 행복의 조건을 외적 환경에 두고 있습니다. 다시 말하면 '돈을 많이 벌면 행복할 것이다. 혹은 지위가 높아지면 행복해질 것이다. 명예나 권력이 있으면 행복할 것이다. 그렇지 않으면 물질적인 조건이 다 구비되면 나는 꿈같이 행복한 삶을 살 것이다.' 이와 같은 생각을 하고 있는 것입니다. 그러나 오늘날에 와서 돈이나 지위나 명예나 권력을 얻은 사람들, 물질적인 모든 요구 조건이 다 확립된 사람들이 과연 행복하냐? 사실은 행복하지 않습니다. 저들은 있는 힘을 다하여 인간이 생각하는 물질적인 외적 환경의 고지를 점령하고 나니까, 그 다음에 다가오는 것은 끝없는 마음의 구렁텅이인 것입니다. 이 마음의 구렁텅이를 메우지 않는 이상 인간이 추구하는 행복이란 다가올 수 없다는 것을 그들은 알게 된 것입니다.

오늘날 우리가 외적인 물질적 행복을 아무리 구비했다 하더라도 이것을 행복으로 이끌어 갈 수 있는 내적인 행복의 조건이 이루어지지 아니하면 외적인 것을 아무리 태산처럼 쌓아 놓아도 이것이 오히려 더 불행해 질 수 있는 조건이 될지언정 행복하게 될 수는 없는 것입니다. 이러므로 오늘 우리들은 이 내적인 행복의 조건을 구비해야만 비로소 돈도 행복하게 쓸 수가 있고, 지위도, 명예도, 권력도, 물질적인 환경도 우리의 삶의 더 많은 행복과 기쁨을 위해서 사용될 수가 있습니다. 오늘 행복의 내적 조건에 관해서 말씀해 드리겠습니다.

행복의 내적 조건은 마음속에 사랑이 있어야 되는 것입니다. 이 세상에 부귀, 영광, 공명을 다 갖다 놓아도 내 마음속에 사랑이 없으면 이는 아무 효과도 없고, 내가 전혀 누릴 수가 없습니다. 사람들은 그 무엇보다도 자기 자신을 용납하고 사랑할 줄 알아야 되는 것입니다. 대개의 사람들은 자학을 하고 있는 것입니다. 열등의식과 좌절감, 자학을 하고 있는 것입니다. 알든지 모르든지 자기를 학대하고, 자기를 미워하고, 자기를 용납하지 않고 있습니다. 이렇기 때문에 자기를 사랑하지 않는 이상 그런 세상에 어떻게 많은 물질적인, 환경적인 것을 구비하여 놓아도 행복하지 않는 것입니다.

또 나아가서 사람은 자기를 사랑할 뿐 아니라 이웃을 사랑해야 됩니다. 남편을 사랑하는 아내가 행복하고, 아내를 사랑하는 남편이 행복하고, 부모를 사랑하는 자식이 행복하고, 자식을 사랑하는 부모가 행복합니다. 이웃을 미워하면 자기 마음속에 행복이 다가올 수 없습니다. 사람은 그 누구를 불구하고 혼자서는 살 수 없는 운명입니다. 인간은 어찌할 수 없이 공동체로서 함께 살아야 됩니다. 이러므로 인간과 인간의 관계가 올바르게 성립되지 아니하면 언제나 그 속에는 불안, 불행이 꽉 들어차는 것입니다. 이웃을 용납하고 사랑해야 되겠습니다.

또 이웃뿐만이 아닙니다. 또 인간은 자기가 둘러싸여져 살고 있는 자연을 사랑하실 줄 알아야 합니다. 하늘을 사랑하고, 해와 달과 별과 물과 나무와 짐승들과 이웃 환경을 우리가 사랑해야 됩니다. 이것을 사랑하지 아니하고 무관심하고, 미워하고 산다면 그는 행복할 수가 없습니다. 나아가서 사람은 천지와 만물을 지어주신 하나님을 사랑해야 되는 것입니다.

오늘날 이와 같이 사랑 없이 행복을 누릴 수 있는 사람은 아무도 없습니다. 사랑 없이 돈도 의미가 없습니다. 지위도 무의미한 것입니다. 권력도 의미가 없는 하나의 폭력에 불과하게 되는 것입니다. 그리고 모든 아름다운 환경도 사랑이 없이는 그에게 조금도 행복을 갖다 줄 수 없는 것입니다. 이러므로 행복은 마음속에 사랑이 있을 때 행복할 수 있지, 사랑 없는 곳에는 이 세상 어느 곳에라도 행복은 없습니다.

그 다음 행복은 마음의 평화가 있어야 되는 것입니다. 마음의 불안과 공포가 폭풍우처럼 소용돌이치는 곳에 부귀, 영화, 공명이나 물질적인 환경이 아무리 좋다고 하더라도 거기에 행복이 있을 수 없는 것입니다. 마음에 염려, 근심, 불안, 초조, 절망이 꽉 들어 차있는데 어떻게 행복할 수 있겠어요? 이러므로 우리가 사는 이 세계는 실제적으로 불안으로 꽉 들어찬 세계인 것입니다. 어느 때, 어느 순간에, 어떤 일이 일어날지 알지 못하는 하나도 안정되어 있지 않은 세계가 우리가 사는 세계인 것입니다. 이와 같은 세계 속에서 내 마음속에 넘치는 평화를 가지고 있어야 될 것입니다. 평화를 갖고 있기 위해서는 사람들은 그 마음속에 죄책이 없어야 합니다. 내가 죄책을 덮어놓고 있는 이상 이 죄책이 다른 사람에게 보이지 않는다고 하더라도 내 양심 속에 죄악이 마치 거품을 뿜어 올리는 바다물결 같이 늘 끓고 있는 이상 마음속에 평화는 절대로 있을 수가 없는 것입니다. 누가 이 죄책을 없앨 수가 있어요? 하나님과 나와의 평화를 가져오고, 나와 이웃과의 평화를 가져오는 이 죄책에서의 해방, 이러한 것 없이 마음속의 평화란 없는 것입니다. 그러므로 내가 잠자리에 들어갈 때 두 다리를 뻗고 편안하게 잠자리에 들어가고, 내가 세상에 나와서 활동할 때, 마음속에 불안, 초조, 절망 없이 편안하게 살기 위해서는 죄에서 해방이 되어야 될 것입니다. 그리고 하나님과 나와의 화목이 이루어지고, 나와 이웃과의 화목이 이루어져야 마음속이 평안합니다. 이 화목이 없는 이상 마음속에 평화가 없는 이상 행복은 절대로 우리에게 다가오지 않습니다.

또 나아가서 행복하려면 생활의 확신이 있어야 되는 것입니다. 흔들리는 터전 위에서 사는 사람들에게는 생활의 확신이 없습니다. 생활의 확신이 없는 사람에게는 행복이 다가올 수 없습니다. 오늘날 우리가 사는 이 세계는 모두 다 흔들리는 터전 위에 살고 있습니다. 또한 제도나 경제적인 질서나 사회적인 질서가 언제 흔들려서 무너지고 깨어질지 모르는 그러한 상황 속에 살고 있는 것입니다. 이렇기 때문에 흔들리고, 흔들리며 표류하고 표류하는 세계 속에서 사람들은 무엇을 확실히 부여잡고 이것이 기반이라고 하고 살아갈 수 있는 확신이 없습니다. 이 세상에 정치권도 끊임없이 흔들리고, 금전도 흔들리며 지위나 명예나 권세도 일시적이요 언제 뿌리째 뽑혀갈지 모릅니다. 청춘도 흔들리며 생명조차도 흔들립니다. 이와 같은 모든 것이 흔들리고 흔들리며 요동하고 무너지는 이 시대에 무엇 하나 마음속에 깊은 확신을 가지고서 요동치 않는 토대 위에 서서 살 수 있겠습니까? 요동치 않는 토대 위에 서지 않고는, 모두 다 일시적이고 순간적인 것들만 가지고서는 절대로 행복할 수는 없을 것입니다. 자신이 가지고 있는 그 지위도 순간적인 것입니다. 그 명예도 순간적인 것이며, 그 청춘도, 그 물질적인 환경도 오늘 있다가 내일 사라질 수밖에 없습니다. 성경은 말씀하기를 "너희 인생이 무엇이냐 잠시 있다 사라지는 안개니라. 내일 일을 자랑치 말라. 오늘 내게 어떠한 일이 일어날지 알지 못하느니라." 모든 인생은 풀과 같고 그 영화는 풀의 꽃과 같다. 꽃은 시들고, 풀도 마르고, 모든 것은 사라져 버리고 만다는 것입니다. 아무 것도 확실한 것이 없는 곳에는 행복이 다가올 수 없는 것입니다.

또 나아가서 내일의 희망이 없는 사람이 행복하겠습니까? 꿈을 잃어버린 사람은 그로써 망하는 사람인 것입니다. 꿈이 없는 백성은 망한다고 성경에서 말하고 있는 것입니다. 내일이 없는데 오늘 먹고, 마시고 오늘 그대로 포기해 버리자는 것이 인생이 아니겠습니까? 사람들은 어떠한 절망 상황에도 꿈을 간절히 사모하기를 원하는 것입니다. 그래서 내일이 있는 이상 사람들은 그 속에서 웃을 수가 있고, 이해할 수가 있습니다.

그러나 내일을 잃어버린 절망 상황에서는 사람들은 오직 절망할 것 밖에는 없는 것입니다. 오늘 그런데 어디에서 우리가 내일, 영원을 얻을 수 있겠습니까? 이와 같은 조건이 없는 이상 자신의 환경 가운데 지위나 명예나 권세나 돈이나 아무리 좋은 환경을 갖다 놓아도 이것을 누릴만한 마음의 상태가 되어 있지 않기 때문에 행복은 소유할 수가 없는 것입니다.

그러면 누가 우리의 마음속에 행복을 소유할 수 있는 사랑과 평안과 생활의 확신과 내일의 희망을 갖다 줄 수 있는 것입니까? 이와 같은 것은 학교에서 교육을 통하여 절대로 얻을 수 없습니다. 철학적인 수양을 통해서 얻을 수가 없습니다. 이와 같은 것은 어떠한 나라의 정치나 권력도 마음의 사랑과 평화와 생활의 확신과 내일의 희망과 꿈은 줄 수가 없는 것입니다. 어디에서 그러면 우리가 이것을 얻어야 행복할까요?

오늘날 사람들은 대개 이것을 얻지 못하기 때문에 옛날보다 오늘날 얼마나 좋은 환경 가운데 살고 있습니까? 더 많은 돈을 가지고 있고, 더 많은 사람들이 지위를 누리고 있습니다. 명예도 가지고 있고, 더 많은 좋은 환경에서 좋은 집을 짓고, 좋은 옷을 입고, 좋은 음식을 먹고서, 좋은 생활을 하고 있어도 옛날보다 오늘날에는 더 많은 가정이 파괴되고, 더 많은 살인사건이 일어나며 더 많이 좌절하고 더 많이 범죄하고, 더 많이 감옥에 가는 사람들로 꽉 들어차고, 더 많이 불행한 사람들로 꽉 들어찬 이유는 절대로 환경이 사람에게 행복을 갖다 줄 수 없다는 하나의 증거인 것입니다.

이러므로 행복을 갖다 줄 수 있는 사랑과 마음의 평화와 생활의 확신과 내일의 희망 이것은 오직 길이요 진리요 생명이 되시는 예수 그리스도를 통하지 않고는 얻을 수가 없습니다. 성령으로 아니고는 얻을 수가 없는 것입니다. 이러므로 우리는 예수를 전도합니다. 이러므로 예수께서 "회개하라 천국이 가까이 왔다."고 말할 수 있는 이유가 바로 거기에 있는 것입니다. 행복을 갖다 주기 때문에 천국을 우리 속에 갖다 줄 수 있는 것이 예수님인 것입니다. "내가 곧 길이요 진리요 생명이니 나로 말미암지 않고는 행복의 근원이 되는 아버지께로 올 자가 없다"고 주께서 말씀하신 것입니다.

그러면 예수께서 우리에게 사랑의 조건을 충족시켜 줄 수 있나요? 이 세상에 사랑이란 여러 가지 사랑이 있습니다. 에로스 사랑. 이성간의 사랑입니다. 지극히 이기주의적인 오늘날 에로스 사랑이 파괴됨으로 말미암아 수많은 가정들이 파괴되고 있는 에로스 사랑으로는 안 됩니다.

친구와의 사랑, 필레오 사랑, 오늘은 친구가 되었다가 내일은 원수가 되는 국제 정치의 무상한 생활 가운데서 필레오 사랑을 우리가 사랑이라고 할 수는 없습니다. 스톨케 사랑, 부모와 자식 간의 사랑, 이것도 내 부모 내 자식만 사랑하지 그것을 넘어서 그와 같은 사랑이 존재할 수 없으니 이것도 이기주의적인 것입니다. 그러면 무엇이 이성간의 이기적인 사랑도 초월하고, 친구간의 조건적인 우정의 사랑도 뛰어 넘고, 부모 자식 간의 한정적인 사랑도 뛰어 넘고, 무조건의 사랑을 우리에게 줄 수 있는 위대한 그 사랑의 근원이 어디 있을까요? 아가페 사랑, 하나님의 사랑, 하나님이 세상을 이처럼 사랑하사 독생자를 주셨으니 누구든지 저를 믿으면 멸망하지 않고 영생을 얻으리라는 사랑인 것입니다. 이 아가페 사랑은 우리가 죄를 지었음에도 불구하고, 못났음에도 불구하고, 버림을 받아야 마땅함에도 불구하고 죄를 지은 그대로 못난 그대로 병든 그대로 인간을 바라보시고 수고하고 짐 진 자여 다 내게로 오라! 내가 너희를 쉬게 하리라. 책임져 주는 그 사랑. 이 사랑을 안고 예수께서 십자가에 올라가셔서 우리의 죄와 불의와 추악과 저주와 절망과 죽음의 자리에 대신 올라가셔서 우리 대신 못 박히고, 창을 받으시고, 가시관을 쓰고, 피를 흘리시고, 몸을 찢고 죽으셨으면서도 우리를 저주하지 아니하시고 아버지 앞에 용서를 구한 그 사랑, 이 예수 그리스도의 무조건 용납된 사랑, 이 사랑을 받을 때 우리가 비로소 우리 스스로 나 같은 인간도 용서를 받고 구원을 받을 수 있다는 희망을 얻을 수 있는 것입니다.

이 하나님의 위대한 사랑이 내 마음속에 부어질 때 비로소 나는 나를 사랑할 수 있게 되는 것입니다. 나같이 못난 인간도 하나님이 이처럼 사랑해 주시니 내 스스로를 용납하고 사랑해야 되겠다. 나를 미워하거나 자학을 하지 말아야 되겠다. 하나님이 나를 이처럼 사랑해 주시는데 왜 내 스스로 사랑하지 말아야 되는가? 자기를 사랑할 수 있는 마음이 생겨납니다.

자기를 사랑하게 되면 행복하게 되고, 그렇게 되면 내 이웃을 사랑하게 됩니다. 남편은 아내가 못났어도 그 사랑 가운데 용납할 수 있고 부모와 자식을 용납할 수 있고 이웃이 잘못해도 예수님의 사랑을 내가 받았는데 저 이웃을 내가 사랑해야 하지 않겠는가? 그 이웃을 용납할 수 있고, 사랑할 수 있습니다. 그리고 자연을 사랑할 수 있고, 하나님 만드신 세계를 사랑하고, 그 무엇보다도 우리가 하나님을 쳐다보고, 아바 아버지라 부르고, 하나님을 사랑할 수 있게 되므로 말미암아 우리의 마음속에 비로소 그 사랑 가운데서 얻은 것을 행복으로 누릴 수 있는 힘이 주어지게 되는 것입니다. 사랑이 없는 곳에는 어떠한 곳에도 시베리아 벌판과 같은 얼음판만 있을 뿐이지, 고비 사막처럼 메마름만 있을 뿐이지 그 속에 생수가 넘쳐흐르는 사랑, 이 행복은 있을 수가 없는 것입니다.

또 나아가서 내일의 희망, 예수 안에서 얻지 못하는 희망을 어디에서 얻을 수 있습니까? 우리의 환경은 살아가는 동안에 폭풍이 다가오고 시련이 다가와도 우리는 낙심치 않을 수 있습니다. 좋은 일은 좋아서 좋고 좋지 않는 일은 하나님께서 내일에 좋게 해주시기 때문에 좋다. 하나님을 사랑하는 자 곧 그 뜻대로 부르심을 입은 자들에게는 모든 것이 협력하여 선을 이루게 된다. 지금 나쁘게 보이더라도 나중에는 선하게 된다는 것입니다. 할렐루야. 이렇기 때문에 우리는 절망에서 낙심하지 않습니다. 병들어도 나을 희망이 있고, 못살아도 저주에서 해방될 희망이 있고, 고통 받더라도 위대한 성공이 올 것을 희망할 수 있으며 죽음이 다가와도 영원한 천국에 들어갈 희망이 있는 것입니다. 이러한 희망이 있기 때문에 적극적이고 긍정적이며 진취적이고 승리적인 신앙생활을 하고 살 수 있는 것입니다. 내일의 희망! 이것이 오늘날 이렇게도 어둡고 캄캄한 역사적인, 세계적인 정황 속에서 예수 그리스도 안에서밖에 있을 수가 없습니다. 예수님만이 진취하시고 전능하시며 무소부재 하셔서 어떠한 것도 올바르게 변화시켜 줄 수 있는 좋으신 하나님이시기 때문에 이 좋으신 하나님을 믿고 있는 이상 우리 마음속에 희망이 없을 수가 없습니다. 너희들 중에 누구든지 자식이 떡을 달라 하면 돌을 주고 생선을 달라 하면 뱀을 줄자가 있겠는가? 너희가 악할지라도 좋은 것을 자식에게 줄줄 알거든 하물며 하늘에 계신 너희 천부께서 구하는 자에게 좋은 것을 주지 않겠는가? 좋으신 하나님을 모시는 사람에게 좋은 희망이 있지 아니할 수가 없습니다.

그러므로 오늘 예수 그리스도 안에서 사랑과 평화와 생활의 확신과 내일의 희망을 얻으면 우리는 돈, 지위, 명예, 권세, 좋은 물질적인 환경을 손에 쥐고 이것을 요리해서 이것을 행복으로 이끌어 갈 수 있는 마음속의 자원을 가질 수 있는 것입니다. 그러나 이와 같은 내적인 이 행복의 자원을 우리가 가꾸어야 됩니다. 이를 가꾸지 아니하면 없어지고 마는 것입니다. 내가 한때 교회에서 은혜 받아서 오두막집도 행복하고 부모 자식도 다 행복하고 좋았는데 어느 정도 계속하다가 이것이 사라지고 말았다고 탄식하는 사람이 있습니다. 이는 그에게 행복의 이러한 조건들이 마음속에 성령으로 주어진 것을 가꾸지 않았기 때문입니다. 그러면 내 마음속에 주어진 행복의 조건을 어떻게 가꾸어 나갈 수 있을까요?

첫째, 하나님의 말씀으로 영양을 공급해야 내 속에 주어진 행복의 조건이 가꾸어지는 것이다. 사랑이 주어졌지요. 평화가 주어졌지요. 생활의 확신이 주어졌지요. 내일에 대한 희망이 그리스도 안에 주어졌지요. 그렇다면 이 사랑과 평안과 생활의 확신과 내일의 희망이 하나님의 말씀으로 영양공급이 되어서 이것이 가꾸어져야만 되는 것입니다. 이 세상에 무엇 하나 사람이 가꾸지 아니하고 그대로 훌륭하게 자라지는 않습니다. 가재도구 하나라도 늘 우리가 반질반질하게 닦아서 윤을 나게 해야 그것이 빛나는 것입니다. 이러므로 하나님 말씀을 먹지 아니하고 내적인 행복의 조건이 가꾸어지지 않습니다. 이렇기 때문에 성경은 말씀하기를 사람이 떡으로만 살 것이 아니요 하나님의 입으로 나오는 모든 말씀으로 살 것이라고 말씀하신 것입니다. 이 말씀이 우리 영혼 속에 양식이 될 때 자신 속에 사랑은 자라고, 평안도 자라고, 오늘에 대한 확신도 자라고, 내일에 대한 희망도 자라며 그래서 우리의 행복을 누릴 수 있는 그릇이 30배, 60배, 100배로 성장하게 되는 것입니다.

둘째, 우리는 끊임없이 우리 속을 정결케 해야 된다. 우물을 보십시오. 시골에서 자란 사람은 수돗물을 먹지 않고 우물물을 먹은 경험이 많을 것입니다. 이 우물물이란 것이 일 년에 두세 번 청소를 해야 되는 것입니다. 그러지 않고 큰비가 오고 난 다음 우물물 속을 들여다보면 불그스름한 기름이 떠 있는 것을 보실 수 있으실 겁니다. 그러면 왜 기름이 떠 있는지 아십니까? 우물 속에 애들이 쥐도 죽은걸 갖다 던져 버리고 고양이 죽은 것도 갖다 집어 던져 놓고 신짝도 떨어진 것 갖다 넣어두고 이런 것들이 물밑에 잠겨 있다가 비가 오면 이것이 전부다 우러나서 기름이 되어 떠오르게 되는 것입니다.

그러므로 맑은 우물물을 먹으려면 일 년에 두세 번 반드시 우물 밑을 청소를 해서 올려야 맑고 깨끗한 물을 먹을 수가 있는 것입니다. 이와 같이 맑고, 밝고, 환하고, 좋은 행복과 사랑과 평안과 확신과 희망을 얻으려면 마음속을 말씀과 성령으로 청소해야만 되는 것입니다. 알지 못하는 사이에 마음속에 미움이 들어올수도 있고 이기주의가 들어오며 불안과 공포와 좌절감, 절망 이러한 것들이 들어와서 우리들의 중심을 더럽히고 어지럽게 하고 있습니다. 예수님은 매일 뱃속에서 생수의 강이 넘쳐나가는데 이 뱃속에 이런 더러운 것들이 있어지면 점점 마음이 답답해지고, 기쁨이 사라지고, 소망이 없어지고, 불안해지고, 미움이 들어오게 되는 것입니다. 이러므로 우리는 끊임없이 주님 앞에 엎드려서 성령의 도우심으로 말미암아 죄를 회개해야만 하는 것입니다. 회개하라! 천국이 가까이 왔노라고 하기 때문에 천국은 회개하지 않고는 들어올 수 없는 것입니다. 크고 작은 죄들을 매일 같이 회개하여 청산하는 모두가 되시기를 주님의 앞에서 축원합니다.

셋째, 마귀의 환경적인 부정적 공격을 받아들이지 말아야 할 것이다. 우리의 마음속에 행복을 가져오는 것을 마귀는 끊임없이 방해합니다. 마귀는 우리를 도적질하고, 죽이고, 멸망시키길 원하기 때문에 끊임없이 우리 주위 환경에 있어서 우리에게 부정적인 생각, 부정적인 환경, 부정적인 말을 하도록 만들어 줍니다. 그래서 우리에게 불안, 공포, 절망, 초조로 들어차서 환경 적인 노예가 되게 하는 것입니다. 이러므로 우리는 강하고 담대하게 서서 마귀를 대적해야 하는 것입니다. 눈에는 아무 것도 안보이고, 귀에는 아무소리도 안 들리고, 손에는 잡히는 것 없고 내 삶이 칠흑같이 어두워도 이것을 바라보고, 이것을 받아들이고, 이것을 인정하여 환경의 포로가 되는 이와 같은 연약한 사람이 되지 말아야 될 것입니다. 마귀의 모든 환경적인 사주를 단호하게 예수님 이름으로 물리쳐 버리고 당당하게 일어설 수 있는 사람이 되어야 되는 것입니다.

넷째, 성령으로 충만해야 행복이 보존되는 것이다. 우리가 성령이 우리 뱃속에서 생수가 강같이 넘쳐 나면서 성령 안에서 사랑이 넘쳐 나오고 평안이 넘쳐 나오며 성령 안에서 생활의 확신이 넘쳐 나오며 내일의 희망이 넘쳐 나오는 것입니다. 이러므로 성령이 없이는 이와 같은 일들이 일어날 수 없는 것입니다. 그러므로 성령으로 충만해야 되는 것입니다. 어떻게 해야 성령으로 충만할까요? 기도하지 않고 성령으로 충만해질 도리는 절대로 없는 것입니다. 사람들은 그냥 교회에 와서 의식적으로 형식적으로 교회에 왔다 갔다 하면 성령이 충만해지는 줄 압니다. 그냥 찬송만 많이 부르면 성령이 충만할 줄 압니다. 그냥 말씀만 들으면 성령이 충만할 줄 압니다. 그러나 내가 하나 말하고 싶은 것은 오로지 성령의 힘만은 기도함으로 말미암아서 다가올 수 있다고 하는 것입니다. 기도만이 성령과 우리와의 대화가 이루어지는 것입니다. 성령과의 대화가 끊어지면 멀어집니다.

우리 한국에 이웃사촌이란 말이 있습니다. 아무리 사촌이 좋아도 멀리 있어 대화가 없으니까 남같이 돼 버리고 아무리 남이라도 이웃에 있어 매일같이 대화를 하니까 서로 다정한 사촌이 되 버리고 마는 것입니다. 이와 같이 대화하는 것에서 친해지는 것처럼 성령과 친밀해지기 위해서는 끊임없이 기도에 힘써야 성령으로 충만해질 수 있는 것입니다.

행복이란, 생각하는 것이 아니고 자신 속에 느끼는 것입니다. 행복은 마치 더운 날에 시원한 냇물처럼 마음의 깊은 곳에서 넘쳐 올라오는 것입니다. 심리적인 이해가 아니라 영적인 체험인 것입니다. 이렇기 때문에 행복은 체험하는 것이지 이론적으로 생각하는 것이 아니므로 오늘 행복한 우리들이 되시기를 주님의 이름으로 축원합니다.

충만한 교회는 말씀과 성령으로 성도들을 깨워서 영적인 자립을 하는 것을 목표로 훈련합니다. 하나님께서 부여하신 권능을 사용하여 세상을 장악하게 합니다. 그래서 주일날도 강한 성령의 역사가 일어나는 예배를 드립니다. 예배 시간은 1부 11:00-/ 2부 13:30-입니다. 성령으로 충만 받아 영적인 눈이 열리고 사고가 영적으로 변하는 말씀을 준비하여 교재로 제공하고 설교를 합니다. 기도를 40분 이상 하면서 담임 목사가 일일이 안수하여 성령으로 충만 받도록 합니다. 자신의 영을 자신이 지킬 수 있는 강한 성도가 되게 훈련하고 있습니다.

8장 행복은 예수님 안에 들어가는 것

(살전 5:16~22)"항상 기뻐하라 쉬지 말고 기도하라 범
사에 감사하라 이것이 그리스도 예수 안에서 너희를 향하
신 하나님의 뜻이니라 성령을 소멸하지 말며 예언을 멸시
하지 말고 범사에 헤아려 좋은 것을 취하고 악은 어떤 모양
이라도 버리라"

행복이란 무엇입니까? 우리가 행복이란 말을 많이 사용합니다.
행복하십시오. 행복합니다. 그러면서 행복이 뭐냐고 물으면 멈칫
하고 대답을 못할 때가 많습니다. 행복이란 생활에서 충분한 만족
과 기쁨을 느껴 흐뭇한 마음의 상태를 말하는 것입니다. 기쁨을 느
껴 흐뭇한 마음의 상태를 갖지 못한 사람은 아무리 재산이 많고 지
위와 명예와 권세가 있어도 행복하지 않는 것입니다. 행복해지기
위해서는 환경보다도 마음이 달라져야 하는 것입니다. 우리 마음
에 미운 마음, 불안, 공포를 제거하고 기쁨과 감사가 마음을 채우
기 전에는 행복은 안 다가옵니다. 행복이 머무는 터전이 기쁨인 것
입니다. 마음에 먼저 기쁨이 있어야 그 다음 행복이 자리를 차지하
고 들어올 수 있는 것입니다. 행복의 전령은 기쁨이라는 것을 우리
가 알아야 되는 것입니다. 마음이 기쁨으로 가득한 사람은 물질적
인 환경이 행복하지 않아도 행복에 들어갈 수 있는 조건이 서 있습
니다. 언제든지 행복해질 수가 있는 것입니다. 그러면 어떻게 하면

우리가 행복할 수 있습니까?

첫째, 행복의 근원은 우리 주 예수님이신 것이다. 예수님과 만남을 통해 기쁨을 얻게 되고 행복을 갖게 되는 것입니다. 우리 성경에 보면 사마리아의 수가성 우물가에 한 여인이 물을 길으러 왔습니다. 보통 시골에서 우물가에 물을 길어오면 아침에 와서 아침 짓기 전에 물을 기르고 저녁에 와서 물을 기르지 한낮에 햇빛이 쨍쨍 비치는 대낮에 물 길으러 안 오는데 이 여인은 아침에도 저녁에도 안 오고 쨍쨍 햇빛이 비취니 대낮에 우물가에 오는 것입니다. 그날도 우물가에 물 길어 왔는데 예수님은 우물가에 앉아 계시고 제자들은 음식을 사기 위해서 사마리아 시내로 들어갔습니다. 이 여인이 물동이를 내려놓고 물을 기르려고 할 때 예수님 쳐다보지도 않습니다. 본체만체하는 것입니다. 예수님이 나에게 물을 좀 주시오. 그러니까 깜짝 놀라서 예수님을 쳐다보면서 당신은 유대인이요, 더구나 남자가 아무도 없는 대낮에 물을 좀 달라니 그럴 수가 있습니까? 그때 예수님께서 웃으시면서 이렇게 말했을 것입니다. 물을 좀 달라는 그 사람이 누군지 당신이 알았으면 오히려 물을 좀 달라고 구했을 것이요 그분이 생수를 주었을 것이라고…. 그 여자가 또 받아서 비웃으면서 이 물이 얼마나 깊은데 당신 물 기르는 두레박도 없으면서 무슨 생수를 나에게 준다 말입니까? 예수님이 이 물을 마시는 자는 다시 목마르거니와 내가 주는 물을 마시면 영원히 목마르지 아니할 것이다. 그러면 그 물 나에게 좀 주십시오. 그래서 내가 여기 물 길러 오지도 않고 사람들에게 이야기 거리도 되기 원치 않습니다. 주님이 가만히 그 여인을 바라보면서 하시는 말씀이 남편을 데리고 오시오. 남편이요? 하하하. 남편 흔해 빠진 것이 남편인데…. 그러니까 예수님이 남편으로 데려올 분이 없지요? 지금까지 데리고 산 사람은 5명이나 되는데 다 집어치우고 지금 여섯 번째 데리고 사는데 이번에는 결혼도 안하고 오다가다 만나서 살지 하니까 깜짝 놀랐습니다. 아니, 당신 내 형편을 어떻게 그리 잘 아오? 이제 가만 보니까 당신 선지자인 것 같습니다. 우리 조상들은 이곳에서 예배를 드리고 유대인들은 예루살렘에서 예배를 드린다고 하는데…. 예수님이 아니요, 아니요. 이곳에서도 말고 예루살렘에서도 말고 하나님은 영과 진리로 진심을 다해서 하나님을 찾는 자를 찾습니다. 요사이는 예배를 어느 장소에서 하는 것이 아니라 마음 중심에서 하나님을 예배하는 자가 참 예배를 하는 것입니다. 그것 너무 복잡해서 우리 알아들을 수도 없고 메시아가 오면 그 사실을 다 우리에게 가르쳐 줄 것입니다. 그때 예수님이 하신 말씀이 바로 당신하고 이야기하고 있는 그 사람이 메시아요. 여자가 가만히 쳐다보았습니다. 하나님의 성령이 오셔서 이 여자의 마음을 열었습니다. 갑자기 이분이 영혼을 구원하는 메시아구나 깨닫고 마음에 기쁨이 넘쳐나기 시작했습니다. 우리 주님은 존재가 기쁨인 것입니다. 주님 앞에는 기쁨이 충만하고 그 우편에는 즐거움이 넘치나이다. 그 마음에 기쁨이 넘쳐나서 정신 차릴 수가 없습니다. 그는 물동이를 두고 사마리아 시내로 뛰어 들어가서 외쳤습니다. '여러분~ 와보라! 내가 메시아를 만났다. 내가 행한 일을 다 알고 계시는 그분이 메시아가 아닌가.' 그래서 동리사람들을 떼를 지어 데리고 나왔습니다. 성경에 보면 "여자가 물동이를 버려두고 동네로 들어가서 사람들에게 이르되 내가 행한 모든 일을 내게 말한 사람을 와서 보라 이는 그리스도가 아니냐 하니 그들이 동네에서 나와 예수께로 오더라"(요 4:28~30)

예수님께서 우리에게 특별히 강조해서 말씀하신 것은 요한복음 7장 37절로 38절에 "누구든지 목마르거든 내게로 와서 마시라" 세상의 물이 목마른 것이 아닌 것입니다. 평안이 목마르고 기쁨이 목마르고 화해가 목마르고 희망에 목마른 사람은 이 마음에 갈급함이 있는 사람은 주님께로 와서 말씀을 들으면 주님께서 생수를 주실 것이고 "나를 믿는 자는 성경에 이름과 같이 그 배에서 생수의 강이 흘러나오리라" 생수의 강이 넘쳐나겠다는 것입니다. 우리가 예수 믿고 마음에 생수의 강을 얻는다는 것은 당연한 이치인 것입니다. 예수님이 마음속에 들어오면 전에 느끼지 못하던 기쁨을 느끼고 즐거움을 느끼게 될 것인 것입니다. 그런데 항상 예수님을 믿으면서도 예수님과 거리가 두어지는 것은 우리가 미움이 있을 때 그러한 것입니다. 주님은 사랑인데 미움은 마귀의 표상인 것입니다. 우리가 미움이 들어오면 기쁨도 사라지고 행복도 사라지는 것입니다. 미움을 잘 처리해야 행복을 마음속에 누릴 수 있는 것입니다. 이웃을 용서하지 않을 때 미움은 예수님과의 사이를 멀어지게 하고 우리 맘에 기쁨을 빼앗아가서 행복이 사라지는 것입니다.

누가복음 6장 27절로 28절로 37절에 보면 "너희 듣는 자에게 내가 이르노니 너희 원수를 사랑하며" 이게 힘든 조건을 하나님이 말씀하시는 것입니다. 원수를 미워하며 하시면 참 좋겠는데 너희 원수를 사랑하며…. "너희를 미워하는 자를 선대하며 너희를 저주하는 자를 위하여 축복하며 너희를 모욕하는 자를 위하여 기도하라 비판하지 말라 그리하면 너희가 비판을 받지 않을 것이요 정죄하지 말라 그리하면 너희가 정죄를 받지 않을 것이요 용서하라 그리하면 너희가 용서를 받을 것이요"

읽기는 쉬워도 행하기는 얼마나 힘든지 모릅니다. 우리가 원수를 사랑할 수 있나요? 힘듭니다. 우리 미워하는 자를 좋게 대접하고 우리를 저주하는 자를 오히려 축복을 해주고 모욕하는 자를 위해서 잘되라고 기도해주고 우리를 자꾸 비판하는 사람을 비판하지 않고 정죄하는 자를 같이 따라서 정죄하지 않고 용서해주면 그 사람은 진실로 이웃을 사랑하는 사람인 것입니다. 이러한 사람의 마음속에 기쁨이 머무는 것입니다. 이 세상에 우리가 어떻게 삽니까? 용서하면서 살아야지 비평하고 판단하고 손가락질하고는 살지 못합니다. 죄 안 짓는 사람 누가 있습니까? 전부 죄를 짓기 때문에 내 죄를 용서받기 원하면 이웃의 죄도 용서해줘야 되는 것입니다.

둘째, 우리가 기쁨을 얻을 수 있는 것은 예수님의 고난의 의미를 깨닫게 될 때 기쁨을 얻게 되는 것이다. 예수님 고난당한 것 자기 위해서 고난당한 것 아니고 우리를 위해서 고난당한 것이거든요.

"그가 찔림은 우리의 허물 때문이요 그가 상함은 우리의 죄악 때문이라 그가 징계를 받으므로 우리는 평화를 누리고 그가 채찍에 맞으므로 우리는 나음을 받았도다. 우리는 다 양 같아서 그릇 행하여 각기 제 길로 갔거늘 여호와께서는 우리 모두의 죄악을 그에게 담당시키셨도다"(사 53:5~6). 주님이 2천 년 전에 오셔서 법적으로 우리들을 향한 죄악을 전부 담당하신 것입니다. 그래서 예수 십자가를 우리가 바라보면 몸 찢고 피 흘린 그 피가 외쳐 말합니다. "너희 일생의 죄를 내가 다 청산했다. 일점일획도 남김없이 다 청산해서 너의 죄를 한 번도 안 지은 사람처럼 취급을 받고 하나님 앞에 담대하게 설 수 있다." 그러므로 예수 이름만 부르면 담대하게 하나님 앞에 설 수 있는 것입니다. 용서받고 의롭게 되었고 성결과 성령 충만을 주님 십자가 때문에 얻게 되었으며 주님께서 우리 연약한 것을 친히 담당하시고 병을 짊어지고 가셨습니다. 이 세상에 병 안든 사람 누가 있습니까? 다 병들지요. 그런데 그 병을 예수님이 다 짊어지고 가셨다니 예수님께 의지하면 예수님이 건강을 주시겠다고 말씀하시거든요. 병에서 치료받고 건강을 얻을 수 있으며 우리가 저주에서 고난당하며 땀을 흘리며 먹고 살아도 낭패에 낭패를 당하고 실망하는 사람 많습니다. 그런데 알아야 될 것은 자신의 실패는 주님이 책임졌습니다. 가시와 엉겅퀴를 주님이 자기 몸에 받아서 십자가에 올라갔지 않습니까? 예수님께 의지해서 눈에는 아무것도 안보이고 귀에는 들리는 것 없어도 나는 저주에서 해방된 것을 알아야 되는 것입니다. 한번 따라 말씀하세요. 나는 삶의 저주에서 해방되고 아브라함의 복을 받은 사람이다. 복된 사람이에요. 복 없는 사람이 아닌 것입니다. 저주에서 해방되어 의인이 된 사람이고 그 무엇보다도 영생을 얻어서 주님과 함께 천국에서 영원히 살 것인 것입니다. 우리가 지금은 이 세상에서 복잡하게 살지만 인연을 다 끊어버리고 이 육신의 장막집 떠나서 저 세상으로 건너갈 때 천국이 없다면 삶의 모든 것이 절망 아닙니까? 또 저 세상이 있는데 구원받지 못하고 지옥으로 떨어진다면 그 또한 절망적인 것이 아닙니까? 예수님은 죽었다가 부활하심으로 죽고 난 뒤에 생명이 있는 것을 여실히 보여 주셨고 우리들을 데리고 천국 영원한 곳에 들어가서 살 것이니 기대가 큰 것인 것입니다.

그러므로 주님은 십자가를 통해서 우리에게 말로 다할 수 없이 귀한 것을 약속해 주셨습니다. 믿음이 약해지고 소망이 사라지려고 할 때는 언제나 무릎을 꿇어 십자가 앞에 나가서 십자가에서 주님께서 주신 이 축복을 계산해봐야 되는 것입니다. 죄가 거룩함이 다 용서함 받고 죄를 용서함 받고 허물을 용서함 받고 병이 낫고 저주에서 해방되고 영생복락을 얻게 된 것을 생각하고 그것이 나라는 것을 지적하게 되면 아무 곳에 희망을 갖지 못해도 십자가에 희망을 가질 수가 있는 것입니다. 그래서 전인구원을 느낄 수가 있는 것입니다.

주님께서 우리를 외롭게 이 세상에 버려놓지 아니하고 보혜사 성령을 보내 주신 것입니다. 내가 아버지께 구하겠으니 그가 또 다른 보혜사를 주겠다. 다르다는 뜻이 두 가지가 있는데요. 알로스라는 말이 있고 헤테로스라는 말이 있습니다. 우리 한국말로는 다 똑같이 다르다고 해석하는데 알로스라는 말은 똑같은 다른 것을 말하는 것입니다. 조금도 틀리지 않습니다. 모습과 내용이 다르지 않는데 이것 하나 하면 이것하고 그 다음은 알로스 다른 것입니다. 그러나 헤테로스라는 말은 다 다릅니다. 남자가 여자와 다른 것처럼 다릅니다. 서양과 동양이 다른 것처럼 다릅니다. 그때는 헤테로스라는 말을 쓰는 것입니다. 그런데 이 예수님이 말하기를 알로스 파라클레토스. 나와 똑같은 보혜사를 보내겠다. 보혜사란 뭐냐. 아버지께로 보내심을 받아 우리를 돕기 위해서 항상 함께 계신 자를 보혜사라고 하는 것입니다. 예수님처럼 성령은 우리와 같이 있어서 예수님과 똑같은 일을 하신다는 것입니다. 우리 가난한 자에게 소망을 주시고 마귀와 죄악과 세상에 포로된 자를 자유롭게 하시고 영적인 눈이 어두운 사람을 눈 띄워서 천국을 보게 해주시고 스트레스 받아서 온갖 병에 걸린 사람 스트레스에서 해방을 얻게 해주시고 그리고 자격 없는 사람이 믿음으로 구원받는 일을 가르쳐 주시는 이 역사를 성령께서 계속하고 계신 것입니다. 그러므로 성령은 예수님과 똑같습니다. 구약 4천년 동안은 하나님의 시대이고, 신약 33년 동안은 아들의 시대이고, 신약 이후에 오늘은 누구 시대입니까? 성령님이 역사하시는 교회시대입니다. 성령이 우리들과 같이 계시고 떠나지 않고 계신 것입니다. 성령을 통해서 우리는 진리를 깨달아 알게 되는 것입니다. 성령께서 우리들을 성전되게 하시고 행복한 삶을 누리게 하시는 것입니다.

요한복음 14장 16절로 18, 26절에 "내가 아버지께 구하겠으니 그가 또 다른 보혜사를 너희에게 주사 영원토록 너희와 함께 있게 하리니 그는 진리의 영이라 세상은 능히 그를 받지 못하나니 이는 그를 보지도 못하고 알지도 못함이라 그러나 너희는 그를 아나니 그는 너희와 함께 거하심이요 또 너희 속에 계시겠음이라 내가 너희를 고아와 같이 버려두지 아니하고 너희에게로 오리라 보혜사 곧 아버지께서 내 이름으로 보내실 성령 그가 너희에게 모든 것을 가르치고 내가 너희에게 말한 모든 것을 생각나게 하리라"

　이래봬도 하나님께서 사랑하셔서 돕는 자 성령님을 보내 주셔서 성령님이 우리들과 항상 함께 계시는 것입니다. 어려울 때 엎드려 기도해 보십시오. 여러 가지 지혜의 말씀, 지식의 말씀, 영분별의 은사 이런 것이 머리에 떠오르기 시작하는 것입니다. 저도 설교할 때 저의 지혜와 총명으로 설교하지 않습니다. 설교하면서 성령님께 귀를 기울이고 있습니다. 지금 책을 쓸 때도 성령님께 집중하고 있습니다. 제가 지금 이 말하면서도 마음속에 성령이여 내게 말씀하시옵소서. 그러면 내 생각이 사라지고 성령의 생각이 떠오르게 되면 성령의 생각을 받아서 전달하게 되고 성령은 기쁨을 주시고 평안을 주시는 것입니다. 성령은 자기를 들어내지 않습니다. 고요하고 잠잠하게 없는듯하면서 자신 속에서 계셔서 지혜와 총명, 모략과 재능 이런 은사를 주셔서 이끌어 가주시는 것입니다. 그러므로 성령을 모실 때 마음이 기뻐지는데 성령이 있음을 알아야 되는 것입니다.

로마서 8장 26절로 27절에 보면 "이와 같이 성령도 우리의 연약함을 도우시나니" 잘못한다고 예언한다고 짓누르는 것이 아니라 도우시나니 "우리는 마땅히 기도할 바를 알지 못하나 오직 성령이 말할 수 없는 탄식으로 우리를 위하여 친히 간구하시느니라. 마음을 살피시는 이가 성령의 생각을 아시나니 이는 성령이 하나님의 뜻대로 성도를 위하여 간구하심이니라"

고린도전서 2장 9절로 10절에 "하나님이 자기를 사랑하는 자들을 위하여 예비하신 모든 것은" 하나님이 예비했습니다. 우리들이 필요한 것을 하나님은 천년, 만 년 전에 이미 예비해 놓았어요. 하나님 예비는 지금 성급하게 예비하는 것이 아닙니다. 천년, 만 년 전에 필요한 것을 예비해 놓았어요. 어려운 시련을 겪고 막다른 골목에 처하면 하나님 쳐다보십시오. 아버지, 예비한 것을 보여 주시옵소서. 하나님 미리 아시고 예비하시는 하나님이신 것입니다. 여기에도 예비하신 모든 것은 "눈으로 보지 못하고 귀로 듣지 못하고 사람의 마음으로 생각하지도 못하였다 함과 같으니라. 오직 하나님이 성령으로 이것을 우리에게 보이셨으니 성령은 모든 것 곧 하나님의 깊은 것까지도 통달하시느니라"성령께서 여기와 봐…. "여기 하나님이 너를 위해서 예비해 놓으신 것이다. 참 희한합니다." 하나님은 우리들을 위해서 미리 아시는 고로 미리 예비해 놓아서 어려움에 처해서 어찌할지 모르고 당황할 때 예비한 것을 보여주시는 것입니다.

요나가 하나님이 가라는 곳을 안 가고 다시스로 배를 타고 도망

치다가 풍랑을 만나서 뱃사공과 배의 손님들이 요나를 물에 던질 때 그는 죽었다고 생각했는데 하나님이 벌써 알고 요나를 삼킬 물고기를 예비해 놓은 것입니다. 예비해 놓은 것입니다. 하나님이 우리들의 삶을 예비해 놓고 기다리고 있습니다. 필요하면 그 예비한 것을 우리들을 위해서 나타내 보여주시는 것입니다. 너희는 내게 부르짖으라. 내가 네게 응답하겠고 크고 알지 못하는 은밀한 것을 보여주리라고 말씀하신 것입니다. 우리 하나님께서 성령을 보내주신 것만 해도 기뻐하고 행복할 수 있는 이유가 되는 것입니다.

셋째, 예수님께서 기뻐하시는 일을 우리가 하면 예수님이 기뻐하신다. 우리 인생을 살면서 예수님 기뻐하시는 일을 우리가 늘 행하면서 살아봐야 하는 것입니다. 먼저 예수님을 사랑할 때 우리 마음속에 참 기분이 좋습니다. 예수님을 사랑하게 되면 예수님이 마음에 사랑을 주시고 기쁨을 주시는 것입니다. 예수님을 어떻게 사랑하느냐. 사랑하게 되면 그 사랑하는 사람의 말에 귀를 기울이게 되고 말을 지키게 돼요. 예수님을 사랑하게 되면 주의 말씀을 듣기를 원하고 성경말씀을 읽기를 좋아하고 설교말씀 듣기를 좋아하는 것입니다. 말씀을 가까이 하면 예수님을 사랑하는 것이 되는 것입니다. 그 다음 또 사랑하면 어떤 일이 생깁니까? 사랑하는 사람을 위해서 희생적으로 좋은 것을 주고 어려운 일을 해드리고 싶습니다. 사랑을 하는 부모님이 자식을 위해서 뭘 좋은 것 안 해주겠습니까? 어려운 일도 다 맡아서 해주기를 원하십니다.

부부간에도 정말 사랑하면 줘야 돼요. 사랑하면서 안 주고 뒤에 숨겨놓고 사랑한다면 그것은 사랑이 아니지요. 성경은 뭐라고 말합니까? 하나님이 세상을 이처럼 사랑하사 어떻게 했다고요? 독생자를 주셨으니. 줘야 됩니다. 조금 주면 조금 사랑하는 것입니다. 많이 주면 많이 사랑하는 것입니다. 다 주면 온통 사랑하는 것입니다. 그러나 예수님을 사랑하면 예수님 위해서 주일날 아무리 일이 바빠도 온통 주일날을 예수님을 위해서 드려야 되는 것입니다. 주일은 하늘의 복을 받는 날입니다. 성도에게 아주 중요한 날입니다. 주일을 통하여 하늘의 신령한 양식을 공급받는 것입니다.

하나님이 율법을 지키라는 것, 그 목적이 우리들의 행복을 위해서 그렇게 한다는 것입니다. 우리들이 더 잘 살기 위해서 주님이 그렇게 한다는 것입니다. 성경에도 "너희는 먼저 그의 나라와 그의 의를 구하라 그리하면 이 모든 것을 너희에게 더하시리라"(마 6:33)고 말한 것입니다. 우리 하나님 믿는 사람들은 하나님이 우리의 부모요, 우리에게 행복을 주기를 원하신다는 것을 알고 강하고 담대하게 주님이 하라는 대로 순종해야 되는 것입니다. 그리고 또 예수님이 기뻐하시는 일이라는 것은 좋은 것을 이웃과 나눌 때 하나님이 기뻐하시는 것입니다. 주는 것이 받는 것보다 좋습니다. 우리도 세상에 살아보면 줄 때가 참 행복해요. 받을 때는 받으니까 좋지요. 그러나 줄 때보다 못합니다. 남이 자신을 위해서 무엇을 정성으로 해주거든 좀 과장하게 고맙다고 말을 하십시오. '아이 좋다. 아이 고맙다. 아이 감사하다.' 그러면 주고 난 다음에 배로 더

기분이 좋습니다. 주는데 그래하고 받고 그냥 돌아서면 '에라 빌어먹을 안 줄 것 가지고서 괜히 줬다.' 그런 생각이 납니다. 그러므로 받으면 흥감을 좀 떨면서 좋다고 하면 좋은데 사람들이 그것을 안 하는 것은 열등의식이 마음에 들어오기 때문에 내가 주지 못하고 받는다는 열등의식 때문에 그렇게 떠들썩하게 하지 않습니다. 그러나 열등의식이 무슨 필요가 있습니까? 나를 사랑해서 주는 사람에게 고맙다고 아주 흥감을 떨고 나면 그 사람 나중에 더 주기를 원하니까 나중에 더 받을 생각하고 좀 감사를 해야지요. "하나님도 감사로 제사를 드리는 자가 하나님을 영화롭게 하나니 그 행위를 옳게 하는 자에게 구원을 보이시겠다"고 하셨는데 하나님께도 은혜 받고 너무 감사하다고 감사해서 뛰고 구르고 하면 하나님이 나중에 더 줘야지. 주라 그리하면 너희에게 줄 것이니 곧 후히 되어 누르고 흔들어 넘치도록 하여 너희에게 안겨 주리라. 하나님은 반드시 30배, 60배, 100배가 되어서 우리에게 주는 것입니다.

그러므로 예수님이 기뻐하시는 일은 좋은 것을 이웃과 나눌 때 예수님이 기뻐하시는 것입니다. 우리가 나중에 영원한 천국에 갔을 때 주님께서 우리 만나서 심판할 때 이렇게 말할 것입니다. "내가 주릴 때에 너희가 먹을 것을 주었고 목마를 때에 마시게 하였고 나그네 되었을 때에 영접하였고 헐벗었을 때에 옷을 입혔고 병들었을 때에 돌보았고 옥에 갇혔을 때에 와서 보았느니라"(마 25:35~36). 그러니까 예수 잘 믿은 의인들이 언제요? 우리가 주님 보았습니까? 우리는 주님 굶주린 것도 못 보았고, 목말랐을 때

물을 주지 않았고, 나그네 된 주님도 못 보았고, 헐벗은 주님도 못 보았고, 병들은 예수님도 못 보았고, 옥에 갇힌 것도 못 보았는데요? 그러면 예수님이 말씀하실 것입니다. "이 조그마한 내 제자 나를 믿는 이 이름 없는 이들을 위해서 해준 것이 나를 위해서 해준 것이다. 네가 내 체면을 세워주고 내 사랑을 전달해 주었으니 내게 해준 것이다. 그러므로 내가 은혜에 대해서 이제 갚겠다." 그렇게 말씀하시는 것입니다. "너희가 여기 내 형제 중에 지극히 작은 자 하나에게 한 것이 곧 내게 한 것이라." 그러므로 우리가 선을 베푸는데 꼭 예수님께 못 베풀었다 하더라도 지극히 적은 자 한 사람에게 선을 예수 이름으로 베푼 것은 예수님께 직접 선을 행한 것과 같은 것입니다.

또 우리가 남을 행복하게 하면 자기가 행복해지는 것입니다. 우리도 영혼이 잘됨같이 범사에 잘되며 강건하게 되고 모든 일에 항상 모든 것이 넉넉하여 모든 착한 일을 넘치게 하게 될 때 더 많이 이웃을 도와주면 더 많이 행복해지는 것입니다.

성령의 불 받는 주일 예배에 참석해보시기를 바랍니다. 충만한 교회는 매주 주일 10:50-15:20까지 성령의 불을 받는 예배를 드립니다. **대상은** 성령의 불 받기 원하는 분. 성령세례 받으실 분. 방언기도를 받고 싶은 분. 성령의 은사를 받을 분. 불치병을 치유 받고 싶은 분. 마음상처를 치유 받을 분. 내면세계 정화하여 평안 찾고 싶은 분. 귀신을 쫓아내고 싶은 분. 등입니다. 한번만 참석하시면 눈으로 보시며 몸으로 체험하실 것입니다.

9장 행복은 주님의 사랑을 체험하는 것

(시16:11)"주께서 생명의 길을 내게 보이시리니 주의 앞
에는 충만한 기쁨이 있고 주의 오른쪽에는 영원한 즐거움
이 있나이다."

행복은 하나님의 은혜 안에서 오는 것인데 주님의 사랑을 입는
것이 행복입니다. 진정한 행복은 예수 그리스도를 믿을 때 가질 수
있으며, 진정한 행복은 주님의 사랑을 받고 그 사랑을 보여주는 진
실한 사랑을 할 때 소유하게 됩니다. 따라서 가족사랑, 이웃사랑,
남녀 간의 사랑의 뿌리와 열매는 주님의 사랑에 있다는 것을 깊게
깨닫는 그리스도인이 되어야 합니다. 주님의 사랑을 입는 것이 참
행복입니다.

첫째, 하나님이 허락하지 않으시면 참된 행복은 얻을 수 없다.
참된 복은 위에서 주님이 주십니다. "주님은 나의 복이시다, 주님
은 나의 행복이시다, 주님은 나의 기쁨이시고 즐거움이신데 영원
한 참된 기쁨이 주님이시고 주님과 함께 있음, 주님께 가까이 함이
내게 복이라!" 많은 사람이 행복을 원하는데 무엇 때문에 삽니까!
물으면 행복을 위해서 살고 열심히 땀 흘려 사는 것도 행복하려고
하는데 진짜 행복을 모르고 참된 행복, 이 큰 행복, 영원한 행복을
모르면서 행복을 얻기 원하는 인생들입니다. 행복하기 원하고 행

복에 대한 정보를 얻기 원하나 모든 지혜와 지식의 근원되신 하나님, 행복의 원천이신 하나님을 알지 못하면 참된 행복을 알지 못하고 주님으로부터 참된 행복을 얻을 수가 없습니다.

솔로몬의 경험처럼 행복을 얻으려고 살았지만 헛되고 헛됩니다. 참된 행복이 아닌 것을 위해서 그렇게 수고하고 자기 눈에 보기 좋은 것을 다 해보았어도 그것은 가짜였다는 것입니다. 그러니 만족도 없고, 보람도 없고, 소망도 없고, 영원하지도 않고, 진짜 행복의 그림자만 쫓다가 그림자 나라에서 그림자 행복을 쫓다가 시간을 다 보내버립니다. 더 안타까운 것은 죄악세상에서 죄만 잔뜩 짓고 이 땅을 떠나서 심판을 받아야 하는 인생입니다. 악인(불신자)에게는 행복을 허락하지 않습니다.

에덴에서 범죄한 인생이 쫓겨났듯이 범죄한 인생이 혼자 노력하든, 두 사람이 노력하든, 전 인류가 노력해도 하나님이 허락하지 않으니 참된 행복은 얻을 수 없습니다. 참된 복은 위에서 주님이 내려주시기 때문입니다. 아이러니하게 과학이 발달할수록 사람들은 더 스트레스 받고 외롭다고 하고 사납고 더 고통 받고 죽이고 미워합니다. 생명의 주인이 우리에게 생명을 주셨듯이 복은 주님이 주셔야 합니다. 그래서 "다시 주님과 화목하고 주님의 은총을 입으니 그리스도 안에서 죄사함을 받고 하나님의 아들딸들이 되어 드디어 하나님의 총애를 받게 되니 의와 평강과 희락이라!"

드디어 주님과 바른 관계가 되니 주님 밖에서 얻고자 했으나 얻지 못하다 주님의 사랑을 받으니 행복하고 영원히 행복하게 해주시는 것이니 소망이 생겼습니다. 지금 행복은 다가 아니라 영원한 행복을 위해 주신 맛보기이니 그 소망으로 즐거워합니다. 세상소망은 이루어질 수도 있고 안 이루어질 수 있으나 이 소망은 주님이 계획하졌은즉 주님이 말씀하였은즉 반드시 이루어집니다.

착한 일을 시작하신 하나님이 죄로 말미암아 잃어버린 행복을 되찾아 주시려고 독생자 예수님을 통해서 구원해주시고 성령을 통해서 더 존귀한 자가 되게 해주시면서 행복을 얻도록 해주십니다. 사도바울께서 이 보배를 가졌으니! 믿는 자는 영생을 가졌으니! 영원히 행복한 복을 그리스도 안에서 성령 안에서 그만큼 소유하고 있습니다. 하나님의 사랑을 행복을 얻되 더 풍성히 얻게 하려 하심이라! 복의 근원, 만복의 근원 하나님, 모든 행복을 가지시고 누리시고 계신 하나님이, 하나님이 누리시는 행복에 참여시켜 주십니다.

둘째, 행복을 입지 않으면 인간은 만족하지 않게 되어 있는데 하나님이 행복이고, 하나님의 나라가 행복이고, 하나님의 사랑이 행복이다. 이렇게 하나님을 모르는 사람에게 말하면 선뜻 믿겠습니까! 이는 경험한 사람들이 압니다. 속고 사는 사람들인데 지금도 부자 되어야 행복하다고 부자 되려고 하고 명예를 누려야 행복다고 하는데 누려 봐도 행복이 없습니다.

마귀가 영적인 진리를 믿도록 놔두지 않는데 이는 영원하고…. 이것이 진짜이고 지극하고 영원합니다. "주께서 생명의 길로 내게 보이시리니 주의 앞에는 기쁨이 충만하고 주의 우편에는 영원한 즐거움이 있나이다." 우리가 믿는다는 것은 이 사실을 믿는다는 것인데 하나님의 은혜, 하나님의 말씀, 주님의 약속을 믿는 것인데 하나님을 믿으니 또 나를 믿으라고 하시고 너희를 위해 처소를 예비하러 간다고 하시면서 행복의 저택을 나라를 시설을 영원히 하나님과 행복을 누릴 구체적인 나라를 장소를 예비하러 가신다고 하셨습니다. 여기에서도 사람들이 놀이공원에 가서 기구도 타고 하면서 행복을 누리듯이 가만히 있으면 행복한 것이 아니고 스포츠도 즐기면서 행복하다고 하듯이 주님이 거기서 모든 것을 예비하신다는 것이 평범한 집을 예비하신다는 것이 아닙니다.

셋째, 행복은 하나님의 은혜 안에서 오는 것인데 신의 은총을 입고 주님의 사랑을 입은 것이 행복이다. 이것이 보배로운 행복입니다. 행복은 하나님의 은혜 안에서 오는 것인데 신의 은총을 입고 주님의 사랑을 입은 것이 행복입니다. 이를 성령 안에서 경험하는데 주님께서 주신 평안은 세상이 주는 것과 같지 않습니다. 여기에서 맛만 봐도 행복한데 그날은 어떻겠습니까? 이런 행복을 우리 힘으로는 도저히 얻을 수 없는 영원한 행복, 행복한 신분, 하나님 나라의 아들들, 왕 같은 제사장인 신분의 행복이 있는데 죄인은 영원히 형벌 받아야 하는데 날마다 호의호식한들 그 순간의 행복이 무슨 행복이겠습니까?

이 행복은 하나님의 사랑이 성령을 통해서 우리가운데 임함으로 그 사랑을 입음으로 지금부터 영원까지 행복하고 그 은혜를 입을수록 행복 자가 됩니다. 그만큼 사랑만큼 행복한데 하나님의 사랑이 존귀케 해주시고 영화롭게 해주시면서 더 행복하게 해주십니다. 이 행복은 지금부터 영원까지 행복이고 이것이 참된 행복입니다.

"당신은 사랑받기 위해 태어난 사람, 이 행복을 얻기 위해 태어난 사람," 하나님이 자기의 영원한 영광을 누리게 해주실고 그리스도 안에서 부르셨는데 영원한 행복이 영원한 사랑 같은 말입니다. 주님은 우리를 영원토록 사랑해주시고 영원토록 총애해 주시려고 하시는데 이 복을 주시려고 하십니다. 이 은혜는 주님 안에서 주님의 뜻대로 섬김으로 얻을 수 있는 복입니다. 주 밖에는 이런 복이 없습니다. 종교는 다 같은 것이라고 하는데 모르는 말입니다.

어떤 종교나 믿어도 이런 복을 주는 것이 아닙니다. 창조주의 영광에 들어가는 것이 아닙니다. 주님이 가지신 몸을 입고, 하나님이 앉으신 보좌에 앉고, 하나님의 아들딸들이 되어 상을 얻고, 하나님이 누리는 영광을 다 얻는 것이 아닙니다. 결과를 보면 아닙니다. 오래 살고 싶고 이 땅에서 고생했으니 죽어서는 행복해지고 싶은 생각은 있지만 그들의 소원은 이루어지지 않고 주님 앞에서 주님 우편에서 주님의 은혜를 입어야 합니다.

죄 사함을 받고, 예수님을 하나님의 아들로 믿고, 성령 안에서 섬김으로 영광으로 영광에 이르고 해야 하는데 어찌 다 같습니까? 선과 의도 다 다른데 우상 숭배하는 것은 의가 아닙니다. 하나님을 경외해야 하고 성삼위 하나님 외에 다른 신을 섬기면 우상이 되는

데 복은 주님이 주시는데 우상을 섬기는데 복을 주시겠습니까? 행복하고자 하는 의도나 사상은 맞는데 행복도 우리 주님이 알려주셔서 아는데 주님과 함께 그의 나라에서 영원한 아들 딸 신부 친구가 되고 사랑의 동반자 연인이 되어서 영원토록 주님이 누리시는 누림에 참여되는 행복인데 사람이 생각할 수 없는 것입니다. 그저 영생, 영원히 살았으면 하고 영원히 행복하게 살았으면 하는데 구체적으로 무엇이 행복인지 모릅니다. 그저 병들지 않고 성가시지 않고 영원히 살았으면 하는데 확신도 없고 그저 가냘픈 기대이고 자기들의 섬기는 신들이 준다는 확신도 없습니다.

넷째, 우리가 주인으로 모시는 주님은 특징 중의 하나는 아주 분명하고, 확실하고, 지금도 체험하고, 어마어마하게 크다. "기록된 바 하나님이 자기를 사랑하는 자들을 위하여 예비하신 모든 것은 눈으로 보지 못하고 귀로도 듣지 못하고 사람의 마음으로도 생각지 못하였다 함과 같으니라."(고전2:9). 그러니 성도들에게 성경에 있는 것을 그대로 말해도 긴가민가하고 잘 안 믿는데 이렇게 큽니다. 이것이 주님의 사랑입니다. 사랑의 깊이 넓이를 측량할 수 없다는데 그렇게 사랑하시니 그렇게 행복하게 해주시고 천국은 행복하게 해주기 위한 시설들입니다.

다섯째, 천국은 영원토록 행복하게 해주시기 위한 행복의 나라이고 사랑의 왕국이다. 영광의 주께서 그 행복을 우리와 함께 누리고 싶어 하십니다. 영원토록 그토록 행복하게 해주시기 위한 행복의 나라이고 사랑의 왕국입니다. 영광의 주께서 그 행복을 우리와 함께 누리고 싶어 하십니다.

그것도 우리와 함께 누리고 싶어서 그토록 희생하시면서 까지 이해하지 못한 우리를 설득시키며 깨닫게 하시고 세상 것이나 바라보고 고통스럽지 않게 건강하게 살았으면 하는 소망도 잘 안 이루어지는 그런 소망을 가진 우리들에게 위를 바라보라고 약속하신 것을 말씀하시면 쉽게 믿어지겠습니까? 성령으로 하나님의 사랑도 받게 되고 사랑이 믿어지게 하는데 그 사랑이 영화롭게 하시는데 그것이 행복입니다. 영화롭게 되는 것이 행복입니다.

그 사랑과 영광과 행복! 인간끼리 사랑이 아니라 하나님과 사랑, 하나님이 주신 영예와 하나님나라에서 영예, 그로 말미암아 사랑과 영광 안에서 누릴 수 있는 지극히 큰 영원한 행복인데 이것이 사람들이 머리에서 생각이나 하겠습니까? 이 행복이 하나님께 있고, 하나님의 나라에 있고, 여기에서 주의 나라를 위해 충성한 자에게 주시는데 이 나라를 주시려고 이 땅까지 오셔서 희생하신 것입니다. 죄인에게는 이런 생명의 은혜, 영광의 은혜가 허락이 안 되는데 그래서 이기는 그에게는 생명나무의 과일을 먹게 하십니다. 생명! 그 안에 행복이 있고, 영광이 있고, 기쁨이 있고, 모든 것이 들어있는 실지로 열매도 있고, 그것들을 상징하기도 하고, 대표하기도 하고, 표상하기도 하는데 여러 가지 의미가 있습니다.

생명, 생명의 면류관, 생명의 과실! 다 비슷한 말입니다. 그것을 뭐 하러 얻습니까! 행복하니까. 주님이 그것을 통해서 우리에게 행복을 주려는 것입니다. (요15:11)"내가 이것을 너희에게 이름은 내 기쁨이 너희 안에 있어 너희 기쁨을 충만하게 하려함이니라." 주님은 구약에서도 말씀을 주실 때 너의 행복을 위하 여라고 하셨습니다. 그래서 생명을 택하라! 너는 행복자로다, 너 같은 큰 구원을 받은 민족이 어디에 있느냐, 너 같은 큰 은혜를 받은 자가 어디에 있느냐, 큰 행복자로다!

여섯째, 환경이 좋은 것이 복이 아니고 내 영혼이 은총을 입어야 한다. 그런데 예수님을 믿는 자들도 행복이 환경에 있는 줄 아는데 라오디게아교회가 그렇다면 부러움의 대상이 되겠지만 주님은 그들은 행복하지 않고 불행하다고 하셨습니다. 영혼이 눈멀고 가련하고 헐벗었는데 무슨 복입니까? 내 영혼이 은총을 입어야 합니다. 그렇지 않으면 사울이 궁전에 살아도 불행한 것입니다. 악신이 번뇌케 하고, 하나님은 버리셨고, 하나님과 기도생활도 안되고, 늘 다윗이나 죽이려고 쫓아다니고 하는데 행복합니까! 겉으로는 권세 있고 부럽겠지만 불행한 자입니다. 솔로몬도 자기가 하고 싶은 것은 다하고, 즐기고 싶은 것은 다 즐기고, 가지고 싶은 것은 다 가지고 있어도 헛되고 헛되다고 했습니다.

주님을 믿었는데 일천번제 드리며 주님을 믿었는데 주안에서도 환경은 아니라는 것입니다. 이 땅의 것이 다 불행하다는 것이 아니라 만나를 한 오멜씩 거두었듯이 주님이 원하는 만큼만 거두고 영적인 것에서 은혜와 지식에 자라가라고 하셨습니다. 먹을 것과 입을 것이 있은즉 족한 줄로 여기라고 하는데 영적인 것은 구하지 않고 세상 것만 구하니 안 기뻐하신 것입니다. 여러 해 쓸 것을 쌓아놓기 위해 창고를 지은 사람처럼 많은 부를 쌓아놓았어도 행복이 아니고 영원한 복도 아닙니다.

일곱째, 세상 것을 얻는데 시간 보내지 말고 영원한 것을 쌓기 위해 시간을 보내고 마음을 쓰고 힘을 다해야 한다. 그런 것을 쌓는데 시간 보내지 말고 영원한 것을 쌓기 위해 시간을 보내고 마음을 쓰고 힘을 다하라는 것입니다. 주 너희 하나님을 사랑하는데 목숨을 다하고, 성품을 다하라는 것인데 이 행복이 영원하니 이 행복을 얻으려고, 그 복스러운 소망을 얻으려고, 그 영광을 바라고 즐거워하고 지극히 크고 중한 영광을 얻으려고 주님과 함께 고난도 받고 그래야 주님과 함께 영광에 참여됩니다. 아버지께서 약속하신 것 보배롭고 지극히 큰 약속을 얻으려고 해야 합니다. 신분도 전혀 다른 신분이듯이 행복에 대한 생각도 진리도 전혀 다릅니다.

전에 유익하던 것, 전에 행복하다고 생각한 것이 이제는 배설물이 다고 사도바울은 말씀하시고 어찌 하든지 그리스도만 존귀케 하고, 위에서 부르신 상을 얻으려고 고생도 많이 하고, 핍박도 많이 받고, 여러 번 죽을 뻔했는데 결국 떠날 기약이 가까웠을 때는 나를 위하여 의의 면류관이 예비 되었다고 하셨습니다.

친구들과 놀고 싶어도 참고, 운동을 힘들게 하고 남들은 놀 때 열심히 힘들게 운동해서 우승했다면 그에게 승리의 면류관이 예비되었듯이 그토록 선한 싸움을 싸우고, 달려갈 길을 다 갈 때 장애물을 뛰어넘고 환난 기근 적신 위험을 당하고 끝까지 충성된 믿음을 지켰으니 주님께서 착하고 충성되다 고 의의 면류관이 예비되었다고 성령 안에서 약속을 받으신 것입니다. "나를 위하여 의의면류관이 예비 되었으므로! 이는 내게만 아니라 너희에게도니라! 보이는 것을 누가 바라리요 보이지 않는 것은 영원함이라, 만일 우리가 보지 못하는 것을 바라면 참음으로 기다릴찌니라!"

그때까지 힘든 것, 어려운 것을 참고 마귀가 신앙을 포기하게 하고 박해하려고 해도 앞길의 장애를 두려워 말고, 너희가 하늘나라에 들어가라면 많은 고난을 겪어야 하는데 뛰어 넘고 드디어 승리자로서 주님께서 예비하신 면류관 상급 칭찬을 받는다고 하셨습니다. 라오디게아교회가 되지 말고 차라리 서머나 교회가 되어서 궁핍 중에서라도 영원한 하늘나라 존귀 영광 그 행복을 얻자는 것이 복음입니다. 세상 모든 것은 풀의 꽃과 같으니 그런 것을 얻으려고 하지 말고 주의 말씀에 약속하신 세세토록 있는 것을 얻어야 합니다. 그래서 성도들이 나라를 얻으니 행복의 나라를 들어가는 것과 더 영광중에 들어가는 것인데 그래서 그 누림이 영원하고, 영원하고 영원합니다.

여덟째, 하나님과 친밀한 관계에서 행복을 쌓아가고 있는 것인데 쌓아간 만큼 많은 맛을 보는데 행복의 의미가 여러 가지 있다.

주밖에는 나의 행복이 없고 참된 행복은 없습니다! 라고 주 앞에서 고백할 수 있는 사람, 그리고 주 앞에 주 우편에는 영원한 참된 행복이 즐거움이 부와 권세가 있습니다. 주님의 은혜가 아니면 우리도 헛된 것을 쫓다가 생존경쟁이 심한 곳에서 직장이 없는 사람도 있는데 밥이나 안 굶고 살면 행복하다고 할 것입니다.

그런 소망이 없는데서 머물고 영원한 하나님 나라의 행복도 모르고 죄가 운데 살다가 지옥 갈 뻔 했는데 세상 부 권세 명예를 얻은 사람이나 부러워하고 살 뻔했는데 이제 부럽지 않는 최고의 하나님나라, 하나님의 은혜 안에서 행복을 알았고 행복의 길을 알려주셨습니다. "내가 곧 길이요 진리요 생명이니라! 예수그리스도는 영광의 소망이니라! 주는 그리스도시오 살아계신 하나님의 아들이시니이다!" 고백하니 너는 복이 있다 행복한 자로다 하십니다.

복은 하나님과 친밀한 관계에서 행복을 쌓아가고 있는 것인데 쌓아간 만큼 많은 맛을 봅니다. "영생을 맛보며 영원한 참된 행복을 맛보며 주안에 살리라 오늘도 내일도 영광의 주 온전히 만나 온전히 누릴 그때까지 참고 선을 행하고 성령 안에서 위로도 받고 성령의 맛도 보면서 살리라" 세상에서 이런 행복을 목표로 하지 않고 썩지 않을 영광을 쌓는 하늘에 보물을 쌓는 하늘 보물을 얻으려는 그 행복을 얻으려는 믿음 생활입니다.

오늘도 그 목적으로 우리는 삽니다. 지금 이미 은혜 안에서 주님과 관계만큼 행복자이고 영화로운 자이고 승리자이고 열매 얻은 자이고 주님을 기쁘시게 하는 자이고 하나님의 그만큼 작품이 되었고 또 그 수준만큼 지금도 주님의 나라에서 귀히 쓰임 받는 자입니다. 행복이라고 하면 간단한 의미가 아니라 여러 가지 의미가 있습니다. 주님이 아주 기뻐하시고 기쁨을 이기지 못하여 하시고 전에는 진노의 자녀였는데 지금은 기쁨을 이기지 못하여 하십니다.

본인에게도 주님의 나라는 주님의 은혜는 놀라운 행복이 되고 갈망하게 되고 이전보다 훨씬 갈망하게 됩니다. 큰 은혜를 입었기에 크게 갈망하고 하나님 나라의가치도 알고 행복도 알게 되니 이전보다 훨씬 더 주님을 사랑하게 되고 좋아하게 되고 감격하게 되고 더 은혜를 받으니 성령 안에서 의와 평강과 희락이 넘치고 주님을 가까이 할수록 기쁨이 충만하고 행복이 충만합니다.

아홉째, 모든 사람은 하나님의 사랑으로 살아야 행복한데 말씀을 주심은 우리의 행복을 위함이다. 이것이 사실입니다. 성경적이고 경험하고 있고 이 시대 우리만 경험한 것이 아니고 기독교 이천년 역사의 성도들이 경험했습니다. 그래서 초대교회 성도들이 그렇게 박해를 받으면서도 많은 시련과 극한 가난 중에서도 넘치는 기쁨과 말로 가히 표현할 수 없는 영광스런 기쁨으로 즐거워했다고 했습니다. 환경은 가난하고 언제 잡혀 들어갈지 모르고 그런 가운데서도 기쁨이 넘치는데 기쁨이 행복이 환경에 있는 것이 아닙니다.

은혜 없이 환경은 있어도 공허하고 불안하고 만족이 없고 짜증이 납니다. 성공의 목표를 놓고 질주하면서 가정도 필요 없고 일에 사업에 회사에 주하며 쫓겨 다녀 얻었어도 공통적인 표현이 공허하다고 했습니다. 사람은 그렇게 사는 것이 아니고 하나님의 사랑으로 사는 것입니다. 성도만 아니라 모든 인생은 주밖에는 없으니 공허한 것입니다. 주 안에서 성실하게 믿음생활을 하는 사람은 다 행복하다고 하는데 실지로 행복을 느끼고 행복을 주시고 기쁨을 주시고 평강을 주십니다.

주님이 주시는 하늘나라 평화는 파도 같은 사랑을 실지로 성령을 통해서 부어주십니다. 그러니 근심 걱정 괴롭다가 은혜주시면 빛이 오면 어둠이 밀려가듯이 기쁨이 평안이 밀려옵니다. 이를 실지로 경험하고 있습니다. 그때는 온전히 경험하고 여기에서부터 경험하고 사는데 특히 우리가 행복을 깨어서 주님 사모하고 천국 소망하고 세상 소망하지 않고 세상에서 발을 더 빼고 성령의 큰 기름부음을 받으면서 경험을 합니다. 이전에도 천국을 사모했지만 더 주님의 말씀에 순종하는 가운데서 더 행복을 경험하는데 그래서 말씀대로 살아보라고 하는 것은 더 행복하라는 것입니다. 신분도 더 영광스런 신분이 되고 왕 같은 제사장이 되면서 더 행복합니다. 죄인일수록 악인일수록 행복은 더 없어집니다.

열 번째, 모든 것은 우리의 행복을 위하여 권하시는 것이다. 세상의 독재자가 된다고 행복한 것이 아닙니다. 그리고 더 행복하게 해주시고 소망하게 해주시고 더 총애해 주시고 깨어서 기도하고 주님사모하고 기름부음을 통해서 얻으니 그래서 권하는 것입니다.

더 불행하게 되고 신분도 비천하게 되고 답답하고 괴로우면 뭐하러 권합니까! 주님은 기쁨을 더 충만케 하려고 교훈을 주셨는데 말씀대로 살아 보면 압니다. 회개하라고 하심도 유쾌하게 해주시려고 인데 (행3:19)"그러므로 너희가 회개하고 돌이켜 너희 죄 없이함을 받으라. 이같이 하면 유쾌하게 되는 날이 주 앞으로부터 이를 것이라"고 하셨습니다. 실제로 주님이 주신 행복입니다. 회개를 더 철저히 하고 치유가 되면 결론은 더 유쾌하고 상쾌하게 됩니다.

기름부음이 없으면 불안하고 묘한데 기름부음을 받으면 더 유쾌하게 되고 상쾌하게 되고 기도하면 유쾌하게 되는데 기도하지 않으면 못삽니다. 모든 것이 우리의 행복을 위하여 입니다. 예배도 행복을 위하여 드리는데 늘 예배를 드리니 귀한 줄 모르는데 예배를 드릴 수 없는 지역에서 살아보세요. 지옥입니다. 그렇게 예배를 갈망합니다. 마음껏 예배드릴 수 없는 핍박지역에서는 숨을 죽이면서 드려야 합니다. 지금도 늘 예배드리면서 감격도 모르고 형식적으로 사는 사람들은 모르는데 그래야 영혼이 살고 행복합니다. 주님을 사랑하라, 더 연인처럼 사랑하라, 더 행복하니까 그렇게 하는 것입니다. 영광으로 영광에 이르라는 말은 모든 것들이 결국에는 더 행복하게 해주시려는 것입니다.

10장 자신의 마음이 정화돼야 행복하다.

(잠 16: 32)"노하기를 더디하는 자는 용사보다 낫고
자기의 마음을 다스리는 자는 성을 빼앗는 자보다 나으
니라"

우리가 어려움을 이기고 행복하게 살기 위해서는 무엇보다도
먼저 마음을 다스려야 되는 것입니다. 마음이 정리 정돈되면 환경
이 따라서 정리정돈이 되는 것입니다. 마음이 어지러우면 환경을
아무리 애를 쓰고 힘을 쓰고 정리정돈해도 안 되는 것입니다. 오
늘날 많은 사람들이 자기 마음은 그대로 내버려 놓고 "우리 집을
다스려야 되겠다. 직장을 다스려야 되겠다. 환경을 다스려야 되겠
다"고 노력을 하고 애를 쓰는데 안 되잖아요. 마음이 안 다스려지
는데 됩니까? 성경에는 "무엇이든지 땅에서 매면 하늘에서 매일
것이요 땅에서 풀면 하늘에서 풀리리라"했는데 매고 푸는 것이
어디서 합니까? 마음에서 매고 푸는 것입니다. 마음에서 매고 푸
는 데로 하늘은 그에 따라서 역사해 주시겠다고 말씀하신 것입니
다. 그렇기 때문에 우리는 지킬만한 것보다 마음을 지키고 무엇보
다도 먼저 마음을 다스리고 나아가야 할 것입니다. 그러면 마음을
어떻게 다스리느냐.

첫째, 마음을 청소하고 정리하라. 집안을 다스리려면 집안을 청

소하고 정리해야 되는 것처럼 마음을 청소하고 다스려야 되는 것입니다. 내면세계에 쌓인 정신적으로 미움, 분노, 시기, 질투, 교만, 탐욕 같은 쓰레기더미를 성령으로 씻어내고 양심에 고통스런 죄책을 다 회개하고 예수님의 보혈과 성령으로 씻어야 마음을 다스릴 수가 있는 것입니다. 마음에 쓰레기가 잔뜩 쌓여있고 마음이 완전히 불완전하게 흩어져서 정신을 차릴 수 없는데 다스려집니까? 내면세계를 진리의 말씀과 성령으로 정비 정화해야 합니다.

마가복음 7장 21절로 23절에 "속에서 곧 사람의 마음에서 나오는 것은 악한 생각 곧 음란과 도둑질과 살인과 간음과 탐욕과 악독과 속임과 음탕과 질투와 비방과 교만과 우매함이니 이 모든 악한 것이 다 속에서 나와서 사람을 더럽게 하느니라" 우리 속에는 쓰레기더미가 있습니다. 너나 할 것 없이 우리 가슴을 활짝 펴고 성령으로 충만한 가운데 자신 안을 들여다보면 쓰레기더미가 다 있어요. 남에게만 쓰레기더미가 있다고 손가락질하지 말 것은 내 속에 쓰레기더미가 있는 것입니다. 그러므로 이것을 청산해야 돼요. 쓰레기더미를 어떻게 청산합니까? 우리가 성령께서 인도하시는 회개를 통해서 청산할 수 있는 것입니다.

마음을 정리정돈 하고 여유를 가지고 천천히 살아도 마음속이 행복하면 환경이 행복한 환경으로 변화되는 것입니다. 먼저 버려야 할 사소한 생각으로는, 불행하다는 마음과 마음의 고통, 슬픔, 상처 등 주로 부정적인 것들을 다 밀어내야 합니다. 화, 불안, 분노, 비난 등 부정적인 감정들도 지금 당장 버리고 망설이고, 걱정하고, 불신하고, 갈등하고, 조급증, 적대감 등의 행동을 과감하게 버릴 때 마음이 그런 것으로부터 해방되면 행복하게 된다는 것입니다. 우리가 성공적이고 행복한 삶을 살기 위해서는 무엇보다 먼저 우리의 생각과 감정과 행동 가운데 부정적이고 소극적인 쓰레기더미를 예수님의 보혈로 씻어내고 우리 마음을 십자가 구속의 은혜로 채워야 하는 것입니다.

둘째, 희망찬 꿈을 그려보고 살아야 한다. 우리는 모두 다 꿈을 갖고 사는 것입니다. 꿈이 없는 백성은 망한다고 말한 것입니다. 적은 꿈, 큰 꿈, 살아있는 사람은 다 마음에 꿈을 갖고 있는 것입니다. 그런데 희망찬 꿈을 갖고 살아야지 꿈이 언제나 비관적이고 절망적이면 절대 행복하지 않습니다. 비관적인 꿈을 가진 사람들이 요사이 자살을 많이 하지 않습니까? 대학생들도 대학교수도 자살을 하거든요. 그러면 희망찬 꿈을 어디에서 얻을 수 있느냐. 우리는 갈보리 십자가를 바라보고 희망찬 꿈을 얻을 수 있는 것입니다. 예수님이 우리의 모든 절망을 십자가에서 청산해 주었기 때문에 십자가를 바라보아야 희망찬 꿈을 얻을 수가 있는 것입니다. 세상 꿈은 왔다갔다, 왔다갔다, 변화무쌍 합니다. 큰돈을 벌겠다고 애를 써서 돈을 벌고 난 다음 대개 건강 잃어버리고 환경이 어려워지면 순식간에 돈 다 날아가 버리고 빈손 들게 되는 것입니다. 그러나 절대로 우리가 실망하지 않는 것은 갈보리 십자가에서 몸 찢고 피흘려 돌아가신 예수 그리스도를 바라보면 그 예수 그리스도 안에서 얻는 꿈은 희망차고 없어지지 않습니다.

예수님 쳐다보고 용서와 의의 꿈을 언제나 꿀 수 있고 거룩하고 성령충만한 꿈을 꿀 수 있고 치료받고 건강한 꿈을 꿀 수가 있고 아브라함의 복과 형통을 얻을 꿈을 꿀 수 있고 부활 영생 천국의 꿈을 꿀 수가 있습니다. 꿈은 꿈이니까요. 그래서 내 영혼이 잘됨같이 범사에 잘되며 강건하고 생명을 얻되 넘치게 얻는 꿈을 꾸고 나아가면 그 꿈이 우리들을 그 세계로 이끌어 가는 것입니다. 자신이 꿈을 이루는 것이 아닙니다.

절대로 그것은 오해하지 마십시오. 꿈을 가슴에 품고 있으면 성령께서 꿈이 이끌어 가는 것입니다. 그렇기 때문에 꿈을 갖는다는 것은 그렇게 중요한 것입니다. 믿음의 주요 또 온전케 하시는 예수를 바라보라고 성경에 말한 것입니다. 예수를 바라보고 나아가면 그 꿈이 우리를 예수께로 이끌어 주는 것입니다. 그래서 "누구든지 그리스도 안에 있으면 새로운 피조물이라 이전 것은 지나갔으니 보라 새것이 되었도다." 이전의 죄악된 삶, 부패한 삶, 병든 삶, 패배와 실패, 낭패, 가난, 저주의 삶. 죽음의 고통의 삶이 다 사라지고 새로운 삶, 영혼이 잘됨같이 범사에 잘되며 강건하고 생명을 얻되 넘치게 얻는 삶으로 변화되는 것입니다.

그것은 내가 노력하고 힘쓰고 애쓰고 되는 것이 아니라, 꿈이 그 세계로 이끌어 가는 것입니다. 예수를 바라보고 믿으면 성령이 오셔서 그 꿈대로 변화시켜 주는 것입니다. "그 은혜를 인하여 믿음으로 말미암아 구원을 얻었은즉 이것이 우리에게서 난 것이 아니요. 하나님의 선물이라. 행위에서 난 것이 아니니 아무든지 자랑치 못하게 하려 함이라." 그 은혜를 인하여 믿음으로 말미암아 꿈이 이루어지는 것입니다.

셋째, 우리는 믿음을 활용해야 된다. 마음을 다스리기 위해서는 하나님을 믿어야 되는 것입니다. 성경에는 하나님을 믿으라고 말했는데 세상 사람들은 믿을 데가 없잖아요. 지위, 명예, 권세, 돈 이런 것을 믿지, 하나님을 못 믿는 것은 하나님 모르니까. 하나님이 보이지 않으니까! 그러나 극히 어려운 일을 당하면 하나님을 모르는 사람은 믿을 데가 없기 때문에 망하고 마는 것입니다. 이스라엘 백성이 애굽에서 나올 때 바로와 온 군대가 그들을 다 잡으러 나왔는데 홍해수가에 와서 올 데 갈 데가 없습니다. 군대도 없고 무장도 안 되고 바로왕의 군대를 대항할 수도 없습니다. 다 잡혀 죽을 수밖에 없습니다. 그럴 때 이스라엘 백성은 무엇을 했습니까? 모세를 따라서 하나님을 바라보았었습니다. "너희는 오늘날 낙심하지 말고 하나님을 믿으라. 오늘 내가 본 애굽 군대를 다시는 보지 못하리라" 했는데 하나님께서 그들을 위해서 싸워서 홍해수가 갈라졌습니다. 상상할 수 없는 기적이 생겨난 것입니다. 우리가 하나님을 믿는다는 것은 상상할 수 없는 기적이 일어날 것을 기대하고 믿는 것입니다. 하나님을 믿는 것은 일반적인 상식적인 일이 일어날 것이면 하나님 믿을 필요가 없어요. 우리 감각적으로나 경험 등으로나 이성적으로나 지적으로 가능한 것을 믿으면 그것은 믿음이 아니지요. 불가능한 것을 믿는 것입니다. 할 수 없는 것을 믿는 것입니다. 그렇기 때문에 내가 믿는다고 기도할 때는 반드시 기적이 일어날 것을 기대해야 되는 것입니다. 기적이 없는 믿음은 믿음이 아닙니다. 믿음은 기적이 일어나야 돼요. 내가 영적으로 믿으면 영적인 변화의 기적이 일어나야 되고, 육신적으로 믿으면 육신적인 치료가 기적적으로 일어나야 되고, 생활적으로 믿으면 생활에 사람이 상상할 수 없는 은총이 나타나야 되는 것입니다. 그러므로 하나님을 믿으라는 것은 기적이 일어날 것을 기대하는데 무엇을 믿을까요? 그렇게 말하는 사람 많습니다. "믿음은 들음에서 나며 들음은 그리스도의 말씀으로 말미암는다고" 성경에 보면 하나님이 주신 약속이 얼마나 많은지 모릅니다. 백화점처럼 많아요. 그러므로 말씀을 읽고 그 말씀이 우리들에게 레마가 되어서 감동을 주면 그 자리에 무릎을 꿇고 기도해요. 역사가 이루어지는 것입니다.

잠언 4장 20절로 22절에 "내 아들아 내 말에 주의하며 내가 말하는 것에 네 귀를 기울이라 그것을 네 눈에서 떠나게 하지 말며 네 마음속에 지키라 그것은 얻는 자에게 생명이 되며 그의 온 육체의 건강이 됨이니라." 말씀이 마음속에 들어오면 그것이 생명이 되고 온 몸에 건강이 되는 것입니다. "네가 내 안에 내 말이 너희 안에 있으면 무엇이든지 원하는 대로 구하라 이루리라." 우리는 정말로 튼튼한 백을 가지고 있습니다. 이런 하나님이 어디에 계십니까? 그러므로 우리가 예수 이름으로 말씀이 우리 마음속에 믿어지면 기도하면 하나님이 이루어주시는 것입니다. 그렇기 때문에 믿음이라는 것은 기적을 기대하고 없는 것을 있는 것같이 생각하고 바라보는 것입니다. 없는 것을 있는 것같이 눈에는 아무 증거 안보이고 귀에는 아무 소리 안 들리고 손에는 잡히는 것 없어도 내가 믿는다는 것은 없는 것을 있는 것같이 보고 생각하고 기대하는 것입니다. 그러므로 강하고 담대할 수가 있습니다.

창세기 13장 14절로 15절에 "롯이 아브람을 떠난 후에 여호와께서 아브람에게 이르시되 너는 눈을 들어 너 있는 곳에서 북쪽과 남쪽 그리고 동쪽과 서쪽을 바라보라 보이는 땅을 내가 너와 네 자손에게 주리니 영원히 이르리라" 지금 내 땅이 아닌데 바라보라는 것입니다. 바라봄의 법칙입니다. 바라보고 마음에 내 것이라고 믿고 선언하면 너에게 주겠다. 그런데 가나안 땅 동서남북 땅을 아브라함과 그 자손에게 다 하나님이 다 주신 것입니다. 바라보라. 책을 읽는 당신은 지금 뭘 바라봅니까? 건강을 바라봅니까? 행복을 바라봅니까? 계속 바라보십시오. 그리고 믿으십시오. 기적이 일어날 것을 기대하십시오. 바라보고 믿고 기적이 일어날 것을 기대하고 입으로 하나님이 은혜를 주셨다고 시인하면 능력이 나타나게 되는 것입니다.

로마서 4장 18절에 "아브라함이 바랄 수 없는 중에 바라고 믿었으니 이는 네 후손이 이같으리라, 하신 말씀대로 많은 민족의 조상이 되게 하려 하심이라" 바랄 수 없는 중에 바라봅니다. 인간적으로 바랄 수 없는데 우리들은 바라고 믿어요. 하나님이 계시기 때문에…. 그러므로 내일은 오늘보다, 다음 달은 금번 달보다, 명년은 금년보다 나아질 수 있는 것은 마음속에 바라보는 법칙을 따라 바라보고 믿을 수 있기 때문인 것입니다. 마음에 바라보고 믿으면 운명과 환경이 믿음을 따라 변화되는 것입니다. 자꾸 '내 팔자가 나쁘다. 내 환경이 나쁘다. 시대가 나쁘다.' 그렇게 말하지 마십시오. 그 모든 것은 마음을 다스리면 자동적으로 다스릴 수 있습니다. 마음을 다스리고 난 다음에 다스린 마음으로 예수 이름으로 기도하고 명령하면 큰 변화의 역사가 환경에 다가오게 되는 것입니다.

마태복음 9장 20절로 22절에 "열두 해 동안이나 혈루증으로 앓는 여자가 예수의 뒤로 와서 그 겉옷 가를 만지니 이는 제 마음에 그 겉옷만 만져도 구원을 받겠다 함이라" 마음으로 바라봄의 법칙입니다. 아직 안 나았습니다. 혈루병으로 피를 철철 흘리며 고통스러웠습니다. 그런데 마음에 예수님의 옷 가에 손 만대면 낫는다고 바라보고 믿었는데 손을 대자마자 나아버렸습니다. "예수께서 딸아 안심하라 네 믿음이 너를 구원하였다" 보십시오. 먼저 믿음이 있고 그 다음 구원이 따라오는 것입니다. 우리는 그러므로 낙심하지 말아야 되는 것입니다. 용기를 내어서 담대하게 행하십시오. 용기를 잃어버리면 안 되는 것입니다. 행함이 없는 믿음은 죽은 믿음이기 때문에 바라보고 믿고 행하면 기적이 일어나게 되는 것입니다.

예수님께서 "볼지어다. 내가 세상 끝날까지 너와 항상 함께 한다"고 말한 것입니다. 주님께서 내가 하늘과 땅의 모든 권세를 다 가지고 있다고 말하셨습니다. 그분이 우리들과 같이 계시므로 마음속에 예수님을 바라보고 강하고 담대하고 두려워하지 말고 놀라지 말아야 되는 것입니다. 제일 나쁜 것이 두려움인 것입니다. 두려워하고 무서워하고 놀라면 주님은 도와줄 수 없고 사탄이 들어오는 것입니다. 왜냐하면 두려움과 놀라움은 사탄을 청하는 분위기를 만드는 것입니다. 욥이 패가망신하고 온 전신이 동양성 문둥병에 걸려서 기왓장으로 긁으면서 뭐라고 했습니까? 내 무서워하는 것이 내 몸에 왔고 내 두려워하는 것이 내 몸에 미쳤구나. 욥이 잘 나갈 때 마음속에 잘못된 것을 바라보았다 말입니다. 마음속에 자기가 패가망신하고 문둥병이 걸릴 것을 꿈꾸었다 말입니다. 그것이 두려움과 공포가 되어 있었는데 그대로 이루어졌어요. 긍정적으로 바라보면 긍정적인 일이 생기고, 부정적으로 바라보면 부정적인 것이 생기기 때문에 부정적인 것은 당장 회개하고 쫓아내 버리고, 긍정적인 것은 예수님의 말씀을 통해서 마음에 꿈꾸고 믿고 시인하십시오. 그러면 그것이 이루어지는 것입니다. 히브리서 10장 35절에 "너희 담대함을 버리지 말라 이것이 큰 상을 얻게 하느니라"

넷째 마음의 만족으로 행복하려면 습관이 중요하다. 습관을 사전에서 찾아보면, 오랫동안 되풀이하여 몸에 익은 채로 굳어진 개인적 행동이라고 나와 있습니다. 오랫동안 되풀이하며 몸에 익어서 굳어져버렸다면, 누구나 그 습관의 열매를 먹게 되어 있습니다. 좋은 습관은 기쁨과 행복으로 이끌어 주겠지만, 나쁜 습관이라면 고단하고 팍팍한 인생으로 끌고 갈 것입니다.

자신이 천국에 들어가는 자격을 얻고, 하나님의 축복을 받아 이 땅에서 평안하고 형통하게 살고 싶어서 교회 예배에 참석하고 있습니다. 교회에서 요청하는 공적 예배는 물론 십일조를 기꺼이 드리고, 각종 교회봉사도 열정적으로 하고 있습니다. 그래서 자신은 하나님의 축복을 받아 평안하고 형통한 삶을 누리고 계십니까? 솔직히 말해서, 예배의식에 열심히 참석하고 교회봉사를 열정적으로 한다고 해서, 하나님의 축복을 받아 평안하고 행복하게 살거라고 성경에서 말한 적이 없습니다. 분명하게 성경에는 "하나님의 성령으로 봉사하며 그리스도 예수로 자랑하고 육체를 신뢰하지 아니하는 우리가 곧 할례파라(빌 3:3)" 말씀하고 있습니다. 할례파란 성령으로 세례를 받은 성도를 일컫는 말씀입니다.

물론 교회의 강단에서 설교하시는 목사님들에게 수도 없이 듣는 말이기는 해도, 성경에 있는 말이 아닙니다. 목사님들이 자의적으로 해석하여, 마치 성경에 있는 것처럼 풀어서 넣어주는 말일 뿐입니다. 그렇다면 성경에는 평안하고 행복하게 살려면 어떻게 하라고 말씀하고 있습니까? "사랑하는 자여 네 영혼이 잘됨 같이 네가 범사에 잘되고 강건하기를 내가 간구하노라(요삼1:2)" 성경에서 약속하는 행복하고 건강한 삶의 근거는 바로 영혼이 잘 되는 것입니다.

영혼이 잘 되는 것은 바로 이 땅에서 천국을 누리며 아브라함의 복을 받다가 영원한 천국에 들어가는 자격을 얻는 것입니다. 현제 우리들의 유형 교회의 가르침에 의하면, 예수를 영접하고 교회에 나오면 천국에 들어가는 것은 당연한 일이라고 하지 않습니까? 그들의 말에 따르면, 모든 교인들은 하는 일마다 잘되고 건강하게 살아야 합니다. 왜냐하면 이미 영혼이 잘 되어서 천국의 자격을 얻고 있기 때문입니다. 그러나 이는 성경을 바르게 해석하지 않아 오해되고 과장된 인간적인 말입니다. 성경 어디에도 5분간 영접 기도를 받고 주일성수를 하면 천국에 들어간다는 말이 결코 없습니다.

그렇다면 영혼이 잘 되는 자격을 얻으려면 어떻게 해야 합니까? "예수께서 대답하시되 진실로 진실로 네게 이르노니 사람이 물과 성령으로 나지 아니하면 하나님의 나라에 들어갈 수 없느니라(요3:5)" 예수님의 말씀에 의하면, 성령으로 다시 태어나야 한다고 말씀하시고 계십니다. 지금까지 살아온 것은 육체의 삶이었다면, 다시 성령으로 다시 태어나서 성령의 사람이 되어야 한다는 뜻입니다. 성령으로 다시 태어나는 것은 성령으로 세례를 받는 것입니다. 그리고 성령으로 기도하여 성령으로 충만해지는 것입니다. 성령으로 충만해야 마음의 평안이 자신을 지배합니다.

그렇다면 성령께서 자신 안에 주인으로 들어오셔서 장악해야 하지 않겠습니까? 성령이 자신에게 들어오셔서 자신을 다스리시고 통치하시는 하나님의 나라가 이루어져야 합니다. 자신 안에 임재한 성령이 자신을 지배하고 장악하는 비결은 다른 게 아닙니다. 하나님을 전심으로 찾고 불러야 합니다(눅11:9~13).

영에서 혼을 뚫고 육체로 나타나 장악해야 합니다. 그것도 무조건 아무 곳에서나 전심으로 찾고 불러야 되는 것이 아니고, 성령으로 세례 받은 목회자가 인도하는 예배나 집회에 참석하여 전심으로 찾고 불러야 되는 것입니다.

그래서 반드시 성령으로 세례를 받아야 그때부터 살아계신 성령님의 역사가 자신을 하나님과 영적으로 통하는 사람으로 만들어 가십니다.

성경에서 말하는 하나님을 만나는 원칙은 찾고 부르고 두드리는 것입니다. 그래서 사도바울은 쉬지 말고 기도하라고 하셨고, 예수님도 항상 깨어서 기도하라고 하셨으며, 사무엘은 기도를 쉬는 것이 죄라고 말하는 이유입니다. 그러나 아쉽게도, 우리는 돈 벌고 돈을 쓰는 세상의 즐거움을 추구하는 일에 바빠서 하나님을 찾고 부르는 기도를 하는 게 쉽지 않습니다.

교회에서 조차 주일 예배드리고 5분기도하는 것으로 그치고 있습니다. 그래서 기도하는 습관을 들여야 하는 이유입니다. 필자는 우리 교회에 속한 성도들에게 기도의 습관을 들이고, 성령으로 충만하여 영혼의 만족을 누리면서 행복하게 살아가게 하기 위하여 주일에도 40분 이상씩 기도를 합니다. 우리 모두는 타락한 옛사람의 본성인 탐욕과 방탕을 추구하는 죄성이 뼈 속에 새겨져 있기 때문에, 하나님 전심으로 부르는 기도의 습관을 들여야 비로소 성령과 동행하는 삶을 누릴 수 있기 때문입니다. "예수께서 나가사 습관을 따라 감람산에 가시매 제자들도 따라갔더니(눅22:39)"

예수님이 감람산에 가신 이유는 많은 군중을 피해 한적한 곳에서 기도를 하기 위해서입니다. 이처럼 하나님이신 예수님도 연약한 인간의 육체를 입고 계셨을 때는 기도의 습관을 들여 틈나는 대로 한적한 곳을 찾아 기도하셨습니다. 하물며 탐욕과 쾌락을 추구하는 죄성으로 똘똘 뭉친 우리가 기도의 습관을 들이지 않고서 하나님과 동행하는 삶은 꿈도 꾸지 말아야 합니다. 습관적으로 기도하지 않고 영혼이 만족할 수가 없고 영혼에 만족 없이 행복하지 않을 것입니다.

필자는 21년 전에 내적치유 기관에 가서 1년 동안 치유와 영성 훈련을 받고 교회에 돌아와 밤잠을 자지 않고 의자 위에서 하나님을 간절히 찾고 부르기를 7개월이 넘도록 했습니다. 그렇게 7개월이 지나자 성령의 깊은 지배를 느낄 수가 있었고, 저 자신이 변화되는 경험을 하기 시작했습니다. 낮에는 전도지 가방을 들고 전도 다니면서 성령님을 찾았습니다.

병원에 능력전도 다니면서도 마음 안에 계신 성령님을 찾았습니다. 마치 미친 사람같이 "성령님 사랑합니다." 마음으로 외치면서 전도를 다녔습니다. 이렇게 3년이 지나서야 비로소, 마음 안에 계신 하나님을 부르고 찾는 기도의 습관을 들였습니다. 걸어 다니면서 성령님을 찾는 습관이 되었습니다. 걸어 다니는 성전이 된 것입니다.

그 후로 하루라도 아침에 일어나면 1-2시간 이상 기도하고, 낮에는 집회를 인도해야 하니까, 강단 뒤에 앉아서 1-2시간 기도를 합니다. 집회가 없는 날은 마음으로 성령님을 찾으며 지내고, 밤에도 기도하면서 잠자리에 드는 것을 거른 날이 거의 없습니다. 지금은 습관이 되어서 항상 마음으로 성령님을 찾으면서 지냅니다. 좌우지간 마음 안에 계신 하나님을 부르는 습관을 들였습니다. 이러한 기도의 습관이 바로 쉬지 않고 기도하는 것임은 더 이상 설명할 필요가 없을 것입니다.

이렇게 오랫동안 들인 기도하는 습관 덕분에 성령님이 함께 하여 목회자와 성도들의 영성훈련과 성령치유 사역과 기도훈련을 이끌어갈 수 있는 영성으로 발전하게 된 발판이 되었음은 당연한 일입니다. 사역을 하면서 불치병이 치유되는 것을 보면서 행복을 누립니다. 많은 사람들이 기도하는 것을 힘겨워하는 이유는 기도하는 습관이 없기 때문입니다. 언제 어디서나 아침에 일어나면 1시간 이상 기도하고, 잠자리에 들기 전에도 1시간 이상 기도하는 것을 습관으로 들이지 않으면 성령과 동행하는 삶은 꿈도 꾸지 말아야 합니다. 따라서 영혼에 만족도 어려울 것입니다.

많은 크리스천들이 명성 있고 능력 있다는 목회자의 설교를 듣고 영혼에 만족을 얻으려는 경향이 있습니다. 필자가 체험한 바로는 자신 안에 임재하신 성령하나님의 지배를 받아 자신이 성전이 되어 자신 안에서 성령의 생수가 흘러넘치는 상태가 되어야 영혼에 만족이 가능하다고 생각합니다. 영혼의 만족 없이 행복도 없을 것입니다.

심령에 계시는 성령님과 인격적인 관계가 열려야 밖에서 들리는 설교말씀도 영혼으로 깨달을 수가 있어서 영혼이 자꾸 깨어나는 것입니다. 자신의 내면세계가 성령으로 정비되고 정화되어 자신의 전인격이 성전 되어 가는 것입니다. 자신이 성전으로 견고하게 서가는 것입니다.

자신이 성전으로 지어지는 것은 단번에 완전하게 되지 않습니다. 지속적으로 성령으로 기도하고 말씀을 묵상하고, 예배를 드리며 설교를 들으면서 영혼을 깨우는 만큼씩 성전 되어 가는 것입니다. 무엇보다 자신 안에서 하나님의 나라가 이루어지고 그 안에서 성령님의 불이 올라와야 한다는 것입니다. 자신의 마음 안이 중요한 것입니다.

어렵게 생각하면 안 됩니다. 습관이 되면 쉽습니다. 성령의 이끌림에 의해서 습관이 되지 않고 인간적인 의지로 기도를 하려고 하니 힘이 들어 중간에 포기하는 것입니다. 필자는 기도하는 것이 하나도 힘이 들지 않습니다. 이런 습관이 없이 영혼의 만족을 누릴 수가 없을 것이며, 이 땅에서 평안하고 행복하게 사는 일도 결코 쉽지 않을 것입니다. 절대 영혼의 만족은 밖에서 보고 듣는 것으로 누릴 수가 없습니다. 성령의 능력이 자신 안에서 올라와야 합니다. 세상이 지옥이 아니라 자신의 마음이 지옥이라는 것을 깨달아 자신의 마음을 천국 되게 해야 합니다.

11장 행복은 현실에 충실하고 만족해야

(렘 29:4-7)"만군의 여호와 이스라엘의 하나님께서 예루살렘에서 바벨론으로 사로잡혀 가게 한 모든 포로에게 이와 같이 말씀하시니라. 너희는 집을 짓고 거기에 살며 텃밭을 만들고 그 열매를 먹으라. 아내를 맞이하여 자녀를 낳으며 너희 아들이 아내를 맞이하며 너희 딸이 남편을 맞아 그들로 자녀를 낳게 하여 너희가 거기에서 번성하고 줄어들지 아니하게 하라. 너희는 내가 사로잡혀 가게 한 그 성읍의 평안을 구하고 그를 위하여 여호와께 기도하라 이는 그 성읍이 평안함으로 너희도 평안할 것임이라"

하나님은 현실에 충실한 성도가 되기를 원하십니다. 현실에 충실한 성도가 행복을 누리는 것입니다. 현실에 충실할 때 세상사는 만족감을 얻을 수 있기 때문에 행복이 따라오는 것입니다. 현실에 충실할 수 있다는 것은 자신의 영-혼-육의 상태가 정상이라는 증거입니다. 그래서 현실에 충실하면 행복하다는 것입니다. 크리스천이 현실에 충실할 수 있는 것은 행복 중에 행복입니다. 왜냐하면 자신이 전문성을 가지고 있더라도 영적으로 정신적으로 완전하지 못하면 현실에 충실하려고 해도 하지 못합니다. 저는 영적인 사역을 하는 목사로서 많은 크리스천이 영적으로 정신적으로 문제가 있어서 자신의 전문성을 활용하지 못하는 이들을 다수 만납니다.

참으로 안타가운 경우가 다수 있습니다.

그래서 하나님은 행복한 삶을 살아가려면 현실에 충실 하라고 말씀하십니다. 이 시간이 중요하고, 지금 하는 것에 최선을 다하라는 것입니다. 이 시간에 충실하지 못하며, 자신들이 이 시간에 다른 것 생각하고, 다른 것에 신경을 쓰고, 다른 행동은 몸은 여기 있지만, 마음은 콩밭에서 콩을 먹고 있는 것입니다. 아무것도 제대로 되지 않는 것입니다. 그래서 행복한 생활을 하지 못하는 것입니다. 현실에 충실한 사람이 되면 마음에 여유가 생겨서 삶에서 행복을 누릴 수가 있는 것입니다.

발전적이며 오늘보다 내일을 보람과 복을 받으며 살아가고 싶다면 현실에 충실하십시오. 몸과 손은 여기서 일하면서, 마음과 생각은 다른 곳에 꿀단지 생각하고, 콩 먹는 생각은 성경에서 잘 말하고 있습니다. 누가복음 9장 62절에서 "예수께서 이르시되 손에 쟁기를 잡고 뒤를 돌아보는 자는 하나님의 나라에 합당치 아니하니라 하시니라." 손에 쟁기를 잡고 뒤를 돌아보면 밭을 가는 농부가 밭을 갈아 업을 때 삐뚤삐뚤 갈아서 밭을 고르게 못 갈아 업는다는 것입니다.

그러므로 밭을 갈아 업을 때는 밭가는 일에 충실 하라는 이야기입니다. 지금 이 시간에 충실하시고 때와 장소와 형편과 환경을 분별하여 그 곳에서 맡는 일에 최선을 다하는 것입니다. 이것은 밥 먹을 때 밥 먹고 화장실에서 볼일을 보아야지 다른 일을 그곳에서 하는 것은 맡지 않는 것입니다. 현실에 충실한 사람이 행복을 누리며 살아가는 것입니다. 현실에 충실 하려하니 불필요한 욕심을 부리지 않기 때문에 행복한 것입니다. 현실에 충실한 크리스천이 되시기를 바랍니다.

성경에 나오는 믿음의 선진들은 모두 하나같이 현실에 충실한 삶을 살았습니다. 아브라함이나, 야곱이나, 요셉이나, 모세나 모두 현실에 충실한 삶을 살았습니다. 우리는 능력 전도되어 교회에 들어온 성도들을 현실에 충실한 크리스천이 되도록 해야 합니다. 현실의 삶에 충실한 사람은 남 탓 할 시간이 없다는 것입니다. 모든 것이 자신의 탓이라는 것을 잘 알기 때문입니다.

마태복음 7장 1-2절에 "비판을 받지 아니하려거든 비판하지 말라. 너희가 비판하는 그 비판으로 너희가 비판을 받을 것이요 너희가 헤아리는 그 헤아림으로 너희가 헤아림을 받을 것이니라." 마태복음 7장 1-5절의 말씀은 비판을 받지 않기 위해서 비판을 하지 말라, 다른 말로 "남을 평가절하를 하지 말라"는 내용보다 자신을 돌보는 자아성찰에 대한 내용을 먼저 담고 있습니다. 남을 이야기 하기 전에 나부터 하나님 앞에 어떤 모습으로 살고 있는 지부터 살펴봐야 한다는 말입니다. 자신을 만드는 일에 충실 하라는 것입니다. 필자는 항상 이렇게 말합니다. 허황된 꿈을 꾸지 말고 현실에 충실하면서 자신을 만들어가라는 것입니다.

하나님은 현실에 충실한자를 행복하게 하십니다. "그러므로 내일 일을 위하여 염려하지 말라 내일 일은 내일이 염려할 것이요, 한 날의 괴로움은 그 날로 족하니라."(마6:34). 내일일은 난 몰라요, 하루하루 살아요. 하루하루 현실에 충실하게 살아가면 행복한 것입니다. 다가오지도 않은 미래에 대하여 걱정하기 때문에 불행한 것입니다. 과거에 얽매이는 마음을 말씀과 성령과 기도로 치유하면 그만이지 현실까지 가지고 와서 얽매이는 것은 어리석은 일입니다. 또한 우리들 대부분은 오지도 않은 미래에 대해 고민하며 어찌될까… 얽매이고 있습니다.

미래에 얽매이는 마음 때문에 현실을 그르치는 경우를 많이 봅니다. 미래에 대한 그 어떤 계획일 있다면 고민하고 머리 굴려 불필요한 시간을 낭비 할 것이 아니라. 현실에 충실하면 기회를 잡게 되는 것입니다. 기회는 현실에 충실한 사람에게 찾아오기 때문입니다. 행복은 현실에 충실한 사람이 누리는 것입니다.

우리가 생각하는 미래의 성공이란 말은 고정되어 있지 않기 때문에 어디에도 집착할 필요가 없다는 것을 알아야 합니다. 재수생에게 있어 목표는 '현실에 열심히 공부하는 것' '열심히 수능을 준비하는 것'이 되어야지, 고정지어 '서울대'가 목표가 되어서는 안 된다는 것입니다. 행복과 성공이란 것은 고정되게 '서울대'에 있는 것이 아니기 때문입니다. 서울대 가도 잘 되는 사람이 있고, 못 되는 사람이 있고, 다른 대학을 가도 잘 되는 사람이 있고, 못 되는 사람이 있으며, 대학을 가지 않아도 잘 되는 사람이 있고, 못 되는 사람은 있기 마련입니다.

그러나 우리는 미래에 '이러저러하게 되어야지' 하고 고정되게 계획을 잡아 두기 때문에 그 계획이 무산되어 갈 때 괴로워하고 불행하여 현실을 그르치게 됩니다. 목표는 '서울대' '대기업' '사법고시'…에 있는 것이 아니라, 오직 '현실을 어떻게 살아가고 있는 가'에 있음을 알아야 합니다. 현실에 충실하며 깨어 있고 집중하여 충실할 수 있다면 그것이 바로 최상의 미래 준비인 것입니다.

이렇듯 우리가 일상에서 체험한 '괴로움'의 실체는 어리석게도 과거나 미래로 마음을 흘려보내기에 일어나는 하등에 쓸모없는 '괴로움'으로 괴로워하지 않아도 될 괴로움인 경우가 많습니다. 오직 현실에 충실하면 괴로움은 많이 줄어들게 될 것입니다.

현실의 삶에서 인간은 존재하고, 미래, 현재 그리고 과거의 삶을 이야기 합니다. 어거스틴은 "이미 지나가버린 시간 즉 과거는 더 이상 존재하지 않는 것이므로 시간적 길이를 가지고 않고, 아직 다가오지 않는 시간 즉, 미래도 존재하지 않으므로 시간적 길이를 가지지 않기 때문에, 오직 우리가 재고 있는 시간은 우리의 의식을 통해서 지각하는 시간적 길이를 가진 현재 뿐이다"라고 했습니다.

현재에 충실한 자들에게 미래에 희망이 약속됩니다. 현실에 충실하지 아니할 때 미래에 대한 희망과 행복을 꿈꾼다면 그 꿈들은 현실로 이어지지 못합니다. 영원한 꿈으로만 존재할 뿐입니다. 꿈이 현실화되기 위해서는 현실에 충실하면 되는 것입니다. 내일의 비전을 위해 오늘 현재 하는 일 만큼 그 꿈은 이루어져가고 있습니다.

그러나 근심과 걱정으로 끊임없이 부정적인 생각은 마음에 절망을 가져오지만 격려의 말은 그를 다시 일으켜 줍니다. 다시 일어난다는 말은 오늘에 충실한 의욕 있는 사람으로 변한다는 뜻입니다. 불행한 사람은 항상 생각한다는 것이 사람을 잔인하게 괴롭히는 것 밖에 모릅니다. 그러나 행복한 사람은 얼굴 빛 부터가 다릅니다.

현실에 충실 하라. 이것이 21세기 인터넷 문화 속에 빠져있는 크리스천에게 하시는 주님의 메시지입니다. 마태복음 7장 3~4절 "어찌하여 형제의 눈 속에 있는 티를 보고 네 눈 속에 있는 들보는 깨닫지 못하느냐 보라. 네 눈 속에 들보가 있는데 어찌하여 형제에게 말하기를 나로 네 눈 속에 있는 티를 빼게 하라 하겠느냐" 비판을 비판으로 끝내지 말고 자신도 다른 사람에게 비판의 대상이 될 수 있음으로 자신부터 돌아보는 삶을 살아야 합니다. 그러므로 우선적으로 실천 되어야 할 것은 "자신을 돌아보는 삶"입니다.

성도들이 인생을 살면서 남의 탓을 하는 경우가 많습니다. 일을 할 때에도 원인을 자신에게 찾지 않고 상대방에게 그 원인을 돌리는 경우가 많습니다. 그래서 남에게는 엄격한 잣대를 들이대고 자신에게는 후한 잣대를 들이대다 보니 주변사람들로부터 원망이 그치지 않고 핑계가 떠날 줄을 모릅니다.

정치계와 가정과의 공통점은 항상 안 되는 원인을 "외부적인 요인"에서 찾으려고 합니다. 학생들이 공부를 못하는 경우를 자신만이 쓸 수 있는 방이 없어서, 학원을 못 가서, 참고서를 못 사서 등의 이유라고 합니다. 그러나 막상 공부할 수 있는 방을 만들어주거나 학원을 보내고 참고서를 사주면 공부를 잘하느냐? 아닙니다. 없을 때보다 더 성적이 떨어지는 경우가 있습니다.

그러면 그 이유가 뭘까요? 공부는 "자기노력을 기본전제"로 하기 때문입니다. 하지만 학생 스스로 자신이 실패한 원인을 다른 곳에서 찾고 어쩔 수 없었다는 핑계를 대며 자기정당성을 주장한다면 이 학생은 이미 실패한 인생일 수밖에 없습니다. 물론 환경이 맞지 않아 공부에 집중하지 못하는 학생도 많습니다. 하지만 대부분 학생이 학업에 대한 열정이 없는 한 공부는 쉽게 되지 않습니다. 공부하는 학생은 공부하는 일에 충실해야 좋은 성적을 거두는 것입니다.

또한 그들이 환경에 부족함을 통해 항시 마음에 섭섭함을 가지고, 또 그 섭섭함을 못 견뎌 말하려는 행위의 근본은 "자기 자신을 돌아보지 못하는 것"에 그 원인이 있습니다. 그러면 어떤 사람이 비판의 대상이 되지 않을까요? "남을 나보다 낮게 여기는 사람," 그리고 "자신에게 충실한 사람"은 비판의 대상이 되지 않습니다. 자신을 준비하는 사람은 비판의 대상이 되지 않습니다. 자신을 위하여 준비하여 모범이 되기 때문입니다. 이 사람은 어떤 일을 해도 남을 배려하는 마음이 있고 그 안에 넉넉함이 있습니다. 그래서 모든 것에 다 충실할 수는 없지만, 자신이 최선을 다해 살아가는 것에는 그 누구도 따라 올 수 없습니다.

그러면 성도는 어떻게 살아야 할까요? 누가복음 5장 5절 "시몬이 대답하여 이르되 선생님 우리들이 밤이 새도록 수고하였으되 잡은 것이 없지마는 말씀에 의지하여 내가 그물을 내리 리이다" 시몬 베드로는 밤 새 수고하여 물고기를 잡으려고 노력했으나 아무 것도 얻지 못했습니다. 그러나 그의 입에서 그 어떤 불평도 없었습니다. 왜냐하면 자신의 일에 최선을 다했기 때문입니다. 또한 자신에게 주어진 일은 남 탓을 한다고 얻어지는 것이 아닌 것을 너무도 잘 알고 있기 때문입니다.

그러므로 시몬 베드로는 자신이 수고하여 아무것도 얻지 못했으나 "말씀에 의지하여 내가 그물을 내리리이다." 고 순종한 것입니다. 그러므로 성도는 현실의 삶에서 최선을 다하고 살 때 남을 판단할 능력은 사라지고 자신에게 주어진 일에 전념을 할 수 있음을 알 수 있습니다.

또한 자신이 할 수 없을 때에 말씀을 의지하여 그물을 내리는 자기 노력이 절실히 필요합니다. 비판은 "자기 노력이 없을 때에 비교의식"으로부터 생기는 것입니다. 그러나 주님은 그 비교의식이 내 영적인 세계까지 뒤흔들 수 있다고 말씀하십니다.

그러므로 밤새 수고하여 얻은 것이 없는 베드로와 같은 심정일지라도 "말씀에 의지하여, 또 다시 삶에 현장에서 충실하게 일을 다 할 때 기쁨의 열매를 얻을 수 있는 것"입니다. 하나님께서는 내가 보는 것이 전부라고 말씀하시지 않습니다. "항시 보이지 않는 것, 아직 내게 주어지지 않는 것을 기대하고 그것을 받은 줄로 믿으라고" 하십니다. 자신을 돌보는 것, 남을 나보다 낮게 여기는 것이 크리스천으로서 해야 할 과제입니다.

현실에 충실한 크리스천이 되기 위하여 이 말을 가슴에 새겨야 합니다. "가장 현명한 사람은 늘 배우려고 노력하는 사람이고, 가장 훌륭한 정치가는 떠나야 할 때가 되었다고 생각이 되면 하던 일을 후배에게 맡기고 미련 없이 떠나는 사람이며, 가장 겸손한 사람은 개구리가 되어서도 올챙잇적 시절을 잊지 않는 사람이다." "가장 좋은 스승은 제자에게 자신이 가진 지식을 아낌없이 주는 사람이고, 가장 훌륭한 자식은 부모님의 마음을 상하지 않게 하는 사람이며, 가장 현명한 사람은 놀 때는 세상 모든 것을 잊고 놀며, 일 할 때는 오로지 일에만 전념하는 사람이다. 가장 훌륭한 삶을 산 사람은 살아있을 때보다 죽었을 때 이름이 빛나는 사람이다."

본문은 바벨론에 포로로 끌려간 유대인들에게 하나님께서 권면하시는 말씀입니다. 하나님께서는 그들에게 하나님이 허락하신 심판의 결과를 겸손히 받아들이라고 말씀하십니다. 그래서 과거를 생각하면서 회한에 빠져 시간을 낭비하지 말고, 주어진 환경에서 열심히 살라고 하십니다. 지금 포로로 온 이 땅에서 집을 짓고 농사를 지어 살고, 자녀들을 생산하여 번성하라고 말씀하십니다.

하나님의 심판은 이미 이루어졌고, 과거의 영화는 지나갔습니다. 지금 필요한 것은 다시 그런 심판이 이르지 않도록 회개하고 겸손히 현실을 받아들이는 것입니다. 이미 지나간 일에 대해 후회하지 말고, 앞으로 닥칠 일에 대해 불안해하지도 말고, 현재를 사는 훈련을 해야 합니다. 천국을 바라보는 성도는 현실에 너무 집착해서도 안 되지만, 또 현실을 너무 외면해서도 안 됩니다. 멀리 천국을 바라보면서도 지금 내가 사는 이 땅에서 성실하게 사는 것이 중요합니다.

요셉은 하나님께서 주신 꿈을 간직하고 있었습니다. 자기 형제들과 부모까지 자기 앞에 절하는 존귀한 자가 될 것을 미리 바라봤습니다. 그러나 현실은 정반대였습니다. 형제들이 그를 이스마엘 상인에게 노예로 팔아넘기는 바람에 멀리 애굽 땅에서 하루하루 천대를 받으며 살았습니다. 그러나 요셉은 현실을 비관하고 불평하며 막 살지 않았습니다. 있는 자리에서 충성을 다했습니다. 지금 자기 앞에 있는 주인을 최선을 다해 섬깁니다. 주인은 요셉을 기뻐하여 가정 총무의 일을 맡겼고, 요셉은 여전히 성실히 일합니다.

그런데 모함에 빠져 이제는 감옥에 갑니다. 그렇다고 낙심하지 않았습니다. 동일하게 감옥에서도 성실합니다. 마침내 30세가 되자 하나님께서는 요셉을 애굽의 총리가 되게 하십니다. 꿈이 이루어진 것입니다. 요셉이 꿈을 이루기까지 많은 시간이 걸렸지만 현실에 충실한 결과였습니다. 주어진 현실에 충실하니까 하나님께서 한꺼번에 좋은 것으로 갚아 주신 것입니다.

우리의 인생도 너무 멀리 바라보면 쉽게 지칩니다. 꿈은 높이 있어도, 낮추어서 현실을 성실하게 살아가는 것이 필요합니다. 필자는 이글을 아주 좋아합니다. "가장 좋은 스승은 제자에게 자신이 가진 지식을 아낌없이 주는 사람이고, 가장 훌륭한 자식은 부모님의 마음을 상하지 않게 하는 사람이며, 가장 현명한 사람은 놀 때는 세상 모든 것을 잊고 놀며, 일 할 때는 오로지 일에만 전념하는 사람이다. 가장 훌륭한 삶을 산 사람은 살아있을 때보다 죽었을 때 이름이 빛나는 사람이다."

우리의 인생도 너무 멀리 바라보면 쉽게 지칩니다. 꿈은 높이 있어도, 낮추어서 현실을 성실하게 살아가는 것이 필요합니다. 높은 계단을 오를 때 바로 앞의 계단만 보면 지치지 않습니다. 천리 길도 한 걸음씩 가면 지치지 않습니다. 필자가 특수부대 지휘관 할 때 일입니다. 천리(400km)행군할 때 병사들에게 앞 사람 발뒤꿈치만 바라보고 가면 언젠가 목표점에 도달한다고 강하게 말합니다. 그러면 결국 목표지점에 도달합니다. 하나님과 대화하며 하나씩 해결하시고, 한 걸음씩 나아가십시오.

70년간 바벨론의 포로로 살아가는 것은 하나님의 계획이었습니다. 그럼 이 계획 속에서 겸손히 하루하루 성실하게 살아가는 것이 하나님의 뜻이었습니다. 이제 포로 된 유대인들에게 중요한 것은 나라가 평안한 것이었습니다. 나라가 망하니까 포로가 되어 고통을 당한 것처럼, 내가 속한 나라가 평안하지 않으면 내 일신의 안위도 평안하지 않습니다. 우리는 지금 우리가 살아가고 있는 이 땅을 위해서 기도해야 합니다. 이 땅이 평안하기를 위해서 기도해야 합니다. 우리의 직장을 위해서 기도해야 합니다. 그것이 결국은 우리가 평안할 수 있는 방법이기 때문에 그렇습니다. 우리는 우리가 살고 있는 곳이 평안하지 않고서는 절대로 자신도 편하지 않다는 사실을 알아야 합니다. 현실에 충실하면 기회가 찾아옵니다. 지금 이스라엘백성이 자신들을 포로로 끌고 온 그 땅을 축복하는 일이 쉬운 일이겠습니까! 참으로 어려운 일일 것입니다. 우리가 우리의 원수를 축복해주는 것이 쉬운 일이겠습니까! 자신을 미워하고 박해하는 사람들을 축복하는 것은 쉽지 않은 일입니다. 참으로 하기 힘들고 어려운 일입니다. 그럼에도 불구하고 성경은 그들을 축복하라고 합니다. 그것이 결국은 자신을 위한 것이기 때문이라고 합니다.

우리의 감정을 이제는 자기중심에서 예수님 중심으로 옮겨야 합니다. 예수님은 자신을 십자가에 못 박는 이들을 위해서 "아버지여 저희를 사하여 주옵소서, 자기의 하는 것을 알지 못함이니이다"(눅 23:34). 라고 오히려 기도해주셨던 분이십니다. 우리는 우리의 삶의 환경을 축복해야 합니다. 지금 우리가 살아가고 있는 이 자리가 잘되어야 우리들이 잘됩니다. 우리의 회사가, 직장이, 잘되기를 기도해야 합니다. 발전하기를 기도해야 합니다. 그래야 우리가 잘되는 회사, 직장에 다닌다는 자부심도 얻을 수 있는 것입니다. 지금 현실에 충실 하고 만족하는 것이 행복인 것입니다.

"그러므로 내가 첫째로 권하노니 모든 사람을 위하여 간구와 기도와 도고와 감사를 하되, 임금들과 높은 지위에 있는 모든 사람을 위하여 하라. 이는 우리가 모든 경건과 단정한 중에 고요하고 평안한 생활을 하려 함이니라."(딤전 2:1-2).

내가 살고 있는 사회와 국가를 위해 기도하는 것이 성도의 마땅한 본분입니다. 나라가 평안해야 나도 평안할 수 있으며, 신앙생활도 잘 할 수 있기 때문입니다. 환난이 오면 정상적으로 하나님을 섬길 수 없습니다. 나라와 사회가 질서가 잡히고 공정하게 되어야 전도할 때도 어려움이 없습니다. 그렇게 성도는 평안함 가운데 천국을 향해 가는 것이 복입니다. "저희가 평온함을 인하여 기뻐하는 중에 여호와께서 저희를 소원의 항구로 인도하시는도다"(시 107:30).

신앙생활에 장애물이 없도록 기도하는 것이 또한 우리의 기도제목이 되어야 합니다. 몸이 너무 아파도 신앙생활을 잘 할 수 없고, 또 너무 가난하거나 여러 가지 복잡한 문제가 얽혀도 신앙생활을 잘 할 수 없습니다. 내 삶에 도움이 되지 않는 일들은 과감하게 정리하고 생활을 단순화시키시기 바랍니다. 현실을 행복하게 살고, 주님을 잘 섬기기 위해서 불필요한 잔가지들을 쳐내는 지혜가 필요합니다.

하나님은 과거에도 계셨고, 미래에도 영원히 계시는 분이시지만, 지금 여기에 나와 함께 하시는 하나님이십니다. 현실에서 주님과 만나고, 삶의 터전에서 주님을 경험하는 것이 중요합니다. 지나간 영화를 그리워하지 말고, 지금 주님과 친밀한 교제를 나누시기 바랍니다. 너무 먼 미래를 바라보며 들떠 있지도 말고, 지금 나와 동행하시는 하나님을 바라보고 기뻐하시기 바랍니다. 하루하루가 쌓여 미래를 만들듯이, 현실에 충실한 삶이 내 미래에 아름다운 상급을 쌓게 되는 것입니다. "다만 우리를 핍박하던 자가 전에 잔해하던 그 믿음을 지금 전한다 함을 듣고, 나로 말미암아 영광을 하나님께 돌리니라."(갈 1:23-24).

바울은 전에 예수님을 핍박하던 자였습니다. 그러나 지금은 예수님을 전하는 자가 되었습니다. 과거가 중요한 것이 아니라 지금이 중요합니다. 지금 나는 무엇을 하고 있습니까? 과거를 반성하고, 미래를 꿈꾸되 현실을 충실히 사는 것이 중요합니다. 주어진 현실을 충실하게 살아감으로 말미암아 하나님께 영광을 돌리는 복된 성도가 되시기 바랍니다. 하나님은 현실에 충실한 성도를 축복하십니다.

교회는 전도되어 들어온 성도들이 현실에 충실한 삶을 살아가도록 도와야 합니다. 삶을 살아가면서 알게 모르게 고통을 가하는 영적인 문제를 해결해야 합니다. 말씀과 성령으로 자유 함을 얻어서 현실에 충실하도록 성도들을 인도해야 할 것입니다. 영육이 말씀과 성령으로 장악되도록 해야 합니다.

일부 크리스천들이 이확천금을 노려서 허황된 꿈을 꾸다가 망하는 것을 봅니다. 제가 잘 아는 어떤 분은 부인이 보신탕집을 경영하여 돈을 좀 벌었습니다. 남편이 더 큰 돈을 벌기 위해 다른 인을 하다가 망하여 집도 경매에 들어가 모두 날리고 강원도 산 꼴에 허름한 집하나 얻어가지고 산다는 것입니다. 부인은 서울에 작은 방하나 얻어서 아들하고 같이 삽니다. 거기다가 스트레스와 충격을 받아서 눈이 잘 보이지 않는 다는 것입니다.

개척교회를 하시는 목회자들도 마찬가지입니다. 교회를 개척했으면 하나님께 기도하여 어떻게 목회하면 교회를 자립성장 시키겠는가, 기도하면서 노력하지 아니하고, 몇 천 명 몇 만 명 교회로 성장한 교회와 같이 순간에 성장시켜보려고 허황된 꿈을 가지고 행동합니다. 개척한 교회의 자립 성장에는 관심이 없고, 순간 대 교회로 성장시켜 보려고 사람들에게 보이는 박사학위나 받으려고 다닙니다. 자신의 내면에는 관심이 없습니다. 하나님과 관계를 여는 일에는 관심이 없습니다. 보이는 면에만 충실합니다. 하루하루 이런 세월을 보내다가 보니까, 나이가 들어버립니다. 그러니 이것도 아니고 저것도 아닌 반건달이 된 목회자가 많습니다. 모두 현실에 충실하지 못하여 당하는 고난입니다. 전도되어 교회에 들어온 성도들을 현실에 충실한 성도가 되도록 지도해야 합니다.

충만한 교회는 지방에 계시는 분들을 위하여 성령치유 집회 CD와 교재를 33종류를 비치하고 있습니다. 과목별 CD는 12시간을 녹음하여 12개입니다. 가격은 전화로 확인 바랍니다. 교재는 과목당 만원입니다. 필요하시면 주문하여 영성을 깊게 하실 수가 있습니다. 교재를 보며 CD를 들으면 현장에서 집회를 참석한 것과 같은 효과가 있습니다. CD를 들으면서 치유를 체험했다고 간증하는 분들이 많습니다.

*과목별 상세한 내용은 홈페이지 www. ka0675.com 에 들어오셔서 확인 바랍니다. 홈피에 보시면 계좌번호와 과목별 상세목록을 확인하실 수 있습니다.

3부 행복하려면 이렇게 해보세요.

12장 성전 된 자신의 몸이 행복하게

(고전 3:16)"너희는 너희가 하나님의 성전인 것과 하나님의 성령이 너희 안에 계시는 것을 알지 못하느냐"

우리가 예수 그리스도를 구주로 모시고 하나님을 아버지로 섬기면 우리 몸이 하나님의 성전이 되어서 우리 몸 인 성전 속에 하나님이 와서 계십니다. 하나님이 계신 그곳이 바로 하늘이고 성전입니다. 마음에 하나님이 와서 계시므로 주님의 몸 된 성전에 하나님과 그 아들 예수님과 성령 삼위일체가 계시므로 하나님의 사람이 된 것입니다. 하나님은 자신 속에 계시고 하나님을 모시게 되면 우리 마음이 하늘나라가 되고 우리 몸이 성전이 되고 마는 것입니다. 우리 마음이 하나님이 계시는 성전이요, 하나님의 주소가 되는 것입니다.

그러므로 우리는 항상 우리 마음을 잘 정돈해서 하나님이 거하시기에 부족함이 없도록 만들어야 되겠습니다. 자신의 마음은 예수님을 모시고 난 이후로는 지극히 크신 하나님이 와서 거하시는 것입니다. 그러므로 하나님이 평안하게 와서 거하실 수 있도록 우리 마음을 늘 정돈해야 될 것인 것입니다. 우리의 몸인 성전에 하나님께서 주인 되어 계셔야 행복한 인생이 되는 것입니다. 성전에 하나님을 주인을 보시기 위하여 마음을 열고 관리해야 합니다.

첫째, 마음 성전을 늘 청소하라. 우리가 육을 입고 살아가고 있는 이상 성전은 더러워질 수 있기 때문에 청소해야 되는 것입니다. 교회 와서 마음을 정결케 하고 난 다음에도 세상에 나가서 살면 또 마음이 어지러워지고 더러워지고 추해지는 것은 당연한 이치인 것입니다. 성경에는 물로 씻어 말씀으로 죄와 허물을 청소하라고 말씀하고 있는 것입니다. 에베소서 5장 26절에 "물로 씻어 말씀으로 깨끗하게 하사 거룩하게 하시고" 물로 씻으라는 것은 하나님 말씀이 물에 비유되는 것입니다.

우리가 더러워지면 죄를 회개하고 하나님 말씀으로 씻어달라고 기도하면 하나님 말씀이 물이 되어서 우리를 씻어주신다는 것입니다. 히브리서 10장 17절로 19절에 "그들의 죄와 그들의 불법을 내가 다시 기억하지 아니하리라 하셨으니 이것들을 사하셨은즉 다시 죄를 위하여 제사 드릴 것이 없느니라. 그러므로 형제들아 우리가 예수의 피를 힘입어 성소에 들어갈 담력을 얻었나니"

하나 놀라운 것은 성령의 임재가운데 하나님께 죄를 회개하면 우리 죄를 용서하시고 난 다음에 잊어버린다는 것입니다. 과거에 지은 죄를 하나님께 회개했는데 또 새롭게 하나님께 나와서 하나님께 과거에 잘못한 죄를 용서해 주십시오, 하면 하나님이 무슨 죄? 과거에 어느 때에 지은 죄 내가 회개했지 않습니까? 그런거 있었냐? 모르십니까? 나는 용서하면 그냥 잊어버리기 때문에 기억

안 난다. 그렇게 말씀하실 것입니다. 하나님이 과거를 다 기억한다면 머리 아파요. 머리 아파서 견디지 못하실 것입니다. 죄를 어지간히 지어야 말을 하지 죄를 너무 많이 지어서 과거를 들춰내면 하나님의 머리가 아픕니다. 우리가 언제나 분쟁이 그치지 않는 것은 용서한 죄를 또 들추어 새로 말하고 새로 말하는 그 잘못이 있습니다.

가족이나 친구나 이웃과 사이에 감정대립이 생기면 과거에 있었던 것을 말하지 마세요. 하나님도 잊어버렸는데 왜 기억하고 있어요? 현재의 잘못을 서로 용서해 주고 용서를 빌고 씻어버리면 손 털어버리고 말지 옛날에 있던 것을 꼬치꼬치 자꾸 캐서 다시 질문을 하고 책임을 전가하면 분노를 하게 하는 것입니다. 사람 모욕감을 느끼는 것입니다. 한번 용서한 것은 하나님은 영원히 용서해 주시는 것입니다. 그러므로 우리 하늘나라에 올라가면 과거에 잘못한 것이 전혀 없습니다. 하나님이 다 용서해 주시고 하나님도 다 잊어버리고 자신도 잊어버려야 되는 것입니다. 이러므로 우리의 몸 된 성전을 성령으로 기도하며 청소하는 것도 물로 씻어 말씀으로 죄와 허물을 깨끗이 회개해서 씻어버리면 잊어버리는 것입니다. 새로 더러워진 것은 청소해도 과거에 잘못한 것은 들춰내면 안 됩니다.

우리는 죄를 물로 씻어 말씀으로 깨끗하게 할 뿐 아니라 항상 우리 따라다니는 원수 마귀를 쫓아내야 되는 것입니다. 마귀가 와서 우리를 유혹하여 죄를 짓도록 하는 것입니다. 마귀는 항상 우리 따라다니면서 훼방을 합니다. 일에 훼방을 놓으면 참 일하기가 곤란하지 않습니까? 마귀는 우리가 이 세상에 살아가는데 있어서 일이 안 되도록 자꾸 훼방을 하는 것입니다. 그리고 마음에 염려, 근심, 불안, 초조, 절망 같은 것으로 억압을 하는 것입니다. 염려, 근심, 불안, 초조, 절망 같은 것 억압을 하면 마음이 고통스러워서 그것이 병이 되는 것입니다. 마음의 병이 육신의 병이 되는 것입니다. 우리의 육신의 병의 거의 전부는 마음의 억압을 청소하지 못해서 생기는 병인 것입니다. 그리고 우울병, 우울증이란 무섭습니다.

우리 다 고민이 있는 것은 마귀가 사람들을 차별대우하지 않고 따라다니면서 고통을 가하는 것입니다. 마음에 우울증, 우울증이 들어오면 모든 것이 슬퍼지고 살 희망이 없어지고 괴로워지기 때문에 자기 목숨을 끊는 일이 생기는 것입니다. 한 평생에 우울증을 안 겪어본 사람은 한 사람도 없을 것입니다. 그러나 우리가 우울증을 가져오도록 내버려 놓으면 안 되는 것입니다. 마귀는 사람을 사로잡아서 악마화 시키는 것입니다. 마귀처럼 만드는 것입니다. 그러므로 항상 마귀를 쫓아내야 되는 것입니다. 성경에는 누가복음 10장 19절에 "내가 너희에게 뱀과 전갈을 밟으며 원수의 모든 능력을 제어할 권능을 주었으니 너희를 해칠 자가 결코 없으리라" 우울증도 우리가 쫓아내면 마귀가 헤치 못하고 쫓겨나가는 것입니다. 그런데 그대로 내버려 두니까 자꾸 상처를 만들지요. 자꾸 쫓아내야 돼요. 우리들은 귀신을 쫓아낼 권세가 있습니다. 귀신은 힘이 있어요. 천사의 타락한 놈이었기 때문에 힘이 있어요. 우리보다 훨씬 힘이 있습니다.

그러나 권세는 우리가 더 많이 가지고 있습니다. 우리는 하나님의 아들 예수님을 믿음으로 말미암아 영생을 속에 가지고 있습니다. 그리고 하나님께서 하나님 아들의 권세를 주었으므로 하나님의 아들은 귀신을 지배하는 권세가 있는 것입니다. 그러므로 자꾸 귀신을 쫓아내야 돼요. 잠자기 전에도 성령으로 기도하며 "나사렛 예수 이름으로 명하노니 나를 억압하는 원수귀신은 물러가라!" 아침에 일어나고도 마음이 거리끼는 느낌이 있으면 물러가라고 쫓아내고 사업장에도 들어가서 자꾸 훼방이 다가오고 일이 안되고 거치적거리는 일이 생기면 당장 귀신을 쫓아내야 돼요. 우리는 잊어버립니다.

귀신을 쫓아내라고 그렇게 말했는데도 안합니다. 안 해서 안하는 것이 아니라 잊어버려서 안하는 것입니다. 제가 꼭 이렇게 귀신을 쫓아내라고 말씀을 드리고 난 다음에도 나도 저녁에 안 쫓아내고 잡니다. 자다가 밤중에 일어나서 마음이 답답하고 괴로움이 있으면 그때야 아이고 내가 귀신을 쫓아내고 잤으면 이렇게 마음의 억압이 없었을 텐데 라고 예수 이름으로 쫓아내면 귀신이 쫓겨나고 마음에 평안이 오는 것입니다. 그러므로 원수 귀신을 꼭 쫓아내야 돼요. "믿는 자들에게는 이런 표적이 따르리니 곧 그들이 내 이름으로 귀신을 쫓아내며"(막 16:17). 예수를 믿으면 그 표적이 따른다는 것입니다. 그리고 마귀를 대적하라 그리하면 피하리라고 성경에 말씀했으니 그러니 우리가 마귀보다 우월한 권세를 가지고 있는 것을 잊지 말아야 하는 것입니다.

둘째, 성전된 몸을 정리 정돈하라. 성전된 자신의 몸을 청소만 할 뿐 아니라 농짝 놓을 때 농짝 놓고 이브자리 놓을 때 이브자리 놓고 벽에 놓을 것 벽에 놓고 마음을 정돈해야 되는 것입니다. 누가복음 17장 20절로 21절에 "바리새인들이 하나님의 나라가 어느 때에 임하나이까 묻거늘 예수께서 대답하여 이르시되 하나님의 나라는 볼 수 있게 임하는 것이 아니요 또 여기 있다 저기 있다고도 못하리니 하나님의 나라는 너희 안에 있느니라" 한번 따라 말씀하세요. '하나님의 나라는 너희 안에 있느니라.' 바로 예수님의 보혈과 성령으로 청소하고 이제 정돈하는 그것이 하나님 계시는 나라요 하나님의 주소인 것입니다.

그러므로 하늘나라가 여기 있다. 와~ 몰려가고. 저기 있다. 와~ 몰려가고. 그런 것이 아닙니다. 하나님은 시간과 공간을 떠난 영원 속에 사시는 하나님이시기 때문에 하나님은 동시에 삼층천 저 우주의 하늘에도 계시고, 자신의 마음 속에도 계시고, 온 성도들의 마음 속에 동시에 다 와 계시고, 하나님은 사람의 생각으로 가늠할 수 있는 그런 적은 하나님이 아닌 것입니다. 위대한 하나님이신 것입니다. 하나님의 나라는 너희 안에 있느니라. 우리들의 안에 있고 오늘 필자의 안에도 있습니다. 똑같이 있으면서 내 사정도 아시고, 기도도 들으시고 나의 기도도 들으시는 전지전능하신 하나님이신 것입니다. 그러므로 하나님 나라가 되었은즉 우리는 새사람이 되어서 내 새사람이 어떤 사람인지 확실히 알아야 돼요. "누구든지 그리스도 안에 있으면 새로운 피조물이라 이전 것은 지나갔으니 보라 새것이 되었도다." 이전에 내가 어떠한 사람이었다는 것은 오래 살아왔으므로 잘 알지요. 그런데 예수님 안에서 새로운 사람이 된 것을 알아야 하나님이 주신 은혜를 다 누리고 살 수 있는 것입니다. 자기의 정체성을 확립해 알아야 되는 것입니다.

자기 정체성을 어떻게 아느냐. 하나님이 우리 안에 와서 계시므로 하나님과 똑같이 우리는 의로운 사람이 되었습니다. 죄인이 아니라 의로운 사람이 되었습니다. 한번 말씀해 주십시오. 나는 예수님으로 말미암아 의로운 사람이 되었습니다. 나의 행위로 의로운 사람이 된 것이 아닙니다. 나는 행위로도 죄를 짓고 있음에도 불구하고 예수를 믿음으로 말미암아 우리 믿음을 통해서 주님이 의의 선물을 입혀 주신 것입니다. 믿음으로 의로움을 입었습니다. 이 의로움이라는 것은 보통 말이 아닙니다. 주님이 주시는 의로움은 이 세상의 죄를 한 번도 안 지은 상태를 말하는 것입니다. 예수 믿고 의롭다는 것은 이 세상에서 죄를 한 번도 안 지은 상태요 하나님 아무리 살펴보아도 죄를 발견할 수 없는 완전한 의로움을 말하는 것입니다. 예수를 믿으면 그런 의로움을 주님께서 선물로 주셨습니다. 행위로 의롭게 된 것이 아닙니다. 선물로 의로움을 얻어서 의로운 자가 된 것입니다. 그러므로 마귀가 죄를 발견하지 못합니다. 의로운 사람인 것입니다. 한번 따라 말씀하세요. 나는 하나님처럼 의롭게 되었습니다. 로마서 3장 24절에 "그리스도 예수 안에 있는 속량으로 말미암아 하나님의 은혜로 값없이 의롭다 하심을 얻은 자 되었느니라"

하나님이 속량해 주셨는데 은혜는 공짜로 주는 것 아닙니다. '하나님의 은혜로 값없이 의롭다 하심을 얻은 자 되었느니라.' 그렇기 때문에 우리들이 하나님 나라를 담대하게 마음속에 가지고 있다고 전할 수 있는 것은 우리들이 그런 의로움을 가진 사람이기 때문인 것입니다. 또 그럴 뿐 아니라 거룩한 사람이 되었습니다. 거룩한 사람은 하나님이 계시는 신비한 모습을 거룩하다고 말합니다. 하나님과 교통할 수 있는 사람을 말합니다.

골로새서 1장 21절로 22절에 "전에 악한 행실로 멀리 떠나 마음으로 원수가 되었던 너희를 이제는 그의 육체의 죽음으로 말미암아 화목하게 하사 너희를 거룩하고 흠 없고 책망할 것이 없는 자로 그 앞에 세우고자 하셨으니" 거룩하다는 것은 여러 가지 행위에 더러운 모습을 청산한 것을 말하는 것입니다. 죄는 하나님의 법을 어기는 것이고 허물진 것을 우리가 거룩하지 않은 행실이라고 말하는데 참 해석하기가 힘이 듭니다. 욕 잘하는 사람 꼭 죄는 아니어도 욕을 잘하는 사람 허물이 많은 사람인 것입니다. 그러므로 자신은 예수님 안에서 허물에서 벗어나서 거룩한 사람이 되었다고 자기 자신을 격려해 주어야 되는 것입니다.

그 다음에는 자기 자신이 하늘나라에 들어오면 건강한 자기가 되었다는 것을 확증을 해야 되는 것입니다. 우리는 모두 다 병이 듭니다. 그러나 항상 건강이 우리를 둘러 진치고 있는 것입니다.

성경말씀 베드로전서 2장 24절에 "그가 채찍에 맞음으로 너희는 나음을 얻었나니" 예수님께서 우리들을 위해서 그 당시에 채찍에 맞으면 마흔에 하나를 감한 서른아홉 차례 채찍을 맞습니다. 채찍은 이런 가죽 뒤에다 끝에 쇠고랑을 걸었어요. 때리면 쇠고랑이 몸에 파고 들어와서 쫙 당기면 쫙하고 온몸이 찢어지는 것입니다. 이렇게 로마군인은 예수님 벗겨놓고 사십에 하나 감한 서른아홉 차례 매를 때렸습니다. 그러니 얼마나 아팠겠습니까? 몸이 산산조각이 났습니다. 그러면서 성경은 말하기를 저가 채찍에 맞음으로 너희가 나음을 입었도다. 저가 우리 연약한 것을 친히 담당하시고 우리 병을 짊어지셨도다. 그러니까 예수님이 우리들의 몸에 있는 병을 보면 몸서리를 칩니다. 그냥 병들었구나. 이놈의 병 네가 왜 여기 붙어 있느냐? 내가 이 병 갖기 위해서 몸이 다 찢어졌는데 왜 또 여기 붙어 있느냐? 그러면서 주님은 병 낫기를 진실로 원하시는 것입니다. 그러므로 병을 대적하고 몸에 붙어있기를 허락하지 말아야 되겠습니다. 이게 정체성입니다. 원래 사람은 병 없이 살도록 만들어져 있습니다. 그것을 알아야 병에서 놓여남을 받을 수가 있는 것입니다.

그리고 또한 하늘나라에 들어오므로 저주에서 해방된 것입니다. 제일 큰 저주는 하나님과 관계가 없는 것입니다. 다른 저주라는 것은 뭡니까? 하는 일마다 안 되는 것이 저주입니다. 가시와 엉겅퀴가 자신을 휙휙 감고하는 일마다 안돼요. 밥을 지어 놓으면 밥이 타버리고 옷을 기워놓으면 기운 데가 찢어지고 신발을 사오면 구멍이 난 신발이고 무엇을 하든지 안 되는 것이 있습니다. 그러나 어떠한 사람은 무엇을 하든지 잘되는 사람이 있어요. 집에 들어오면 집이 복을 받고 떡 반죽 그릇을 만지면 떡 반죽 그릇이 복을 받고 짐승을 기르면 새끼조차 복을 받고 복이 늘 따라다니는 사람은 저주에서 해방된 사람인 것입니다. 제일 큰 저주는 지옥가는 것인데 예수님을 믿으니 해결이 되었습니다.

고린도후서 8장 9절을 읽어 보십시다. "우리 주 예수 그리스도의 은혜를 너희가 알거니와 부요하신 이로서 너희를 위하여 가난하게 되심은 그의 가난함으로 말미암아 너희를 부요하게 하려 하심이라" 그리스도의 은혜를 압니까? 알면 한번 크게 말씀하십시오. 그리스도의 은혜를 아십니까? 무슨 은혜입니까?

따라 말씀하세요. 나를 부요케 하는 은혜가 있다. 이것 그냥 지나갈 것 아닙니다. 예수님께서 우리들을 부요케 하기 위해서 가난을 짊어지셨다는 것입니다. 예수님이 얼마나 부요합니까? 하늘과 땅의 모든 것을 다 소유하신 분이 집 한 채 없이 노숙을 하고 산에서 주무시고 들에서 주무시고 얻어먹으시고 헐벗고 굶주린 삶을 살았었습니다. 그런 예수님의 삶을 보고 하나님의 성령께서는 "저가 부요하신 자로써 너희를 위하여 가난하게 되심은 그의 가난함으로 너희를 부요케 하려 하심이라." 너 때문에 가난하게 되었다. 그러면 우리들이 가난하게 살면서 주여! 저는 가난하게 삽니다. 영광 받으소서. "야~ 이놈아 영광 받을 것 없다. 너 때문에 내가 얼마나 굶었는데…" 오늘날은 예수님께서 가난하고 헐벗고 굶주린 사람을 우리로 하여금 도와주라고 하신 것입니다. 마지막 심판 때 주님 심판하실 때 주님을 잘 믿은 사람들을 보시고 내가 굶었을 때 먹여 주었고 내가 벗었을 때 입혀 주었고 내가 쉴 때가 없을 때 나를 집으로 이끌어 주었고 외로울 때 친구가 되어 주셨고 아플 때 치료해 주었다고 하니까 그 사람들이 주여! 언제 그랬습니까? 우리는 그런 것을 못 보았는데요. 이 가운데 적은 소자 한 사람을 위해서 해준 것이 내게 해준 것이다. 그만큼 우리 주위 환경에 가난하고 헐벗고 굶주리고 병들고 고아인 사람들을 도와주는 것이 주님이 얼마나 원하기 때문에 그 사람들 도와주는 것이 주님께 해주는 것과 같다고 말한 것입니다. 주님은 도무지 헐벗고 굶주리고 병들고 가난하기를 원치 않습니다. 그러므로 정체성을 확실히 알아야 돼요. 아~ 나는 그리스도 믿고 헐벗고 굶주리고 참고 나간다. 참고 나가는 것은 독자들은 참고 나가면 좋을지 몰라도 예수님은 우리 때문에 대가를 지불했으니 예수님은 헛일하는 것이 되고 마는 것입니다. 헛일을 한다는 거예요. 예수님이 헛되이 고난 받으신 것입니다. 너를 위해서 고난 받았다고 했는데 네가 고난을 대속해서 부요하게 되지 않고 고난 가운데 그냥 살면 예수님을 잘못 섬긴 것입니다.

그 다음에 알아야 될 것은 영생 천국 인이 된 것입니다. 예수님 때문에 천국 인이 된 것입니다. 예수님 믿기 전에는 어디서 와서 왜 살며 어디로 가는지 몰랐잖아요. 그런데 예수님이 오시고 난 다음에 우리들은 영생 천국을 알았습니다. 예수님 믿고 영생 천국 인이 된 것입니다. 요한복음 14장 2절로 3절에 보면 "내 아버지 집에 거할 곳이 많도다 그렇지 않으면 너희에게 일렀으리라 내가 너희를 위하여 거처를 예비하러 가노니 가서 너희를 위하여 거처를 예비하면 내가 다시 와서 너희를 내게로 영접하여 나 있는 곳에 너희도 있게 하리라"

예수님 계신 곳에 함께 있겠다는 것입니다. 우리가 한번은 죽어야 되는 것입니다. 사람이 한번 나서 태어나서 죽는 것은 정한 이치요. 그런데 죽을 때 아무도 나를 도와줄 수 없을 때 나 혼자 죽음을 맞이하는데 갈 곳이 없다면 그 죽는 순간 얼마나 고통스럽겠습니까? 죽음이 오더라도 마음이 불안하고 고통스러운 가운데라도 주님이 날 위해서 예비해 놓았다. 주님이 날 데리러 오시니까 두려워하지 않는다. 그럼 주님께서 내 육신 떠날 때 내 손잡고 주님 예비한 곳으로 데려다 주시니 얼마나 좋습니까? 그러므로 자기의 정체성을 알면 마음에 그와 같은 평안을 가질 수가 있는 것입니다. 이러므로 "나는 예수님 안에서 의로운 사람이 되었다. 거룩한 사람이 되었다. 나는 건강한 사람이 되었다. 나는 축복받은 사람이 되었다. 나는 천국 인이 되었다." 왜냐하면 내가 마음속에 마음 천국이 되었기 때문에 마음 천국에는 이러한 사람이 들어오게 된다는 것입니다. 그러므로 이 마음을 힘차게 지켜야 돼요. 마음 천국을 세상 마귀가 들어오도록 하고 어지럽혀 놓으면 안 되는 것입니다. 마음을 지켜야 하는 것입니다. 잠언 4장 23절에 "모든 지킬 만한 것 중에 더욱 네 마음을 지키라 생명의 근원이 이에서 남이니라"

행복하고 불행한 것이 마음에서 나옵니다. 마음이 생명의 근원입니다. 하나님이 영혼이 잘됨같이 범사에 잘되며 강건하고 생명을 얻되 넘치게 얻는 생명수가 마음의 호수에 꽉 들어차 있습니다. 이 마음을 지켜야 돼요. 여기에 사탄이 와가지고서 온갖 더러운 것을 다 집어넣고 물이 썩어지게 하고 마르게 하면 물이 안 나오면 농사를 못 짓는 것과 같이 우리 삶에 축복을 누리지 못하는 것입니다. 놀랄 만큼 마음은 하나님의 축복으로 가득 차 있는 것입니다. 예수를 믿고 난 다음에 그리스도가 마음속에 용서가 가득하게 넘실거리고 거룩함이 가득 차게 넘실거리고 치료가 넘실거리도록 출렁거리고 축복이 넘쳐나서 남하고 나누어 먹어도 남을 수 있도록 출렁거리게 해주시고 영생복락을 얻는 축복으로 그 마음을 채워 놓는 것입니다.

셋째, 새로운 자신의 세계를 만들라. 창세기에 땅이 공허하고 혼돈하며 흑암이 깊음 위에 있을 때 하나님의 성령이 수면에 운행하시다 새로운 세계가 이루어진 것입니다. 땅이 공허하고 혼돈하며 흑암이 깊음 위에 있는데 하나님의 성령이 그 위에 운행했었습니다. 운행했다는 것은 품었다는 것입니다. 새가 날개를 너풀거리는 것처럼 품었다는 것입니다. 성령이 품는데 하나님 말씀에 빛이 있으라고 했으매 어둠이 사라지고 빛이 있고 궁창이 생겨나라 하니 궁창이 생겨나고 기적이 일어난 것입니다. 우리 예수 믿는 사람의 놀라운 것은 하나님께서 우리에게 성령을 보내주셨지 않습니까?

믿는 자들은 성령을 다 모신 것입니다. 하나님께서 성령을 보내 주시고 그 다음 또 뭘 주셨습니까? 말씀을 주셨습니다. 창조의 근원인 성령과 말씀 이 두 가지를 우리에게 주셨기 때문에 하나님은 이것을 통해서 우리 세계를 만들라고 주신 것입니다. 하나님은 성령을 통해서 말씀을 가지고서 세계를 만들고 만들어 놓은 세계를 보니 심히 좋았더라고 말씀했는데 좋은 삶을 우리가 만들어야 돼요. 어떻게 해서 만드느냐. 우리의 마음이나 가정이나 사회나 국가가 파괴되어가고 있을 때 말씀과 성령을 동원해서 새로운 세계를 우리 만들어 나가야 되는 것입니다.

우리가 성령이 충만하고 말씀이 충만하면 기적이 일어나는 것입니다. 항상 성령이 함께 계시고 자신 안에 주인으로 계신다는 것을 마음속에 잊지 마시기 바랍니다. 하나님께 기도할 때 성령님 저가 오늘 이 일을 기도하오니 성령께서 운행하여 역사해 주시옵소서. 오늘 병들어서 고통스러운데 하나님 성령이 오셔서 주의 말씀 저가 채찍에 맞음으로 너희가 나음을 입었다는 말씀이 이루어지게 하옵소서. 딱 맞아 떨어지지요. 성령이 운행하고 하나님 말씀을 주면 그 다음 이루어지는 것입니다. 이처럼 우리들이 굉장히 축복받고 영적으로 무장되어 있는 사람들인 것입니다. 무능력한 사람들이 아닌 것입니다. 자신의 현재 생활을 지키고 발전시킬 수 있는 능력을 가지고 있는 행복한 사람들인 것입니다.

13장 세상에서 행복하게 지내는 방법

(갈 6:7-10)"스스로 속이지 말라 하나님은 업신여김을 받지 아니하시나니 사람이 무엇으로 심든지 그대로 거두리라. 자기의 육체를 위하여 심는 자는 육체로부터 썩어질 것을 거두고 성령을 위하여 심는 자는 성령으로부터 영생을 거두리라. 우리가 선을 행하되 낙심하지 말지니 포기하지 아니하면 때가 이르매 거두리라. 그러므로 우리는 기회 있는 대로 모든 이에게 착한 일을 하되 더욱 믿음의 가정들에게 할지니라."

이 세상에 사는 사람치고는 어느 누구 한사람도 행복해지기를 원치 않는 사람은 한사람도 없습니다. 그러나 많은 사람들이 행복해지지 않고 불행한 생활을 하고 있고 슬픔을 지고 사는 이유는 그들이 행복으로 걸어가는 길을 알지 못하기 때문에 그런 것입니다. 행복이란 우리 한 사람 한 사람 행복해 지기를 원하는 사람의 마음의 결단에 달려있는 것입니다. '내가 행복을 선택해야 되겠다, 나는 매일 매일의 생활 속에 불행을 선택하지 아니하고 행복을 선택해야 되겠다'는 마음의 선택의 결단이 우리에게 절실히 필요한 것입니다. 아브라함 링컨은 말하기를 "인간은 행복해 지기를 원하는 것만큼 행복해질 수 있다"고 그는 말한 것입니다. 그러므로 저는 오늘 한 사람 한 사람 이 세상에 살면서 부유하던지 가난하던지 건강할 때나 병들 때나 상관할 것 없이 행복을 가지고 살 수 있는 여러분에게 주권을 제시해 드리겠습니다.

첫째로 우리가 행복한 생활을 하기 위해서는 매일의 생활 중 주님을 영화롭게 하기로 마음에 결심을 해야만 하는 것이다. 제가 지방에 갔다가 오는 길에 KTX를 탔는데 옆자리에 앉아있는 어른의 말을 들었습니다. "나는 상당히 성공한 사람입니다. 나는 집도 있고, 돈도 있고, 사회적인 직위도 있고, 명예도 있는 사람입니다만 그 무언지 모르게 인생이 늘 시들하고 공허합니다. 삶의 의욕이 없습니다. 마음이 늘 괴롭습니다. 이거 왜 그럴까요?" 그래서 그 어른에게 그런 설명을 했습니다. "어르신의 마음속에 공허하고 시들한 이유는 마음속이 텅 비어있기 때문인 것입니다. 삶의 내용이 없기 때문에 그런 것입니다. 아무리 잘 먹고 잘 입고 마시고 겉치레를 근사하게 해도 속이 텅 비어 있는 사람은 속에 허기증이 생깁니다. 사람은 영적인 존재이기 때문에 내용이 있어야 되는데 그 삶의 내용은 예수 그리스도 밖에 없습니다. 예수를 믿으십시오. 그리고 하나님을 영화롭게 하기 위해서 사십시오. 마음이 하나님의 사랑과 은혜로 채워질 것입니다. 그러면 삶에 의미가 있고 가치가 있어지고, 또 나의 영원한 삶의 목표가 하나님을 주인으로 모시고 천국을 누리다가 영원한 천국에 가는 것이 삶의 목표가 될 때 동남풍이 불고, 서북풍이 불어도 세월이 흘러가고 환경이 변해도 변치 않는 삶의 의미와 가치와 목적을 가지고 행복하게 살 수 있습니다."

그리고 제가 기도해 드릴 수가 있습니다. 오늘 우리들의 삶이 아무리 거창스럽게 화려한 겉치레를 한다고 할지라도 속이 텅 비어 있으면 행복은 다가오지 않습니다. 사람의 행복은 진실로 속이 가득 차야 됩니다. 삶의 가치로 가득 차야 되고, 삶의 의미로 가득 차야 되고, 삶의 목표가 있어야 어떠한 처지에 있던지 인간의 자부심을 느낄 수 있게 되고 삶의 가치를 느끼게 되고, 그리고 자존심을 갖게 되고 삶의 기쁨을 얻을 수가 있는 것입니다. 이 길은 하나님을 매일 매일 영화롭게 하기 위해서 사는 그 길 밖에는 다른 길이 없는 것입니다.

둘째, 행복을 얻기 위해서는 매일 정한시간 성경을 묵상하고 기도해야만 되는 것이다. 우리 사람들이 하루만 양식을 먹지 않아도 허기증이 생기고, 이틀 사흘 굶으면 그 다음은 밥 생각밖에 나지 않고 신경질이 나는 것입니다. 이와 같이 우리 사람은 육신의 양식만 먹고는 살수가 없습니다. 사람은 영적인 양식, 마음의 양식을 먹어야 되는 것입니다. 영적으로, 마음으로 굶주린 사람이 행복이 다가올 수가 있겠습니까? 믿음, 소망, 사랑, 기쁨, 평화가 마음속에 넘쳐날 수 있겠습니까? 사랑과 희락과 화평과 오래 참음과 자비와 양선과 충성과 온유와 절제 같은 이러한 귀한 마음의 양식은 하나님의 말씀을 매일 같이 먹어야 되는 것입니다.

우리가 삼 시 세 때 양식을 먹는 것처럼 우리도 매일 같이 하나님의 말씀을 착실히 먹고 착실히 묵상해서 이 말씀이 우리 가운데 충만하게 될 때 내적인 허기증을 느끼지 아니하고 이 세상에 여러 가지 다가오는 시험과 환란을 이겨 나갈 수 있는 내적인 힘을 얻을 수가 있는 것입니다. '믿음은 들음에서 나며 들음은 그리스도의 말씀으로 말미암기 때문에' 말씀을 읽고 듣고 묵상하는 사람 속에 믿음이 충만하게 되는 것입니다. 또 나아가서 성령으로 기도해야 되는 것입니다. 오늘날 기도하지 않고 하나님과 교제 할 수 있습니까? 사람과도 서로 대화하지 않고는 안 친해지는데 하나님과 친해지려면 기도를 해야 됩니다. 교회 왔다 갔다 하면서 내가 개인적으로 하나님과 깊은 기도의 교제 관계가 없으면 성령이 내 마음 속에 충만하지 않습니다.

저는 매일 같이 무시로 기도를 하지 아니하면 그 마음속에 공허가 말할 수 없습니다. 그 날 나와서 무슨 일을 해도 일이 잘 안되고, 신경질 나고, 화가 나는 일만 자꾸 생겨나는 것입니다. 그러나 내가 주께 고할 듯 하고, 하나님과 대화를 해서 하나님의 뜻을 알고 난 다음에 마음에 성령이 충만하고 기쁨이 넘쳐서 나오면 그 날은 어떤 일을 당해도 능히 해결할 수 있는 힘과 능력과 지혜와 총명을 하나님께서 주시고 모든 일이 합동하여 선을 이룰 수 있는 믿음을 얻을 수가 있는 것입니다. 이렇기 때문에 우리가 인생을 살면서 염려 없는 인생은 살 수 없어요. 문제없는 인생도 살 수 없습니다. 가는 곳마다 염려가 다가오고, 문제가 다가오고, 시험과 환란이 다가옵니다. 이것을 이겨내지 못할 때 우리가 고통이 다가오는 것입니다. 이것을 이겨 낼 수 있는 내적인 힘이 있을 때 어떠한 시련과 환란이 다가와도 우리는 당당하게 승리 할 수 있는 것입니다. 이렇기 위해서 우리는 말씀을 먹어야 되고 우리는 기도해서 성령이 충만해야 되는 것입니다. 그러면 말씀과 성령이 충만한 사람은 어떠한 시험과 환란이 다가와도 이것을 오히려 변화시켜서 나의 밥으로 만들어 버리고 또 힘을 얻게 만들고 마는 것입니다. 이러므로 우리가 행복한 내적인 삶을 살기 위해서는 매일 정한시간에 성경을 연구하고 기도하는 것을 게을리 하지 마시기를 주님의 이름으로 축원합니다.

셋째, 행복을 얻기 위해서는 매일 마음에 병을 청산해야 되는 것이다. 이 세상에 사는 동안 육신에도 여러 가지 질병이 다가오는 것처럼 사람의 마음에도 끊임없이 병이 다가옵니다. 마음에 병을 키워 놓고 나면 마음에 죽음이 다가오는 것입니다. 이렇기 때문에 마음에 죽음이 다가 오기 전에 마음의 병을 자꾸 청산하고 치료해 나가야 되는 것입니다. 마음의 병은 무엇으로 생길까요? 미움이나 분노, 울분, 원한 등을 그대로 내버려두면 이것이 마음에 무서운 파괴적인 병을 일으키는 것입니다. 이렇기 때문에 성경은 말씀하기를 "분을 내어도 죄를 짓지 말며 해가 지도록 분을 품지 말고"라고 말 한 것입니다. 오늘날 인생을 살면서 우리 마음속에 성날 일, 미울 일, 분노, 원한을 안 당하는 것이 아닙니다. 그러나 이것을 가지고서 마음에 품은 채로 하루해를 건너고 잠자리에 들어가면 이것이 우리의 심정 속에 무서운 파괴를 가져오는 것입니다. 이렇기 때문에 미움이 들어오고, 분노가 들어오고, 원한이 마음속에 사무치더라도 그 해가 지나기 전에 주님 앞에 나와서 이것을 다 고백해서 청산해 버리고 성령과 예수의 피로 씻어 버리고 이것을 다 흘러가는 물처럼 흘러 보내게 되시기를 주의 이름으로 축원합니다. 해가 지기전에 성령으로 마음을 정화하는 것을 습관화 해야 합니다.

그뿐 아니라 마음속에 불안과 공포가 사람인 이상 안다가올 수 있습니까? 환경의 여러 가지 불안과 공포가 소용돌이치며 다가옵니다. 이 불안과 공포가 다가올 때 이것을 가지고서 전전긍긍 하지 말고, 불안하고 공포에 차거들랑 일하는 손을 다 그쳐버리고 마음 안에 골방으로 들어가서 하나님께 부르짖으십시오. 왜냐하면 이 세상에서 어떠한 불안과 공포라도 하나님은 더 위대하신 것입니다. 이 위대하신 하나님께 나가서 마음을 열어놓고 간절히 기도해서 불안과 공포 대신에 예수 그리스도의 사랑이 마음속에 충만하게 되면 하늘과 땅을 지으신 하나님께서 나를 사랑하시고 품어 주심으로 말미암아 나는 두려워 할 것이 없다는 신념이 생겨나게 되는 것입니다.

그리고 부정적인 마음과 좌절감을 청산해 내야 되는 것입니다. 우리는 환경에서 부정적인 환경과 부정적인 생활의 여러 가지 요건이 다가오는 것입니다. 이것을 그대로 받아들여서 부정적인 마음이나 좌절감을 가지게 되면 인간은 파멸 당하고 마는 것입니다. 우리가 이 세상에 살면서 우리가 그늘 밑을 찾아가려면 얼마든지 그늘이 있습니다. 아무리 태양이 쨍쨍 내리쬐는 대낮에도 나무 밑에도 그늘이 있고, 빌딩 밑에도 그늘이 있고, 처마 밑에도 그늘이 있고, 그늘진 길을 찾아가려면 얼마든지 찾아갈 수 있습니다.

그러나 태양이 찬란하게 비추는 그 아래에 가려면 태양 빛 아래도 얼마든지 갈 수 있는 것입니다. 이렇기 때문에 행복이란 마음의 선택의 결정에 있다는 것은 이 세상을 살면서 슬픈 것을 찾아서 그것을 집중적으로 바라보고 그 마음이 부정적이고 파괴적이 될 수도 있고, 또 우리의 환경 가운데서 밝고 맑고 환하고 희망찬 것을 바라보고 그것을 집중적으로 생각하고 그것을 마음속에 받아들임으로 말미암아 마음속에 긍정적이고 적극적이며 창조적이고 생산적인 인간의 삶의 태도를 취할 수도 있는 것입니다.

가정사도 그렇습니다. 가정에 많은 일들이 생겨나는데 그 일들 가운데서 내가 부정적인 요소를 다 끌어 모아서 내 무덤을 만들 수도 있는 것입니다. 그러나 그 여러 가지 부정적인 요소가 있음에도 불구하고 가정에서 우리를 즐겁게 하고 소망 채워 기쁘게 하는 요소일 수 있습니다.

이것을 자꾸 끌어 모아서 가꾸어서 이것이 온 가정을 충만하게 채워버리게 할 수도 있는 것입니다. 이러므로 행복과 불행, 절망과 소망은 자신의 마음의 선택에 달려있다는 것을 우리가 깊이 알아야만 되는 것입니다. 이렇기 때문에 우린 부정적인 환경이나 좌절을 가져오는 환경을 그대로 받아들여서 마음조차 부정적이 되고 좌절해 버리지 말게 되기를 주의 이름을 축원합니다.

그리고 죄책을 마음속에 가지고 있어서는 안 됩니다. 마음속에 실제로 죄를 짓고 죄책감이 생기면 곧장 하나님께 회개하고 죄를 버리고 양심의 소리를 들어서 마음을 청결하고 깨끗하게 할 때 행복이 다가오지, 양심의 죄책을 가지고서 그대로 살 때 행복은 다가오지 않습니다. 또 거짓된 죄책도 있습니다. 사실은 죄가 아닌데도 죄스럽게 생각하는 이런 것조차도 예수의 피로 씻어버리고 정하게 해서 마음이 밝고 맑고 환할 때, 행복이 다가오게 되는 것입니다.

넷째, 행복하기 위해서는 가족들과 친해지도록 노력해야만 되는 것이다. 오늘날 사는 생활이 너무나 복잡하고 바쁘기 때문에 자기의 각자 맡은 일에 정신이 팔려서 가족들하고 친해질 여가가 없습니다. 부부간에도 친해질 여가가 없고 더구나 부모 자식들 간에 친해질 시간이 없으므로 대화가 막혀버릴 때가 많은 것입니다. 이것이 가장 큰 불행의 요소 중 하나인 것입니다.

우리가 이 세상에서 애쓰고 힘써서 일하고 돈 벌고 하는 것이 모두 다 아름다운 가정을 이루어 나가기 위한 것이 아니겠습니까? 이렇기 때문에 우리는 있는 힘을 다해서 시간을 내어서 어찌하든지 부부와의 대화의 창구를 열어 놓고, 부모와 자식 간의 대화의 창구를 열어놓고, 조그마한 시간이라도 시간이 있으면 그것을 붙잡아서 가족들과 친해져야만 되는 것입니다.

그럴 때 가정에 따뜻한 화목이 돌기 시작하는 것입니다. 가장 깊은 마음의 대화도 가족 간에 이루어질 수도 있고, 가장 따뜻한 사랑을 나눌 보금자리도 가정인 것입니다. 상처 입었을 때 그들을 받아주고, 오해받았었을 때 이해를 해주고, 이 세상에서 고난당했었을 때 그것을 따뜻하게 품어줄 수 있는 것은 가정과 가족 밖에 없는 것입니다. 이렇기 때문에 가정과 가족을 따뜻하게 보전해 놓지 못하면 치료받을 수 있는 처소를 잃어버리고 마는 것입니다. 이렇기 때문에 즐거움도 가족과 함께 즐거워해야 진짜로 즐겁지, 가족과 함께 즐거워하지 아니하면 즐거움이 없습니다.

다섯째, 우리가 행복해지기 위해서는 매주일 주일 성도들과 친교를 가져야만 되는 것이다. 이 세상의 사람은 절의 고도에 사는 것처럼 혼자 살수는 없는 것입니다. 사람은 사회적인 존재인 것입니다. 서로 교제하고 살아야 됩니다. 이렇기 때문에 사람들은 서로 친근할 수 있는, 대화할 수 있는 사람의 상대가 있어야 되는 것입니다. 그래야 고독을 면할 수 있는 것입니다. 세상에서 가장 무서운 병이 고독입니다. 이렇기 때문에 사람들이 혼자 살 수 없는 이유가 다른 것이 아니라, 경제적인 여건보다도 정신적인 고독을 사람이 견딜 수가 없다는 것입니다. 이러므로 사람은 서로 만나서 서로 대화함으로 말미암아 자아를 확립합니다. 내가 누군가는 서로 대화를 통해서 분명히 알 수 있는 것입니다. '내가 좋은 사람인가, 나쁜 사람인가, 행복한 사람인가, 불행한 사람인가, 의로운 사람인가, 불의한 사람인가' 이런 것은 사람들과 대화를 해볼 때 내 자신을 확정할 수가 있는 것입니다. 그리고 서로 서로 우리 예수 믿는 성도들은 교제함으로 말미암아 서로의 신앙에 불을 붙여 주고 서로 모자라는 것을 도와줄 수가 있는 것입니다.

여섯째, 행복한 생활을 얻기 위해서는 취미 생활을 매주일 가져야 되는 것이다. 사람들이라는 것은 이 세상에 살면서 반드시 돈을 벌기 위한 목적으로만 일하며 살아가서는 안 되는 것입니다. 사람이 반드시 돈 벌기 위해서만 목적을 가지고서 안간힘을 드리고 살면, 늘 그곳에 긴장이 쌓이고 쌓여서 얼마 있지 않아 그 긴장이 터지는 날에는 걷잡을 수 없는 심적, 육체적인 파멸을 가져오게 되는 것입니다. 이러므로 우리는 이 세상에 살면서 반드시 취미 생활을 매주일 가져야 되는 것입니다.

이렇기 때문에 주님께서도 너희가 엿새 동안 부지런히 일하고, 이레째는 하나님을 예배하고 일제히 모든 일을 쉬라고 말한 것입니다. 인간이란 아침부터 저녁까지 밤낮 일만 하도록 만들어지지는 않았었습니다. 엿새 동안은 일하고, 이레째는 쉼으로 말미암아서 하나님을 예배함으로 그 마음에 새롭게 하나님의 은총으로, 새로운 활력을 채워 줄 수 있는 것입니다.

그와 함께 생활의 긴장을 풀 수 있고, 참으로 즐길 수 있는 지극히 적은 취미라도 좋습니다. 개인적으로도 가족적이라도 혹은 친구하고도 그렇게 돈 들지 아니하고 힘들지 아니하는 생활의 취미를 발견하시기 바랍니다. 삶을 새롭게 변화시키는 이런 운동을 해야, 우리가 하루하루 살아가는 데 즐거움을 가지고 행복을 느낄 수가 있는 것입니다.

일곱째, 매주일 이웃을 위한 좋은 일 한가지씩을 하고 살아야 되는 것이다. 이 세상은 이기주의로 꽉 들어차 있는 것입니다. 여러분 탕자의 비유를 아시죠? 탕자가 아버지께 나와서 "내게 속한 분깃을 내게 주소서, 내게 주소서, Give me, Give me, Give me" 나만 생각하는 탕자, 그는 결국 자기의 속한 것을 다 끌어 모아 가지고서 사람들과 교제가 안 되고 먼 나라로 떠나가서 허랑 방탕하고만 것입니다. 이기주의자는 언제나 자기 스스로의 욕망을 따라서 쾌락주의로 흘러가고 허랑 방탕해 버리고 마는 것입니다. 허랑 방탕한 결과로 어떻게 다가오는 것입니까? 정신적인 기근이 다가오고, 육체적인 기근이 다가오고, 생활의 기근이 다가와서 그는 나중에 돼지 소굴로까지 낮아져버리고 마는 것입니다.

인간이 이기주의적이 되어서 자기만 잘 먹고, 잘 입고, 잘 살겠다고 말하면 종국에 가서는 그는 짐승의 우리 속에 전락하는, 짐승과 같은 존재가 되어버리고 마는 것입니다. 그래서 탕자가 나중에 절망에 처했었을 때 그것을 크게 깨닫고 난 다음에 '나는 아버지께로 돌아갈 때에 하나님과 아버지에게 죄를 지었으므로 아들이라 일컬음을 받을 자격을 잃어버렸습니다. 이제는 종 중의 하나로 보소서하고 돌아가리라' 자아가 깨진 상태로 돌아오게 된 것입니다.

이와 같이 오늘날 우리가 이 세상에 살면서 자아를 잃어버릴 수는 없지만 그러나 무엇인지 나만 가지고 "내게 주소서, 내게 주소서" 내 중심으로, 이기주의로만 산다면 그러한 남편은 한 가정에서 가장으로서의 자격을 상실합니다. 그러한 아내는 한 가정을 보금자리를 잘 만들 수 없습니다. 그러한 자녀는 부모를 크게 불행하게 만들고 마는 것입니다 이러므로 '우리 매주일 우리의 이웃을 위한 좋은 일 한가지씩을 하고 살자' 그것인 것입니다. 남편은 매주일에 '요번 주일은 내 아내를 위해서 한 가지 좋은 일을 하자, 그래서 끊임없이 아내를 연구해서 아내를 위해서 가장 좋은 일을 한 가지 해주자', '남편도 아내를 기쁘시게 할 수 있는 좋은 일을 하나 해보자', '부모는 자식에게 자식은 부모에게 우리 좋은 일을 한번 해보자, 한 주일에 적어도 한 건이라도 해보자.', '우리 가족이 합쳐서 이웃에 못살고 헐벗고 굶주린 사람에게 나누어 갖기 운동이라도 전개해서 옷가지 하나, 쌀 얼마라도 그리고 금전 얼마라도 환경에 도움이 되는 얼마라도, 또 따뜻한 말 한마디라도 좋은 일 한번 해보자.' 이와 같이 이웃에게 좋은 것을 나누고 이웃에게 좋은 일을 하게 될 때 삶의 보람을 창조하는 것입니다.

사람이 남을 도와주고 나면 그렇게 마음속에 기분이 좋고 자기가 으쓱하고 삶의 가치를 느낄 수가 있는 것입니다. 이렇기 때문에 삶의 보람을 창조하기 위해서는 나누어주고, 나누어 갖고, 이웃을 도와주고, 이웃에 좋은 일 하는 분들이 되시기를 주의 이름으로 축원합니다. 우리가 이웃에 해줄 수 있는 가장 좋은 일이 예수 그리스도의 복음을 증거해 주는 길인 것입니다. "사람이 온 천하를 다 얻고도 자기목숨 하나 잃으면 무엇이 유익하리요, 사람이 자기 목숨 과 무엇과 바꾸겠냐"고 말한 것입니다. 우리가 이웃 사람에게 해 줄 수 있는 가장 위대한 일은 영원한 지옥 불에 들어갈 사람을 영원한 생명 길로 이끌어주는, 정도의 말씀을 전달 해주는 이것보다 더 크게 이웃에게 보람차고 좋은 일을 해주는 일이 없습니다. 이렇기 때문에 우리는 때를 얻던지 못 얻던지 우리는 전도해야 됩니다.

그리고 자아 존중할 수 있는 마음, 자존심이 생기면 마음이 행복해 지지요, 그렇게 되면 마음속에 즐거움을 느낄 수가 있는 것입니다. 사람은 자기를 사랑하게 될 때 행복해지고 그리고 남을 사랑하게 되는 것입니다. 내가 삶에 보람이 있다, 내 이미지가 고양되고 나도 자존심이 생기게 되면 마음이 행복해져요, 마음이 즐거워져요, 마음이 즐거워지면 또 더욱 다른 사람을 행복하게 만들 수가 있는 것입니다. 이와 같은 일을 할 수 있는 가장 좋은 길이 내 이웃을 위한, 내 주위의 이웃을 위한 좋은 일을 적어도 한 가지씩 하는 우리가 되시기를 주의 이름으로 축원합니다.

행복은 우연히 다가오는 것은 아닙니다. 능동적으로 행복의 씨앗을 심어야 행복이 다가오는 것입니다. 심고 거두는 법칙을 잘 아시지요. 성경은 말씀하기를 "스스로 속이지 말라. 사람이 무엇으로 심던지 그대로 거두리라"고 말씀하신 것입니다. 육체로 심으면 썩어질 것을 거두고 성령으로 심으면 영생으로 거두는 것입니다. 오늘 제가 말씀한 일곱 가지 조건으로서 우리가 행복의 조건으로 심어 놓으면 세상에서 살아갈 때 어찌 할 수 없이 행복이 다가오는 것입니다. 첫째로 매일 생활 중 주님을 영화롭게 하기로 결심해서 큰 빚 인생을 살지 말고 가득한 인생을 살자. 둘째로 매일 정한 시간 말씀을 묵상하고 기도함으로 말미암아 내적으로 굶주린 사람이 되지 말자. 셋째로 매일 마음의 병을 청산해서 마음이 죽음에 이르지 말게 하자. 넷째로 가족들과 친해지도록 노력하자. 다섯째 매주일 주위의 성도들과 친교를 가지자. 여섯째 취미 생활을 하자. 일곱째 매주일 이웃을 위한 좋은 일 한가지씩을 하고 살아가자. 이와 같은 행복의 조건의 씨앗을 심어 놓으면 그 열매로서 어찌 할 수 없이 행복은 자신의 무릎 위에 삼십 배, 육십 배, 백배로 떨어지게 되는 것입니다.

행복은 선택에 달려 있는 것입니다. 내가 행복으로 행복하게 되겠다고 결심하고 그를 선택하면 행복할 수 있고, 내가 불행을 선택하고 불행해 지기를 원하면 불행해 질 수 있는 것입니다. 인생을 살면서 모두다 주안에서 참으로 행복한 삶을 살게 되시기를 주의 이름으로 축원합니다.

14장 예배당에서 행복하게 지내는 방법

(마 11:28~30)"수고하고 무거운 짐진자들아 다 내게로 오라 내가 너희를 쉬게 하리라 나는 마음이 온유하고 겸손하니 나의 멍에를 메고 내게 배우라 그러면 너희 마음이 쉼을 얻으리니 이는 내 멍에는 쉽고 내 짐은 가벼움이라 하시니라"

그리스도의 교회 예배당은 성령으로 예수를 믿는 사람들이 모이는 곳입니다. 또 마 18:20에 "두 세 사람이 내 이름으로 모인 곳에는 나도 그들 중에 있느니라"고 하신 것을 보아 참 그리스도의 교회는 예수님을 믿는 자가 모여야 되고, 예수님이 교회에 계셔야하는 것입니다. 첫째, 교회란 가르칠 교(敎)이니 가르치는 곳이요, 배우는 곳을 말하는 것입니다. 무엇을 가르치며 무엇을 배워야합니까? 그것은 우리의 신앙과 본분(本分)에 대하여 정확무오(正確無誤)한 유일의 법칙이 되는 신구약 성경인 66권의 하나님의 말씀인 것입니다.

둘째, 교회란 모일 회(會)이니 모이는 곳을 말하는 것입니다. 교회란 원어로 구약 히브리어는 '카할' 또는 '에다'란 말인데 '카할'은 부른다이고 '에다'는 일정한 장소에 모인다는 뜻입니다. 그리고 신약 헬라어는 '엑클레시아'라고 하는데 이는 불러낸 자란 뜻입니다. 이렇게 신구약의 원어의 뜻을 보아도 교회란 하나님의 택한 백성을 불러 일정한 장소에 모인 거룩한 단체를 가르침이 분명한 것입니다. 그러므로 성도들이 모이지 않는다면 교회라고 할 수는 없는 것입니다. 히 10:25에 "모이기를 폐하는 어떤 사람들의 습관과 같이 하지 말고 오직 권하여 그 날이 가까움을 볼수록 더욱 그리하자"고 하였습니다.

세상에 나가 예수님의 지상명령을 수행한 성도들이 교회에 모여서 예배를 드리며, 성례를 행하며, 성경말씀을 배우며, 성령으로 기도하며, 성령으로 세례를 받으며, 성령으로 충만을 받고, 영적인 세계를 깨달으며, 믿음이 약한 성도들의 신앙의 성숙을 돕는 곳입니다. 교회에서 인간관계가 이루어지므로 행복하게 지내려면 겸손해야 합니다. 교회에서 지체로서 사명을 감당하며 행복하게 지내려면 이렇게 되어야 합니다.

첫째, 교회에서 행복하려면 자신이 죽어야 한다. 자신이 살아있으면 절대로 교회에서 행복하게 지낼 수가 없을 것입니다. 교회는 자신만 있는 곳이 아니고 다종의 사람들이 함께 믿음을 견고하게 하기 위하여 생활하기 때문입니다. 믿음이 약한 성도가 교회에 와서 믿음이 성숙한 자들과 친교하면서 신앙이 돈독해지는 곳입니다. 교회에서 마음의 교회가 잘되어야 행복해지는 것입니다. 내가 죽는 일이 그렇게 쉬운 일이 아니지요. 바울선생은 성경에 이렇게 말했습니다. 갈라디아서 2장 20절에 "내가 그리스도와 함께 십자가에 못 박혔나니 그런즉 이제는 내가 산 것이 아니요, 오직 내 안에 그리스도께서 사신 것이라 이제 내가 육체 가운데 사는 것은 나를 사랑하사 나를 위하여 자기 몸을 버리신 하나님의 아들을 믿는 믿음 안에서 사는 것이라" 바울 선생은 분명히 내가 그리스도와 함께 십자가에 못 박혔다고 했습니다. 그러면 예수를 믿는 순간 그리스도와 함께 죽었다는 것입니다. 이제는 내가 산 것이 아니요. 내 안에 그리스도께서 사신 것이라고 하는데 우리도 그와 같이 되었으면 얼마나 좋겠습니까만 이론상으로는 확실히 알지만 실제적인 삶속에는 내가 죽고 그리스도와 사는 역사가 일어나지 않고 있다는 것을 알게 될 때 실망할 수밖에 없습니다.

그런데 우리가 예수를 믿고 물세례 받을 때에 그것은 예수 그리스도와 함께 죽어서 물 무덤에 장사하고 그리스도와 함께 부활했다는 것을 상징적으로 보여주는 것입니다. 그것은 분명히 성경에는 예수 그리스도와 함께 죄에 대하여 옛사람이 되어서 죽고 새사람으로 부활했다고 말하고 그것을 우리가 알고 믿습니다만, 그러나 여전히 우리 속에는 옛사람이 살아있고 죄에 대한 유혹에 넘어질 때가 너무나 많습니다. 내가 죽었다! 죽었다! 하면서 사실은 안 죽을 때가 얼마나 많습니까? 내 자신도 '아~ 이제는 예수 그리스도 안에서 나는 죽었다. 이제는 예수께서 내 속에 살아계신다.'고 큰 소리 하다가도 다른 사람이 와서 자꾸 화를 돋우면 '옛사람이 살아서 뭐 어쩌고 어째? 주님 잠시 비켜 계십시오.' 그리고 옛사람 모습 그대로 살아가는 것을 보고 난 다음에 나중에 마음에 크게 실망을 하지 아니할 수가 없습니다. 내가 죽은 줄 알았는데 아직 너무나 팔팔하게 살아있구나 하는 것을 느끼게 되는 것입니다. 죽는다는 의미가 뭡니까? 죽는다는 것은 관계의 단절을 말합니다. 죽었으면 옛 세계 옛사람은 반응이 없는 것을 말합니다.

어느 한 제자가 선생님께서 찾아와서 "선생님! 죽는 것이 뭡니까?" 그렇게 물었습니다. 그래서 선생님이 "그것을 알고 싶으면 내가 시키는 대로 해라! 내일 점심 도시락 싸서 너의 사랑하는 옛날 친구 중에 죽은 사람이 있으면 그 무덤에 가서 애통하고 친구를 사랑한다고 말하고 칭찬하고 온갖 좋은 말로 다 말을 하고 난 다음에 점심 도시락을 먹고 오후에는 미워하는 친구가 죽어서 있는 무덤에 찾아가서 발을 구르고 침을 뱉고 욕을 하고 주먹을 휘두르고 발길로 차고 그리고 오너라! 그러면 내가 죽는 것이 뭔지 알려 주겠다." 그래서 이 사람이 점심 도시락 싸서 사랑하는 친구의 죽은 무덤에 가서 오전 내내 칭찬을 하고 사랑한다고 말했습니다. 그리고 점심을 먹고 오후에는 미운 친구에게 가서 발을 구르고 눈을 부릅뜨고 이를 갈고 주먹을 휘두르고 나쁜 놈, 죽일 놈, 고약한 놈 온갖 욕을 다했어요. 그리고 그 이튿날 선생님께 가서 "선생님 그렇게 했습니다." 그 선생님이 웃으면서 "사랑하는 친구에게 사랑하고 그리워하고 좋아한다고 칭찬하고 찬양을 할 때 무덤에서 친구가 뭐라고 하더냐?" "아무 말도 안합니다." "그러면 점심 먹고 미운 친구에게 가서 온갖 욕을 하고 발을 구르고 침을 뱉고 주먹을 휘두를 때 그 친구는 뭐라고 말하더냐?" "그도 아무 말도 안했습니다. 왜요? 죽었는데 무슨 말을 합니까?" "그래~

죽는다는 것이 바로 그것이다. 죽는다는 것은 너를 욕하는 사람에게도 반응하지 아니하고 너를 칭찬하는 사람에게도 동요하지 아니하고 관계의 단절을 말하는 것이다. 죽은 사람이 무슨 화를 내고 죽은 사람이 무슨 아양 떠는데 좋아하느냐?" 그 학생은 고개를 갸우뚱 하면서 "이해는 되나 실천하기는 무척 어렵습니다." 맞았어요. 우리는 이론적으로는 그리스도와 함께 십자가에 못 박혀 죽었고 장사지내 버리고 말았는데 실제는 아직 안 죽어 있단 말입니다. 그것을 알고도 안 죽어 있는 것이 큰 문제인 것입니다. 그러나 우리 신앙생활이라는 것은 옛사람이 그리스도와 함께 십자가에 못 박혀 죽어야만 합니다. 그래야 그리스도 안에서 참 신앙생활을 할 수 있습니다.

한국 초대 교회사에 보면 능력 있고 유명한 부흥사로 김익두 목사님이 나오는데 그는 원래 황해도 아낙산골에서 유명한 불량배요, 깡패였습니다. 하루도 술 마시지 않는 날이 없고 주먹을 휘두르고 싸우지 않는 날이 없어요. 장날에는 성황당에 돌을 던지고 침을 뱉고 김익두 안 만나게 해달라고 할 정도였습니다. 그래서 그 김익두 깡패에게 괴로움을 안 당한 동네사람은 거의 없었습니다. 그러던 어느날 그가 한 선교사의 전도를 받고 예수를 믿게 되었습니다. 며칠 후 마을에는 이런 부고장이 떠돌았습니다. '김익두가 ○○월 ○○일 ○○시에 죽어서 장사를 지냅니다.' 부고장을 받은 사람들은 얼씨구나 좋다고 어깨춤을 추었습니다. "이제는 시장터에 가도 김익두 안 만나니 좋겠고 그를 만나서 욕을 안얻어

먹을 것이니 좋다. 아~ 그놈 잘 죽었다. 아주 속시원하다." 그런데 부고장을 받은 사람들이 모두 기뻐하여 어쩔 줄 몰랐는데 얼마 후 보니 죽었다는 김익두가 성경책을 끼고 거리를 왔다 갔다 하고 있거든요. 사람들이 너무나 실망을 했습니다. "아니~ 당신 죽었다고 부고장을 보내놓고 난 다음 어떻게 살아서 또 돌아다니냐?" 그러니까 그는 싱긋이 웃으면서 "예~ 옛날 불량배요, 깡패였던 김익두는 죽었습니다. 지금 여러분들이 보는 김익두는 옛날의 김익두가 아닙니다. 나는 예수 믿고 새사람으로 거듭났습니다. 예수님으로 다시 태어났습니다. 지금은 예수님의 인생을 살아갑니다." 실제로 하루는 그가 변한 것을 알아보려고 한 청년이 구정물을 그에게 덮어 씌웠습니다. 구정물 세례를 받은 그는 눈을 비비고 얼굴을 닦고 난 다음에 그 청년을 노려보면서 하는 말이 "당신은 옛날 김익두가 죽었다는 사실을 기뻐해야 됩니다. 그가 옛날 사람 같았으면 오늘 당신 내 손에 요절났어" 김익두 목사님은 예수님을 구주로 영접하여 거듭난 후 자신의 옛 모습이 사라지고 완전히 십자가에 못 박은 그런 체험을 했습니다. 그로인해 그는 능력 있는 부흥사로써 하나님께 귀하게 쓰임을 받았습니다. 김익두 목사님은 그렇게 됐는데 왜 나는 안 되느냐? 그것이 의문입니다.

죽었다고 하는 것은 옛날과 관계를 끊었다는 것입니다. 옛사람이 사라졌다는 것입니다. 이론적으로는 이해가 되지만 실제적으로 나의 삶 속에 옛사람이 죽고 그리스도의 새사람으로 살아서 행동한다는 것은 너무나 힘이 듭니다.

둘째, 모든 것을 버리고 비우는 일이다. 모든 것을 다 버리고 다 비워야 내가 마음이 평안해지고 내 속에 그리스도가 채워진다고 그러는데 아무리 노력해도 버리고 비운 것 같다가도 나중에 보면 그대로 있단 말입니다. 우리가 보면 성자들은 그것이 가능했어요. 누가복음 9장 23절에 "또 무리에게 이르시되 아무든지 나를 따라 오려거든 자기를 부인하고 날마다 제 십자가를 지고 나를 좇을 것이니라" 자기를 부인하고 십자가를 짊어지고 좇으라. 올바른 말씀입니다. 아멘입니다. 그러나 실제로 그것이 잘 안되거든요. 마태복음 19장 29절에 "또 내 이름을 위하여 집이나 형제나 자매나 부모나 자식이나 전토를 버린 자마다 여러 배를 받고 또 영생을 상속하리라" 어떻게 주님의 이름을 위해서 집도 버리고 형제도 버리고 자매도 부모도 자식도 전토도 버릴 수가 있습니까? 가능할 것 같지만 우리 같은 범인들은 불가능하잖아요? 그러나 성경은 그렇게 하라고 했는데 또 그렇게 한 사람들이 있어요. 이탈리아의 아시스에 살던 성 프란시스는 부자집 포목상의 아들로 태어났지만 예수를 믿고 하나님의 음성을 듣고 난 다음 그의 모든 재산을 다 팔아 가난한 사람에게 주고 있는 옷조차 벗어서 벌거벗고 그는 누더기 옷을 갈아입고 평생을 걸인으로 살면서 복음을 증거했습니다. 그는 다 비우고 버릴 수 있었습니다.

셋째, 어떻게 해야 내가 옛사람이 죽고 또 버리고 비울 수가 있나요? 사람으로는 할 수 없는 것을 하나님께서만이 할 수 있는 것입니다. 예수님께서 어느 동네에 가셨는데 부자가 와서 "선생이여 내가 무엇을 행해야 천국에 들어갈 수 있습니까?" 예수님께서 "살인하지 말라. 간음하지 말라. 도둑질 하지 말라. 네 부모를 공경하라. 이웃을 거짓증거하지 말라. 이웃을 탐하지 말라." 그러니까 "나는 어릴 때부터 그런 것 다 지켰습니다." 그때 예수님께서 보시고 "아직 한 가지 모자란 것이 있다. 있는 재산을 다 팔아서 가난한 사람에게 주고 나를 따르라" 그러니 그 부자가 고개를 설레설레 흔들고서 떠나가고 만 것입니다. 돈이 많고 재산이 많기 때문에 그렇게 할 수 없습니다. 아직 자신이 살아있기 때문입니다. 그때 주님은 제자들보고 하신 말씀이 "부자가 천국에 들어가는 것은 약대가 바늘귀로 들어가는 것보다 힘들다." 불가능하잖아요. 약대가 어떻게 바늘귀로 들어갑니까? 그 제자들이 너무 놀래서 "주여! 그러면 누가 구원을 받겠나이까?" 그때 예수께서 하신 말씀이 "사람으로는 할 수 없으되 하나님은 할 수 있느니라." 부자도 예수 믿고 천국 가는 사람 허다하게 많아요. 사람으로는 안 되지만 하나님은 할 수 있습니다.

그러므로 우리가 십자가에 못 박혀 옛사람이 죽고 그리스도의 사람으로 태어나고 내가 옛사람을 버리고 욕심을 비워 버리는 것 이것은 사람으로는 할 수 없으되 하나님은 할 수가 있는 것입니다. 내가 죽는 일 모든 것을 버리는 일을 내 힘으로 하려고 하면 온갖 부작용이 생기는 것입니다.

프랑스의 문호 빅토르 위고는 "인간의 싸움에는 자연과의 싸움, 이웃과의 싸움, 자기와의 싸움. 이 세 가지가 있는데 이중 가장 힘든 싸움은 자기와의 싸움이라"고 말했습니다. 인간은 자연과의 싸움에서 산을 헐고 강을 막으며 추위를 막고 더위를 이기는데 성공했고 이웃과의 싸움에도 나라와 나라가 전쟁으로 싸워서 이기기도 하고 사람과 사람이 다투어서 이기고 지기도 하지만 아직 인류 역사상에 자기와 싸워서 이긴 사람은 한 사람도 없었다고 말합니다. 빅토르 위고는 자기와의 싸움은 모든 것을 버리고 자기가 죽는 것인데 이 싸움에서 이길 수 있는 사람은 하나도 없다는 것입니다. 모든 것을 버리고 자아가 죽는 것은 오직 하나님을 통해서만 가능합니다. 하나님은 하실 수가 있습니다. 그러므로 내가 못하고 하나님이 하시니까 내가 하려고 하지 말고 하나님께서 맡겨야만 하는 것입니다. 못할 일을 내가 자꾸 하려고 해요. 목매야 됩니까? 수면제 먹어도 안 되는 것입니다. 내가 할 수 없는 일인데 하나님은 하실 수 있기 때문에 하나님께 맡겨야 됩니다. 예레미야 33장 3절에 "너는 내게 부르짖으라 내가 네게 응답하겠고 네가 알지 못하는 크고 은밀한 일을 네게 보이리라" 하나님은 희한한 비밀한 일을 가지고 계시므로 우리가 하나님께 맡기고 기도하면 하나님이 옛사람이 죽고 세상과 탐욕을 버리도록 역사해 주시는 것입니다.

우리가 바르게 알아야 할 것이 있습니다. 시편 37편 5절에 "네 길을 여호와께 맡기라 그를 의지하면 그가 이루시고"라고 말씀하셨습니다. 이 말씀을 의지하는 것은 하나님께 기도하여 주신 지혜대로 순종하고, 문제가 해결되는 것은 하나님께 맡기라는 뜻입니다. 그냥 하나님께 의지하고 맡기라는 말이 아닙니다. 바르게 이해하고 살아가야 합니다.

마태복음 11장 28절로 30절에 "수고하고 무거운 짐진자들아 다 내게로 오라, 내가 너희를 쉬게 하리라 나는 마음이 온유하고 겸손하니 나의 멍에를 메고 내게 배우라 그러면 너희 마음이 쉼을 얻으리니 이는 내 멍에는 쉽고 내 짐은 가벼움이라 하시니라" 예수님이 그 일을 해주려고 이 세상에 오셔서 우리를 끌어안고 십자가에 못 박혀 죽고 장사 지내고 부활하심으로 우리 옛사람을 죽여 버리고 우리 옛사람을 비워 버리고 옛사람을 떠나게 만들어 주신 것입니다. 그러므로 예수님이 이루신 일이 우리에게 일어날 수 있도록 해달라고 하나님께 간절히 기도해야 되는 것입니다. "하나님 나의 옛사람을 죽게 하여 주시옵소서. 십자가에 그리스도와 함께 죽고 십자가에서 옛사람을 비워 버리고 그리스도로 채워지게 하여 주시옵소서." 주님께 간절히 기도해야 되는 것입니다.

빌립보서 4장 6절로 7절에 "아무 것도 염려하지 말고 오직 모든 일에 기도와 간구로, 너희 구할 것을 감사함으로 하나님께 아뢰라 그리하면 모든 지각에 뛰어난 하나님의 평강이 그리스도 예수 안에서 너희 마음과 생각을 지키시리라"고 말했습니다. 시편 55편 22절에 "네 짐을 여호와께 맡겨 버리라 너를 붙드시고 의인의 요동함을 영영히 허락지 아니하시리로다"라고 말씀했으며, 베드로전서 5장 6절로 7절에 "그러므로 하나님의 능하신 손아래서 겸손하라. 때가 되면 너희를 높이시리라 너희 염려를 다 주께 맡겨 버리라 이는 저가 너희를 권고하심이니라"고 말씀한 것입니다. 그러므로 내 힘으로 안 되는 것을 하나님은 할 수 있기 때문에 그것을 알았으면 예수 그리스도와 함께 죽고 장사 지내고 부활하고 비워 버린 이 일을 하나님이 이루어 달라고 기도를 해야 되는 것입니다. 맡기고 기도해야 합니다.

마틴 루터가 종교개혁을 하다 보니 반대도 많고 해야 할 일도 많고 그를 해치려는 사람도 많았습니다. 날이 갈수록 근심, 걱정이 쌓여 잠을 이룰 수가 없었습니다. 고민한 끝에 루터는 하나님께 맡겨 버리기로 결심했습니다. 그리고 잠자리에 들면서 이렇게 기도했습니다. "하나님 이 세상이 저의 것입니까? 하나님의 것입니다. 교회가 저의 것입니까? 하나님의 것입니다. 세상도 하나님의 것이고 교회도 하나님의 것이니 하나님의 것 하나님이 돌보지 않겠습니까? 하나님 없이 내가 세상을 운전하고 교회를 돌보려고 하니 이렇게 힘이 들잖아요. 이제 하나님의 것 하나님께 맡깁니다. 세상도 교회도 하나님이 맡아서 운전해 주십시오. 나는 잠자렵니다." 그리고 하나님께 완전히 맡겨 버리므로 그는 마음에 평안을 가져오고 그 다음 하나님이 역사해 주시므로 종교개혁을 완성할 수 있었다고 했습니다. 인간에게는 불가능하게 보여도 하나님은 하실 수 있습니다. 그렇기 때문에 예수님께서는 우리에게 수고하고 무거운 짐을 맡기라고 말씀한 것입니다. 더구나 우리 예수 믿는 사람에게 놀라운 역사는 하나님이 성령이 주셨다는 것입니다. 구약시대는 하나님께서 선민 이스라엘을 부르시고 난 다음 율법을 주셨습니다. 율법은 무거운 멍에입니다. 율법의 무거운 멍에를 짊어지고 지킬 사람은 한 사람도 없었습니다. 의인은 없나니 하나도 없었으며 다 죄를 범하고 버림을 받았습니다.

그러나 신약시대는 그렇지 않습니다. 예수님이 십자가에서 몸 찢고 피 흘려서 우리의 죄와 불의, 추악과 저주, 절망과 저주를 다 청산하시고 이것을 이룰 수 있도록 하기 위해서 성령을 우리에게 보내주신 것입니다. 오늘날 기독교는 성령의 종교입니다. 하나님께서 성령을 보내 주셔서 성령이 우리를 도와주시는 것입니다. 예수 믿으면 성령이 우리 속에 와서 거하시는 것입니다. 믿지 않는 사람과 믿는 사람의 다른 점은 믿는 사람은 그 속에 하나님의 성령이 보혜사로 와 계신 것입니다. 보혜사란 하나님이 보내심을 받아 우리를 돕기 위해서 항상 우리 곁에 계신이가 바로 보혜사라는 것입니다. 성령은 우리들을 돕기 위해서 우리 속에 와 계셔서 성령이 우리를 그리스도와 함께 십자가에 못 박혀 옛사람이 죽게 하시고 성령이 우리가 옛사람을 떠나고 비울 수 있도록 역사하여 주시는 것입니다. 성령의 도우심이 없이 우리는 신앙생활 못합니다.

구약시대에 한 사람도 율법의 짐을 짊어진 사람은 없었습니다. 다 실패했지요. 오늘날 예수를 믿고 자기 옛사람을 죽고 새사람으로 변화 받고 세상을 비우고 욕심을 비우고 살 수 있는 힘은 우리에게는 없습니다. 아무리해도 안 됩니다. 예수님이 십자가에 우리를 위해서 그렇게 하셨다는 것을 이론적으로는 알고 믿어도 실제적으로 우리가 할 힘은 없습니다. 그렇기 때문에 하나님이 성령을 보내셔서 기도할 때 성령이 기적을 통해서 우리에게 변화를 갖다 주시는 것입니다.

로마서 8장 26절에 "이와 같이 성령도 우리 연약함을 도우시나니 우리가 마땅히 빌바를 알지 못하나 오직 성령이 말할 수 없는 탄식으로 우리를 위하여 친히 간구하시느니라" 성령이 얼마나 애를 쓰는지 말할 수 없는 탄식을 가지고 우리를 위해서 기도하고 우리를 도와주시고 붙들어 주십니다. 그러므로 기독교는 성령이 역사하는 살아있는 종교요, 성도들의 신앙생활은 성령이 밀어 주는 것입니다. 성령이 회개하게 해주시고 성령이 기도하게 해주시고 성령이 믿게하여 주시고 성령이 승리할 수 있도록 도와주시는 것입니다. 성령의 도우심이 없이는 아무것도 할 수가 없어요. 그렇기 때문에 바울선생은 "내게 능력 주시는 자 안에서 내가 모든 것을 할 수 있느니라"(빌 4:13) 말했습니다.

우리는 인간 스스로는 못해요. 할 수 없어요. 무능력해요. 그러나 성령이 속에 계신 것을 알면 성령께 의지하면 할 수 있습니다. 기도할 수 있고 전도할 수 있고 회개할 수 있고 믿을 수 있고 은혜로 살 수 있습니다. 옛사람을 벗어 버릴 수가 있고 나를 비워 버릴 수가 있고 신령한 삶을 살 수 있습니다. 힘으로도 안 되고 능으로도 안 됩니다. 자신이 죽어 없어지면 성령께서 하십니다.

스가랴 4장 6절에 "그가 내게 일러 가로되 여호와께서 스룹바벨에게 하신 말씀이 이러하니라 만군의 여호와께서 말씀하시되

이는 힘으로 되지 아니하며 능으로 되지아니하고 오직 나의 영으로 되느니라" 힘으로 능으로 안 되는데 인간의 힘과 능으로 자살을 하거나 수면제를 먹고 옛사람을 죽이고 세상을 떠나려고 해서는 안 됩니다.

성 프란시스코나 알버트 슈바이처 박사나 그렇지 않으면 테레사 수녀 같은 사람이 그런 삶을 살 수 있었던 것은 힘으로 능으로 한 것이 아니라 성령으로 된 것입니다. 하나님이 불러서 성령을 주셨기 때문에 그렇게 할 수 있었습니다. 인간으로 그런 일을 하려면 거대한 무리가 생기고 실패하고 말았을 것입니다. 우리 범인들, 평범한 인생들이 우리가 어떻게 성자와 같이 살수가 있겠습니까? 그러나 성령이 오시면 우리의 평범한 삶속에 매일 매일의 생활 속에서 나를 버리고 주님으로 충만하고 나아가 스스로의 욕심을 떠나고 하나님의 영광으로 충만하게 살아갈 수가 있는 것입니다. 그러므로 성령님의 도우심을 구해야 되는 것입니다. 반드시 성령께서 자신을 비우게 한다는 것을 믿어야 합니다. 하나님께서 할 수 있기 때문에 우리 기도를 듣고 성령으로 말미암아 우리 옛사람을 십자가에 못 박아 주십니다. 또 자신을 비우고 세상을 등지고 그리스도로 충만하고 그리스도와 더불어 살 수 있게 만들어 준다는 것을 믿어야 되는 것입니다. 성령이 내속에 와 계신 것을 믿어야 되는 것입니다. 성령이 도와주심을 믿어야 되는 것입니다. 내가 그리스도와 함께 십자가에 못 박힌 것을 믿어야 되는 것입니다. 세상과 마귀를 떠난 것을 믿어야 되는 것입니다.

어떻게 내가 죽고 자신을 비울 수 있는가. 그 방법과 결과는 하나님이 하시기 때문에 내가 그 길을 열려고 애를 쓰지 마십시오. 하나님께 맡기면 하나님이 성령으로 역사해 주시는 것입니다. 하나님이 크고 비밀한 역사로써 나도 알지 못하는 사이에 내가 옛사람이 죽고 내가 세상을 비울 수 있는 놀라운 역사를 베풀어 주시는 것입니다. 내가 죽고 비우면 내가 죽은 자리에 그리스도가 살아나고 내가 비운자리에 예수님이 채워 주시는 것입니다.

그러므로 내가 죽는 것은 얼마나 중요합니까? 내가 죽고 그리스도가 살고 내가 비워지면 내속에 그리스도가 들어와서 살면 무엇이든지 예수 이름으로 기도하고 구하는 것마다 하나님이 응답하여 주시는 것입니다.

15장 가정에서 행복하게 지내는 방법

(엡 6:1-4)"자녀들아 주 안에서 너희 부모에게 순종하라 이것이 옳으니라. 네 아버지와 어머니를 공경하라 이것은 약속이 있는 첫 계명이니, 이로써 네가 잘되고 땅에서 장수하리라. 또 아비들아 너희 자녀를 노엽게 하지 말고 오직 주의 교훈과 훈계로 양육하라"

가정은 행복을 발전하는 발전소입니다. 하나님은 예수를 믿는 가정들이 행복하기를 소원하십니다. 가정은 이 세상에서 가장 아름다운 것입니다. 가정은 삭막한 사막에 숨겨져 있는 시원한 오아시스와 같습니다. 그곳에서 사람들은 참된 안식과 진실 된 사랑과 위로와 동정과 마음의 상처가 치료를 받을 수 있습니다. 행복한 가정이 많은 사회와 국가는 튼튼하고 강합니다. 가정이 불행하면 안식도 사랑도 위로도 그리고 마음의 동정도 상처도 치료받을 수가 없고 피폐한 삶을 살게 되는 것입니다. 가정을 잃어버린 사람은 사막에서 길을 잃은 것과 같습니다. 그러면 어떻게 해야 행복한 가정을 만들어 갈 수 있습니까? 행복한 가정은 잡초가 자라듯이 우연히 다가오는 것은 결코 아닙니다. 꽃밭을 가꾸듯이 노력과 정성을 다한 결과로 행복의 꽃을 피우게 될 수 있는 것입니다.

첫째, 우리가 행복한 가정을 만들기 위해서는 가정을 불행하게

하는 요소를 제거해야 된다. 가정은 부부, 부모, 자녀들이 함께 사는 곳입니다. 그 어느 누구 한사람도 독재와 자기주장만 하고서 살아갈 수는 없습니다. 서로 이해하고 동정하며 양보하고 타협하는 그런 미덕이 있어야 되는 것입니다. 오늘날 이런 미덕이 사라지고 이기주의와 독선이 꽉 들어찬 가정이 되어 가기 때문에 우리나라에서는 하루에 190쌍씩 이혼하고 있습니다. 연간 6만3천명의 미성년 자녀가 부모를 잃어버리고 고통을 당하고 있습니다. 왜 이런 일이 일어날까요? 이것은 가정에서 독재와 외고집으로 말미암아 다른 사람을 괴롭혔기 때문에 일어나는 것입니다.

그러므로 가정이 행복해지기 위해서는 넘치는 용서와 사랑과 인내가 있어야 되는 것입니다. 성경에는 에베소서 4장 26절은 27절에 "분을 내어도 죄를 짓지 말며 해가 지도록 분을 품지 말고 마귀로 틈을 타지 못하게 하라"고 말씀하고 있습니다. 우리가 세상에서 살 때 의견이 충돌하고 마음이 일치하지 못하고 또 마음에 상처를 입힐 수 있습니다. 그러나 언제나 결심하고 해가 지기 전에 화해를 해야 하는 것입니다. 왜냐하면 해가 지면 마귀가 틈을 탈 수 있기 때문입니다. 그냥 우리가 서로 상처입고 상처받은 것은 치유를 받을 수 있겠지만 마귀가 들어오면 구더기와 같아서 마구 상처를 입은 곳을 파 헤쳐 놓습니다. 그러므로 시간이 갈수록 더 상처가 악화되고 대화가 단절되고 파탄에 이르게 됩니다. 그렇기 때문에 절대로 해지기 전에 회개하고 화합을 해야 되는 것입니다. 그렇기 때문에 분을 내어도 죄를 짓지 말고 해가 지도록 분을 품지 말아야 한다고 성경이 가르치고 있는 것입니다.

그리고 우리가 함께 살면서 서로 서로를 소유하고 도가 넘치는 애착을 가질 때 불행의 씨가 되는 것입니다. 우리 모두는 하나님의 것이지 사람의 것이 아닙니다. 그런데 남편이 아내를 자기의 종으로 생각하고, 또 아내가 남편을 자기의 종으로 생각하고, 부모는 자식을 자기 개인의 소유물로 생각하고 자기 마음대로 하려고 하는 이러한 일들이 일어나면 결코 함께 동거할 수 없게 되는 것입니다. "당신은 내 것이야. 내 종이야, 내 소유물이야. 그러니 내 뜻대로 하라" 그렇게 되면 그 결과는 부딪힘을 낳게 됩니다. 상대를 하나님이 보내신 선물로 생각하고 소유욕을 갖지 말아야 하는데 그렇지 않고 내 소유물로 삼으려고 하니 결국은 서로 불평을 가져오고 번뇌를 가져오고 질투와 시기, 원망, 불만을 일으키고 그 다음에는 상처투성이가 되고 파탄이 일어나게 되는 것입니다. 우리는 오직 하나님을 섬기는 마음으로 서로 서로를 섬겨야 됩니다. 남편도 내 소유물이 아닙니다. 아내도 내 소유물이 아닙니다. 자식도 내 소유물이 아닙니다. 하나님의 것으로서 하나님이 일정한 기간 동안 서로서로 같이 살라고 빌려준 상대입니다. 필자는 항상 이렇게 말합니다. 자녀들 때문에 부모가 잘사는 것인지도 모른 다는 것입니다. 자녀가 하나님의 복을 받을 그릇이라, 하나님께서 축복하신다는 것입니다.

그리고 우리가 함께 살면서 자존심에 상처를 입힐 때 관계가 불행하게 됩니다. 사람의 최후의 보루가 자존심입니다. 다른 상처는

다 견뎌내지만 자존심이 공격받을 때는 죽기 아니면 살기로 반항을 하는 것입니다. 사람이 자존심을 던져 버리면 얼마든지 흉하게 될 수 있고, 얼마든지 더러운 짐승이 될 수 있습니다. 사람의 사람다움은 그 속에 자기를 존경하는 자존심이 있기 때문입니다.

현대 중공업 직원 부인 600명을 대상으로 한 설문조사에서 남편이 가장 싫어질 때가 언제냐는 질문에 '의견을 무시하고 자존심을 건드릴 때' '집안일에 무심할 때' '자꾸 짜증을 낼 때' '다른 남편과 비교할 때'라고 답을 했고, 남편이 존경스러울 때가 언제인가라는 질문에는 '아내의 단점을 덮어줄 때', '자존심에 상처를 입히지 않을 때', '자녀에게 자상할 때' 그리고 '친정에 신경을 써줄 때'라고 의견을 표했습니다. 이처럼 우리가 함께 살아갈 때 결코 서로 서로의 상대의 자존심에 손을 대는 일이 없도록 우리가 조심을 해야만 하는 것입니다.

둘째, 우리가 행복한 가정을 만들기 위해서는 권리만 있고 의무가 없는 행동을 하지 말아야 한다. 오늘날 우리는 삶 속에서 자기 권리는 다 주장하면서 의무는 손 털어버리는 일이 많습니다. 남편은 남편으로서의 권리가 있습니다. 성경에는 하나님이 주신 고유 권리가 있다고 말씀하고 있습니다. 남편은 아내의 존경과 복종, 자녀들의 존경을 받을 권리가 있습니다. "아내들이여 자기 남편에게 복종하기를 주께 하듯 하라"(에베소서5:22)고 말씀하고 있습니다. 하나님께서 남편에게 큰 특권을 주셨습니다. 왜냐하면 먼저 아담이 지음을 받고 아담에서 하와가 나왔기 때문에 존경을 받는 것이 마땅한 일인 것입니다.

그러나 가정에서 남편이 그저 존경과 순종과 복종만 요구하고 호령만하는 난폭한 독재자가 되어서는 절대로 안 됩니다. 존경을 받은 만큼 자기가 해야 될 의무가 있습니다. 남편의 첫째 의무는 아내 사랑하기를 제 몸같이 하라는 것입니다. 그러므로 남편은 권리만 주장하지 말고 의무로서 아내에 대한 절대적인 관심을 가져야 되는 것입니다. 아내의 행복, 감정, 생활에 깊은 관심을 가지고 즐거움을 누릴 수 있도록 협조해 주어야 하는 것입니다.

또 자녀를 주 안에서 훈도하며 가정의 삶을 책임져야 할 의무가 있습니다. 자녀들과 관계없이 그저 기숙사 생활하는 것과 같이 아침 일찍 일어나서 저녁 늦게 들어오는 생활은 아버지로서의 의무를 상실한 행동인 것입니다. 어떻게 하든지 자녀를 주 안에서 잘 훈도하고 교육인격자로 길러내는 이것이 아버지의 책임입니다. 가족들이 안심하고 살 수 있도록 의식주 문제를 해결하고 도와주는 책임을 다해야 합니다. 이런 자기의 책임과 의무는 다하지 않고 권리만 주장하는 아버지는 폭군인 것입니다. 에베소서 5장 25절은 "남편들아 아내 사랑하기를 그리스도께서 교회를 사랑하시고 위하여 자신을 주심 같이 하라" 28절로 29절은 "이와 같이 남편들도 자기 아내 사랑하기를 제 몸같이 할지니 자기 아내를 사랑하는 자는 자기를 사랑하는 것이라 누구든지 언제든지 제 육체를 미워하지 않고 오직 양육하여 보호하기를 그리스도께서 교회를 보양함과 같이 하나니" 라고 말씀하고 있습니다.

미국의 부부문제 전문가 사이칼라지 하버드 교수는 부부간에 사랑을 유지하려면 사랑 자체뿐 아니라 좋은 관계를 유지하는 기술을 늘 개발해야 한다고 말했습니다. 그냥 감정적으로 "나는 당신을 사랑합니다." 고백해 주는 것만이 사랑고백 전부가 아닙니다. 두 사람이 같이 살려면 서로 대화를 원활하게 해 나갈 수 있는 기술이 있어야 하는 것입니다. 서로 살아가면서 사소한 일이니 차이점 때문에 관계에 이상기류가 생길 때 상대방을 이해하고 대화하고 이끌어 나가는 기술이 필요한 것입니다.

어느 리서치 기관에서 기혼 여성 300명을 대상으로 해서 부부싸움에 관한 의식조사를 해 보았습니다. 왜 부부싸움을 하느냐? '가정에서 자녀 문제 때문에 남편과 아내가 의견이 일치하지 않아서 싸운다' 22%, '성격 차이로 싸운다' 16%, '시댁문제로 싸운다' 15%, 또 '가치관 생활양식이 달라서 싸우는 경우'가 11%, '경제문제'로 싸우는 것이 10%, '남편과 아내의 음주 때문에' 싸우는 것이 7%, '의사소통이 안 되어서' 싸우는 것이 6%라는 결과가 나왔습니다. 여기에 보면 서로 의견 차이가 나서 싸우는 것이 전체로 보면 33% 즉, 3분지 1을 차지하고 있는 것입니다. 이렇기 때문에 원만하게 서로 대화하고 서로 관계를 맺는 것이 굉장히 중요한 것입니다.

서로 상대의 인격을 이해하고 그 인격에 따른 대화가 있어야 합니다. 사람은 태어날 때부터 개성을 가지고 태어납니다. 그 개성은 절대로 남편이 아무리 윽박질러도 변화되지 않습니다. 또 아내가 아무리 바가지를 긁어도 남편이 태어날 때 가지고 있던 개성은 변하지 않습니다. 내 마음에 맞도록 개성을 조작하거나 변화시키려고 하지 말고 그 사람의 개성이나 성품을 충분히 이해해서 성품과 개성에 맞도록 대화와 교제를 할 줄 알아야 하는 것입니다. 그렇지 않고 일방 통보만 하면 인생은 언제나 파탄이 일어나게 되고 맙니다. 성령께서 깨닫게 하고 변화시키게 해야 합니다.

또 아내는 아내로서의 권리가 있습니다. 아내의 권리는 남편의 사랑을 받을 권리가 있고 남편의 돌봄을 받을 권리가 있고 자식들의 존경과 순종을 요구할 권리가 있습니다. 그러므로 아내는 마땅히 남편에게 사랑을 해 달라는 요구를 할 권리가 있습니다. "예수님이 교회를 사랑하신 것처럼 희생적으로 나에게 관심을 가져주고 사랑해 주시오" 그러나 그것만이 있는 것이 아닙니다. 아내에게도 의무가 있습니다. 남편을 존경하고 복종하며 내조하며 자녀를 돌볼 그러한 의무가 있는 것입니다.

아내가 남편에게 복종하지 않고 일일이 남편에게 대적하고 남편이 한마디 하면 열 마디하고, 그러면 자기는 자기의 권리만 주장하고 의무를 다하지 않는 경우입니다. 여인의 아름다운 미덕은 복종에 있습니다. 설사 남편이 잘못했다고 할지라도 복종을 하고 난 다음에 나중에 서서히 대화와 타협으로 풀어야 합니다. 대결은 절대로 하지 말아야 합니다. 아내에게 준 의무는 존경이지 대결이 아닙니다. 복종이지 대항해서 싸우는 것이 아닙니다.

에베소서 5장 23절로 24절은 "이는 남편이 아내의 머리됨이 그리스도께서 교회의 머리 됨과 같음이니 그가 친히 몸의 구주시니라 그러나 교회가 그리스도에게 하듯 아내들도 범사에 그 남편에게 복종할지니라"고 말씀하고 있습니다. 복종의 미덕은 오늘 하나님이 아내에게 원하시는 것입니다.

베드로전서 3장 1절로 2절에 "아내 된 자들아 이와 같이 자기 남편에게 순복하라 이는 혹 도를 순종치 않는 자라도 말로 말미암지 않고 그 아내의 행위로 말미암아 구원을 얻게 하려 함이니 너희의 두려워하며 정결한 행위를 봄이라"고 기록되어 있으며, 잠언 14장 1절에는 "무릇 지혜로운 여인은 그 집을 세우되 미련한 여인은 자기 손으로 그것을 허느니라" 말씀하고 있습니다. 이러므로 장가 잘 가면 집이 흥하고 장가 못 가서 망합니다. 집을 흥하게 하고 망하게 하는 것이 아내의 손에 달렸다는 중대한 경고인 것입니다. 성도는 배우자를 잘 만나는 축복을 받아야 합니다.

자녀에게도 권리와 의무가 있습니다. 자녀의 권리는 부모의 사랑과 보호와 후원과 돌봄을 요구할 권리가 있습니다. 하나님이 자녀를 우연히 태어나게 하신 것은 아닙니다. 자녀는 하나님이 주신 기업입니다. 하나님께서 '나 대신해서 맡아서 돌보라' 하나님의 사업입니다. 그러므로 자식 낳아서 기르는 것, 이것은 하나님의 사업이요, 이 하나님의 사업을 잘못하면 하나님 앞에 책임을 져야 하는 것입니다.

부부 간에 바쁘다고 해서 들풀처럼 자식들을 내어 던져 버린 사람들이 많은데, 그러면 안 됩니다. 부모는 깊은 관심을 가지고 자녀를 사랑하고 또 보호해주고, 또 자녀가 성장하고 발전하기 위해서 전력을 다하여 후원을 해주고 돌봐 주어야 하는 것입니다.

골로새서 3장 20절은 "자녀들아 모든 일에 부모에게 순종하라 이는 주 안에서 기쁘게 하는 것이니라"고 말씀하고 있으며, 마태복음 15장 4절은 "하나님이 이르셨으되 네 부모를 공경하라 하시고 또 아비나 어미를 훼방하는 자는 반드시 죽으리라 하셨거늘"이라고 기록하고 있습니다. 하나님께서는 부모를 거역하는 자녀들에게는 사형을 선언하고 있습니다. 그렇기 때문에 자녀들은 부모 살아 있을 동안에 그 권리와 의무를 충실히 다해야 하는 것입니다.

경영 컨설트 협회에서 조사한 자녀들 177명의 앙케이트를 보면 자녀들이 아버지를 어떤 사람으로 보느냐 물었습니다. 초등학교 어린이 10명 중에 6명은 무슨 일을 하는지 물어 보자 '모른다'고 했습니다. 왜냐하면 아버지와 대화가 없기 때문입니다. 그리고 '아버지께 바라는 것이 무엇이냐'라는 질문에 '야단하면서 때리지 않는 아빠가 제일 좋다'고 답했습니다. 그 다음에는 '같이 놀아 주면 좋겠다.', '술과 담배 좀 끊었으면 좋겠다.', '일찍 퇴근하여 한번 만나 보았으면 좋겠다.'라는 것이 아이들의 요구입니다.

나중에 자녀들은 아버지와 어머니처럼 됩니다. 반대로 아버지와 어머니는 어린 아이처럼 됩니다. 나이 늙으면 점점 어린 아이가 되기 때문입니다. 어린아이들은 점점 어른이 됩니다. 아버지가 어린아이들과 잘 친해 놓으면 아버지가 나이 먹어서 어린아이처럼 되었을 때 어른 된 자녀들과 함께 사랑을 나눌 수가 있게 되는 것입니다. 반드시 사람이 무엇으로 심든지 그대로 거두게 되는 것입니다. 그것을 잊지 마십시오. 사랑과 관심으로 심으면 훗날에 사랑과 관심으로 거두게 되고 무관심과 미움으로 심어 놓으면 자기가 나중에 무관심과 미움으로 거두게 됩니다.

셋째, 행복한 가정을 만들기 위해서는 올바른 자녀 교육을 해야한다. 자녀는 하나님이 주신 기업이기 때문에 자녀를 자기 탐욕을 이루는 도구로 삼아서는 안 되는 것입니다. 자녀들에게 제일가는 유산은 신앙입니다. 부모는 신앙을 가지고 자식들에게 신앙의 유산을 남겨줘야 하는 것입니다.

신명기 6장 5절로 7절에 "너는 마음을 다하고 성품을 다하고 힘을 다하여 네 하나님 여호와를 사랑하라. 오늘날 내가 네게 명하는 이 말씀을 너는 마음에 새기고 네 자녀에게 부지런히 가르치며 집에 앉았을 때에든지 길에 행할 때에든지 누웠을 때에든지 일어날 때에든지 이 말씀을 강론할 것이며"라고 말씀하고 있습니다. 하나님을 공경하는 것이 지혜와 지식의 근본입니다. 우리가 하나님을 경배하고 살면 천하 어느 곳에 가서도 살 수 있습니다. 그러므로 자녀들에게 물질을 남겨주려고 하지 말고 신앙을 남겨주십시오. 신앙을 자본으로 남겨 주는 것이 일생에 가장 큰 축복을 자녀들에게 남겨 주는 것입니다.

그리고 난 다음 자녀들을 성공하는 인생으로 만들지 말고 윤리와 도덕적 인간으로 양육해야 합니다. 거짓과 부패 이것이 오늘 문제가 아닙니까? '그저 돈만 벌면 된다.' 아니면 '그냥 지위만 얻으면 된다.' '그러므로 거짓과 부패, 무엇이든지 괜찮다'라는 식의 가치관을 심어 주어서는 안 됩니다.

우리 사회가 정치적으로 경제적으로 이렇게 혼란되는 것은 부패와 부정과 거짓과 배반과 세속과 탐욕과 이런 것들 때문에 이렇게 된 것입니다. 우리가 자녀들을 교육할 때 '돈만 벌어라. 출세를 하라. 수단과 방법을 가리지 마라.' 이것은 중대한 잘못입니다. 참으로 중요한 것은 어린 나이 때에 윤리와 도덕적인 인간으로 교육을 시켜야 되는 것입니다.

그래야 그 자신도 행복하고 사회도 행복해지는 것입니다. 의인의 적은 소유가 악인의 많은 소유보다 승하다고 성경은 말하고 있는 것입니다. 초가집에서 삼시 세 때 먹어도 윤리와 도덕으로 사는 사람이 참으로 행복하게 살 수 있는 것입니다.

성경은 "마땅히 행할 길을 어린 아이에게 가르치라 그리하면 백발이 되어도 그 길을 떠나지 아니하리라."고 말씀하신 것입니다. 인격 형성의 기초는 6살 때라고 학자들은 말하고 있습니다. 어린 나이 때에 가장 우리가 관심을 가지고 윤리와 도덕적인 인간으로 교육을 해야 하는 것입니다.

그리고 천부의 소질을 개발해 줘야 할 것입니다. 개성이 다 다르고 재능이 다른데 부모 욕심대로 자녀를 양육해서는 안 됩니다.

자녀는 자녀대로 하나님께 받은 소질이 있는데 왜 부모의 탐욕으로 자기가 못한 대통령 시키려고 하고, 자기가 못한 판검사 왜 시키려고 합니까? 부모가 그저 일등 병이 걸려서 막 버릇이 없고 벗어난 행동을 해도 관대히 보고서 그저 자꾸만 일등만 하라고 합니다. 유태인이나 서구인들은 어린아이들이 한 가지만 잘하면 그것을 칭찬하고 그 길로 길러주는 것입니다. 그런데 우리들은 일류대학에 들어가려고 막 자녀들을 못살게 굴어서 전부 반 정신병자를 만들어 버립니다.

모든 사람은 다 태어날 때부터 자기의 소질이 있는데 자녀를 가만히 보다가 자기에게 소질 있는 일을 하면서 일생을 살도록 가르쳐 주세요. 부끄러울 것 없습니다. 한 평생에 일천 가지 이상의 특허를 내고 세계 문명에 빛을 던져준 미국의 유명한 발명왕 에디슨은 6살 때 저능아로서 학교에서 퇴학을 당했습니다. 왜냐하면 하나 더하기 하나는 둘이라고 가르치면 에디슨은 하나도 되고 둘이 될 수 있다고 답하기 때문이었습니다. 에디슨은 고양이 하나 더하기 쥐는 하나가 된다는 논리를 가지고 있었습니다.

그 어머니는 에디슨의 소질을 알았습니다. 그것은 통상적으로 생각하지 않고 천재적인 생각을 하고 있다는 것으로 깨달았습니다. 어머니가 받아서 교육을 했는데 초등학교도 나오지 못한 에디슨은 일천 가지 이상의 특허를 내고 문명의 꽃을 피운 사람이 되었습니다.

그렇기 때문에 우리들은 자녀들을 부모들이 생각하는 그런 패

턴으로 기르지 말고 자기들의 소질을 알아서 그 소질을 살려주어야 합니다. 부모의 욕심대로 기르려 하지 마십시오. 그 무엇보다도 인격자로 길러야 됩니다. 과보호하여 유약한 사람으로 만들어서 조금만 어려움이 다가오면 그만 포기하고 난장판을 치는 그런 유약한 사람으로 만들어서도 안 되고, 방종으로 길러서 무법자로 만들지도 말아야 합니다. 자녀들을 훈계하고 징계할 줄 알아야 합니다.

제가 외국 목사님이 이런 말을 했다는 이야기를 들은 적이 있습니다. 빨리 교회를 지어서 한국교회가 우리 교회에서 나갔으면 좋겠다. 왜냐? 한국은 애들 교육을 어떻게 시키는지 모르겠지만, 교회에 와서 새 마이크 가져다 놓으면 다 망가뜨려 버리고, 새로운 시설을 다 긁어버리고, 강단에 올라가서 똥, 오줌 싸고, 그래도 그 어머니가 절대로 안 말린다는 것입니다. 미국에 가면 모든 교회가 한국교회 못 들어오게 하려는 이유가 여기에 있다는 것입니다. 자녀들이 난장판이라는 것입니다. 그래서 그 자녀들을 꾸짖으면 그 어머니가 뭐 그런 것 가지고 그러느냐? 왜 애 기를 죽이느냐? 부서지면 사주면 될 것 아니냐? 카펫에 똥 싸면 카펫 사주면 될 것 아니냐? 그러면서 사서 교체해라. 그러면 안 사놓습니다. 말만 합니다. 이것 정말 중요한 얘기입니다.

자녀들을 그렇게 교육시키면 안 됩니다. 자녀들을 훈계하고 징계하고 올바르게 가르쳐야 합니다. 잠언 29장 15절로 17절은 "채찍과 꾸지람이 지혜를 주거늘 임의로 하게 버려 두면 그 자식은 어미를 욕되게 하느니라. 네 자식을 징계하라. 그리하면 그가 너를 평안 하게 하겠고, 또 네 마음에 기쁨을 주리라”고 말씀하고 있습니다. 어린 아이 때 징계 받고 채찍을 맞은 자식이 커서 부모에게 효도합니다. 징계하지 않고 기른 자식은 나중에 아비와 어머니의 뼈를 썩게 만듭니다.

그러나 징계하여 기른 자식은 부모에게 기쁨이 되는 것입니다. 그리고 자녀들에게는 언제나 하나님을 경외하도록 교훈해야 합니다. 잠언 1장 7절은 “여호와를 경외하는 것이 지식의 근본이어 늘 미련한 자는 지혜와 훈계를 멸시하느니라.”라고 말씀하고 있습니다. 자녀를 하나님을 경외하는 자녀로 만들어야 되는 것입니다. 행복한 가정이란 어느 한 사람의 노력으로 되는 것이 아닙니다. 부모, 자녀들이 모두 힘을 합쳐야만 가능한 것입니다. 그 모든 것 위에 하나님의 축복이 함께 할 때 행복한 가정이 만들어질 수 있는 것입니다.

16장 직장에서 행복하게 지내는 방법

(빌 2:5-11)"너희 안에 이 마음을 품으라 곧 그리스도 예수의 마음이니, 그는 근본 하나님의 본체시나 하나님과 동등 됨을 취할 것으로 여기지 아니하시고, 오히려 자기를 비워 종의 형체를 가지사 사람들과 같이 되셨고, 사람의 모양으로 나타나사 자기를 낮추시고 죽기까지 복종하셨으니 곧 십자가에 죽으심이라. 이러므로 하나님이 그를 지극히 높여 모든 이름 위에 뛰어난 이름을 주사 하늘에 있는 자들과 땅에 있는 자들과 땅 아래에 있는 자들로 모든 무릎을 예수의 이름에 꿇게 하시고, 모든 입으로 예수 그리스도를 주라 시인하여 하나님 아버지께 영광을 돌리게 하셨느니라."

직장에서 행복하게 지내려면 예수님의 마음을 품어야 합니다. 모든 사람들은 예외 없이 자기가 인정받고 싶고 대우를 받으며 존경받기를 원합니다. 그런데 그만 인정을 받지 못하고 무시를 당하거나 멸시를 당하면 자존심이 상해집니다. 그 대신에 마음에 미움과 분노가 솟구쳐 올라오는 것입니다.

직장에서 상사로부터 인정받지 못하여 기도하다가 성령의 음성을 들은 분의 간증입니다. 이 사람은 군에 있을 때 고급장교로 있었는데 제대하고 난 다음에 사회에 나와서 취직을 했습니다. 그

때로부터 시작해서 그 마음속에 무수한 정신적인 갈등을 가지고 고민을 하기 시작했습니다. 왜냐하면 군 고급장교로 있을 때는 명령 한마디에 모든 사람들이 움직이고 또 군대사회에서 상당한 존경과 인정을 받았는데 사회에 들어와 보니까 그와 같은 인정도 해 주지 아니하고 존경도 해 주지 않습니다. 그런데 하루는 심각한 정신적인 충격을 받게 된 것입니다. 회사에 간부회의가 있는데 그 간부회의에서 자기가 회사 일에 대한 보고를 했는데 직속 상사로부터 굉장한 면박을 받게 된 것입니다.

그러자 그 마음속에 굉장한 충격이 다가 왔습니다. '나는 이래 봐도 얼마 전까지 군대에서 상당한 존경을 받는 장교였는데 나를 어떻게 알고 이렇게 무시하고 짓밟느냐? 내가 이 회사를 그만 두어야겠다.' 그러한 정신적인 굉장한 고통가운데서 그는 교회에 왔습니다.

그리고 하나님 앞에서 예배드리며 간절히 기도하는데 하나님의 성령께서 그 마음속에 말씀을 하셨습니다. '이 사람아 네가 지금 누구냐? 너는 지금 군인이 아니라 이미 군복을 벗은 민간인이다. 군인생활은 이미 과거의 일이고 너는 현재 민간사회 속에 들어와서 민간의 사회의 한 조직원으로써 살고 있는데 네가 오늘 너의 상사에게 꾸중을 듣고 면박을 받은 것은 현재 너의 위치에서는 마땅한 일이다. 너는 이 이상의 높은 사람도 아니고 이 이상의 낮은 사람도 아니다. 네 자신을 알라 네 자신을 과대평가하지 말라.' 그는 하나님의 성령님의 이 꾸중을 듣자마자 큰 깨달음이 왔다는 것입니다. '그래 내가 누구냐? 나는 지금 군인이 아니지 않나 나는 지금 사회인이 아니냐, 이미 계급장을 다 벗었지 않느냐 사회의 계급 속에 들어갔으면 거기에 내가 적응해 살아야지 내가 뭐가 높다고 야단이냐 나는 보잘 것 없는 사회의 한 멤버가 아니냐' 그래서 자기 자신을 이해하고 난 다음 하나님 앞에 교만한 것을 회개하고 자기 마음을 낮추자 그렇게 마음이 편하고 기뻐지고 밉던 그 상사도 미워지지 않고 마음이 하나님의 은혜로 넘치게 되더라는 간증을 했다는 것입니다.

첫째, 낮은 마음을 품어라. 사람이 높은 데 마음을 두게 되면 늘 오해를 받고 오해당하고 고통이 다가옵니다. 그러나 자기 마음을 낮은 데 두고 나면 그렇게 마음이 편안할 수가 없어요. 좀 욕을 얻어먹고 이 세상에서 인정을 받지 못해도 낮은 데 마음을 둔 사람은 이것이 마음에 걸리지 않는 것입니다. 하나님께서 찾으시는 사람은 이처럼 깨어지고 낮아진 인간을 찾고 계시는 것입니다. 스스로 높아지고 완악하고 교만한 사람을 주님은 찾지 않으시는 것입니다. 우리가 성경을 통해서 볼 때라도 하나님이 사용하는 사람은 하나님께서 반드시 깨뜨리고 낮은 마음을 품도록 하신 것입니다.

인간은 아담과 하와의 후손으로 태어난 이상 그 사람들은 태어날 때부터 죄인으로 태어나고 마음이 깨어지지 아니하고 완악하며 마귀의 성품을 닮아서 교만한 마음으로 태어납니다. 그렇기 때문에 사람들은 서로 부딪치고 미워하고 살상합니다. 하나님이 사용하는 사람은 깨어지고 낮아진 사람을 사용하고 또 하나님이 축복해 주려고 하시는 사람은 반드시 그를 깨뜨리고 낮은 마음을 품도록 섭리하시는 것입니다.

아브라함을 보십시오. 아브라함은 처음 자신만만하고 고집 세고 자존심이 심히 강한 사람이었었습니다. 자기의 구복을 채우기 위해서는 자기 자존심 때문에 자기 아내를 여동생이라고 해서 시집을 보내더라도 그 대가로써 먹고살겠다는 이만한 사람이었었습니다. 세상적으로 볼 때 보통 인물이 아니었었습니다. 그러나 그는 25년의 세월동안 많은 시련을 통하여 깨어지고 낮아져서 나중 그 나이 100세 이후에는 그 마음이 얼마나 깨어졌든지 하나님께 절대 순종하고 절대 신앙을 가지고 살았었습니다. 100세에 낳은 아들을 하나님께서 모리아산의 제물로 드리라고 말할 때 그는 한마디 하나님께 반항도 하지 아니하고 '왜 그렇게 하십니까?' 질문도 하지 않았었습니다. 그는 하나님 앞에서 완전히 깨어졌습니다. 완전히 겸비하고 낮아져서 절대 순종, 절대 신앙으로 그 아들을 모리아 산에 데리고 가서 제물로 드리려고 했던 것입니다. 이와 같이 되었음으로 하나님께서 아브라함을 하나님의 친구라고 말씀하셨고 믿음의 조상으로 만들어서 복위에 복을 주실 수가 있었던 것입니다.

이삭도 그렇습니다. 이삭은 아버지의 손에 끌려서 모리아산에 올라가서 단번에 죽는 위기를 당했었습니다. 아니 그는 거기서 죽었습니다. 그는 자기 의사가 아니었습니다만 그는 장작더미 위에

눕히어서 아버지의 시퍼런 칼날이 그의 앞에 번쩍일 때 그는 순식간에 깨어지고 만 것입니다. 인생이란 별수 없는 존재로구나. 그래서 이삭은 순식간에 죽었다가 살아나니 그 마음이 깨어지고 하나님께 전폭적으로 맡기는 겸손한 사람이 되었었습니다. 그 결과로 이삭은 한평생을 통해서 별 풍파 없이 하나님의 축복을 받고 살아갈 수가 있었던 것입니다.

야곱은 그렇지 않았었습니다. 야곱은 교활하고 오만하면 고집이 세고 자존심이 강한 사람으로 형도 속이고, 아버지도 속이고, 외 아저씨도 속이고 수없이 사기 치고 사기를 당했었습니다. 그러나 그런 과정에 20여년의 세월동안 외 아저씨 집에서 머슴살이하면서 갖은 고초와 괴로움을 겪는 중에 많이 깨어졌었습니다.

나이 약40이 넘어서 고향산천을 찾아올 때 형이 400인의 군대를 거느리고 자기를 죽이러 온다는 말을 듣자 오금이 녹아졌습니다. 간담이 서늘했었습니다. 그는 하나님의 말씀보다 형이 더 두려웠습니다. 그래서 그는 밤새도록 얍복 나루터에서 기도하는 동안 하나님의 천사와 씨름을 했었습니다.

그리고 그 고집을 깨뜨리기 위해 하나님의 천사가 그 허벅지 관절을 치매 그는 허벅지 관절이 어그러져 절름발이가 되었습니다. 이제 형이 그를 잡으러 올 때 그는 피할 수가 없었습니다. 거기에서 야곱은 완전히 깨어져 버리고 완전히 먼지와 티끌처럼 겸손해져 버린 것입니다. 그는 절뚝거리면서 자기를 죽이러 오는 형님을 향해서 걸어 나갔습니다. 그 결과로 하나님이 역사하여 주셔서 형의 마음이 감동되어 오히려 죽이려던 동생을 얼싸안고 눈물로써 환영하고 죽이려고 데려온 군대들을 도리어 그 동생을 호위하는 군대로 변화시키고 만 것입니다.

요셉을 보십시오. 요셉은 도덕적으로 흠 잡을 수 없는 깨끗한 청년이었지만, 그러나 아버지의 편애로 말미암아 행실이 없고 고집이 세고, 자만심이 강한 청년이었습니다. 하나님께서 요셉을 사용하기 전에 그를 섭리하셔서 17세에 형들에게 버림을 받아서 종으로 팔렸었습니다. 보디발의 집의 종살이는 뼈를 깎는 고통과 괴로움이 있었습니다. 그러나 거기에서 또 오해를 받아서 시위대 감방에 갇혔었습니다. 이와 같이 해서 그는 17세에 팔려간 그가 잔뼈가 다 굵도록 나이 30세가 되도록 13년 동안 갖은 고초와 멸시와 괴로움을 당했었습니다. 그 결과 요셉을 깨어지고 완전히 낮아지고 순복한 사람이 되자 하나님께서 30세에 그를 일으켜서 애굽을 살리는 국무총리로 만들어 주신 것입니다.

모세를 보십시오. 애굽 바로의 딸의 왕자로 문무를 겸비한 고집 센 대장부였었습니다. 그러나 그가 자기의 힘과 능력으로 이스라엘을 구원할 수 있다고 당당하고 자신 있을 때는 하나님이 그로 실패하게 해서 쫓겨나서 미디안 광야에서 처가살이 하면서 40년을 목동생활을 하게 하신 것입니다. 아무도 알아주지 않고 아무도 인정해 주지 않습니다. 오직 작열하는 태양과 불어오는 바람과 모래밖에 없었습니다. 그곳에서 40년을 울고서 지낸 결과 그는 깨어질 대로 깨어지고 낮아질 대로 낮아졌습니다. 모세의 마음속의 모든 욕심은 다 없어졌습니다. 자신이 할 수 있는 일은 아무것도 없다고 깨달았습니다. 그는 아무 욕심도 없는 깨어지고 순수하게 낮아진 사람이 될 때 나이 80에 하나님께서 호렙산 가시넝쿨에서 나타나서 그를 부르셔서 위대한 지도자, 위대한 영도자, 위대한 정치가로 만들어서 애굽에 보내어 이스라엘 300만을 이끌어서 젖과 꿀이 흐르는 가나안 땅으로 이끌어 가게 되었던 것입니다.

우리는 예수님의 일생을 통해서 보게 될 때라도 얼마나 하나님께서 깨뜨리고 겸비하게 만들어서 사용하신 다는 것을 알 수 있는 것입니다. 예수님은 바로 하나님의 아들이십니다. 그리고 하나님께서는 예수 그리스도를 통해서 하늘과 땅과 세계와 그 가운데 모든 것을 지으셨습니다. 그러므로 예수님은 하나님이시자 창조주이신 것입니다.

그러나 하나님께서는 인류를 구원하시기 위해서 예수님을 인간으로 보내실 필요가 있었을 때 예수님은 두말하지 아니하고 하늘의 보좌를 떠나시고 하나님의 위치를 떠나시고 모든 영광을 다 버리시고 그는 유대땅 나사렛의 한 처녀의 몸에 성령으로 잉태하게 된 것입니다. 나사렛이라는 곳은 이스라엘 중에서도 가장 천민들이 모여 사는 곳이었습니다.

아무도 인정하지 않고 비웃을 받는 동네에서 한 처녀의 몸에 성령의 잉태되어 그가 태어날 때는 베들레헴에서 여관에 들 집이 없어 짐승의 우리에서 퇴비 냄새가 나는 곳, 짐승의 울음소리를 들으면서 태어나서 누울 자리가 없어 말구유에 짚을 요로 삼고 누웠던 것입니다. 이와 같이 하나님의 아들이 이렇게도 가장 비참하게 낮아진 것입니다.

그리고 그는 나이 30이 될 때까지 그의 양아버지 요셉을 도와서 목수의 일을 했습니다. 손에 모두다 못이 박히도록 그는 목수의 일을 하면서 지냈었습니다. 30에 요단강에서 물로 세례를 받고 난 다음에 광야에 가서 40주40야를 금식하시고 나오셔서 그가 3년 반 동안 복음을 전파할 때도 유대인의 사회에서는 대제사장이나 바리새교인이나 사두개교인이나 귀인들이 예수님을 인정하지 않았었습니다. 그는 가는 곳마다 멸시와 천대 속에 살았었으며 여우도 굴이 있고 산새도 들 집이 있지만 인자는 머리 둘 곳이 없다고 노숙과 걸식을 하시면서 복음을 증거하셨습니다. 하나님의 아들이 이와 같이 처절하게 깨어지고 겸비하게 낮아진 것입니다.

그리고 난 다음 나중에 조롱과 채찍에 맞으시고 인류를 대신해서 벌거벗은 몸으로 십자가를 걸머졌었습니다. 이사야는 이를 보고 말하기를 "저가 찔림은 우리의 허물을 인함이요, 저가 상함은 우리의 죄악을 인함이라. 저가 징계를 받음으로 우리가 평화를 누리고 저가 채찍에 맞음으로 우리가 나음을 입었도다. 우리는 다 그릇 행하여 각기 제 길로 갔거늘 여호와께서 우리 무리의 죄악을 저에게 담당시키셨다"고 말씀하신 것입니다.

예수님은 깨어졌을 뿐 아니라 낮아지고 아버지의 뜻을 쫓아, 자신의 죄, 나의 죄, 자신의 죽음, 나의 죽음을 대신 짊어지고 십자가에 올라가신 것입니다. 그리스도께서 이처럼 깨어지시고 낮아지셔서 절대 순종, 절대 신앙으로 나갔었기 때문에 하나님께서 얼마나 그 아들에게 감동하셨던지 빌립보서 2장 9절-11절에 보면 "이러므로 하나님이 그를 지극히 높이어 모든 이름 위에 뛰어난 이름을 주사 하늘에 있는 자들과 땅에 있는 자들과 땅 아래에 있는 자들로 모든 무릎을 예수 이름 앞에 꿇게 하시고 모든 입으로 예수 그리스도를 주라 승인하여 하나님 아버지께 영광을 돌리게 하셨느니라"고 성경은 말하고 있는 것입니다.

우리가 마음이 깨어지고 겸손하게 낮아질 때 그때 하나님께서는 오셔서 그러한 사람을 들어서 높여주시고 하나님의 영광과 축복을 부어주시는 것입니다. 성경에는 바로 "너희 마음속에 이 마음을 품으로 곧 그리스도 예수의 마음이니라."고 말한 것입니다. 오늘 이 시간 우리가 모인 것은 바로 이 그리스도 예수의 마음을 품기 위해서 이 자리에 모였습니다. 그러면 그리스도 예수의 마음의 가장 중대한 점이 무엇일까요? 첫째로 예수님은 자기를 낮추는 마음을 가지고 계셨습니다. 하나님이 사람이 되시고 보좌를 버리시고 이 세상에서 가장 멸시받고 천대받는 삶을 사신 예수님이 얼마나 낮아졌었습니까? 그러나 예수님이 그로 말미암아 불평 한 마디 하지 아니 한 것입니다. 성경에는 주를 구주로 모신 사람들은 우리 마음속에 이 마음을 품으라고 말한 것입니다. 높은 데 마음을 두지 말고 낮은 데 마음을 두며 예수 그리스도처럼 우리 마음을 낮추라고 하신 것입니다. 우리가 우리 실상을 알아보면 우리가 누구를 불구하고 자기 마음을 높은 데 눌 이유가 없습니다. 왜냐하면 이 세상의 어떤 사람치고 죄인 아닌 사람이 어디 있습니까? 모두다 하나님 앞에 심판을 받을 수밖에 없는 죄인이요. 이 땅에서 우리가 아무리 발버둥치고 살아도 일생은 지나고 나면 허무하고 무의미한 것밖에 없고 우리의 청춘은 신속히 늙어서 불과 얼마 살지 아니하여 북망산천에서 귀인이나 천인이나 남녀노소 할 것 없이 한 줌의 흙으로 돌아가고 맙니다.

인간의 실상을 살펴보면 인간이 높은 데 마음을 둘 수 있는 그러한 존재가 되지 못합니다. 그러나 우리들은 종종 자기가 태어난 가문, 자기가 배운 학문, 자기의 사회적인 위치, 이런 것 때문에 높은 데 마음을 둘 때가 많습니다. 사도 바울선생 같은 사람은 좋은 가문에 태어났고, 훌륭한 학교에서 공부를 했고, 그리고 머리가 좋았습니다. 훌륭한 종교가였습니다. 이러기 때문에 그가 높은 데 마음을 둘 수 있는 처지에 있는 사람이었습니다. 이러므로 하나님께서 그에게 육체의 가시, 곧 사탄의 사자를 주사 끊임없이 그에게 고통을 당하게 했었습니다.

높은 데 마음을 두면 하나님께서 그를 낮추기 위해서 고통을 보내는 것입니다. 바울선생은 이 가시가 뽑혀나기 위해서 3번 기도했으니 하나님께서 응답하지 않으셨습니다. 네가 약할 때 내가 강하다고 말씀하셨습니다. 그는 가시로 말미암아 깨어져서 겸비하게 낮아질 때 하나님께서 사도바울선생을 크게 사용하신 것입니다. 우리에게 다가오는 수없는 시험과 환난이 왜 다가오는 지 압니까? 우리의 마음속에 높은 데 마음을 두게 될 때 하나님께서 이를 낮추어서 깨어져 축복하기 위해서는 우리에게 고통의 가시를 보내는 것입니다. 이 가시가 우리를 찔러서 우리를 깨뜨리고 겸비한 데 마음을 두게 하시는 것입니다. 그래서 오직 하나님의 은혜로 사는 것이 우리의 현실이라는 것을 깨닫고 겸비하게 되기를 원하는 것입니다. 직장에서 행복하게 지내려면 예수님과 같이 깨어져서 낮은 마음이 되어야 합니다.

둘째, 우리가 이 예수 그리스도의 생애를 통해서 배워야 할 것은 종의 마음이다. 마가복음 10장 43-45절에 "너희 중에는 그렇지 아니하니 너희 중에 누구든지 크고자 하는 자는 너희를 섬기는 자가 되고 너희 중에 누구든지 으뜸이 되고자 하는 자는 모든 사람의 종이 되어야 하리라 인자의 온 것은 섬김을 받으려 함이 아니요. 도리어 섬기려하고 자기 목숨을 많은 사람의 대속물로 주려함이라"고 말씀하셨습니다.

여기에서 내가 섬김을 받으려고 할 때 원망과 불평이 생겨나지 내가 종의 자리에 서게 되면 만인을 섬기려고 하게 되면 우리는 마음에 불평과 원망이 없을 것입니다. 전력을 기울여 섬기려고 할 것입니다. 예수께서 말씀하시기를 "하나님의 아들인 주께서 이 세상에 오신 것은 섬김을 받으려 함이 아니요. 남을 섬기려하고 많은 사람을 위해서 목숨을 바치기 위해서 오셨다"고 하신 것입니다.

오늘 여기에서 우리는 절실히 배워야 합니다. 한 가정에서도 가장이 "나는 이 가정에서 가장이다. 나는 섬김을 받아야 한다. 아내여 나를 섬겨라 자식들아 나를 섬겨라" 할 때 이 사람은 폭군이 될 수도 있고 권력을 남용할 수도 있습니다. 그러므로 아내와 자식들의 마음에 상처를 입힐 수 있게 되고 자기가 섬김을 받으려고 하니까 늘 마음속에 불만족하고 불평하고 원망이 꽉 들어찰 수 있습니다. 그러나 자기가 깨어져서 내가 이 가정에 가장이기 때문에 이 가정에 머리이기 때문에 으뜸을 되고자 한다면 섬기라고 했었음으로 열심을 다하여 아내를 섬기고 자식들은 섬겨주고 종의 태도를 취하면 온 가족이 감화감동해서 그 부인이나 자식들이 받들어서 그로 하여금 훌륭한 아버지요 훌륭한 가장이요 가정의 리더로 삼아줄 것입니다. 섬김을 받으려고 할 때 문제가 생기지 섬기려고 할 때 그 사람은 진실한 지도자가 되는 것입니다.

한 직장에서도 직장의 상사가 "나는 이 직장에서 가장 높은 사람이다. 나는 섬김을 받아야 한다. 직원들이여 나를 섬겨라. 직원들아 나를 섬겨라" 할 때 이 사람은 폭군이 될 수도 있고 권력을 남용할 수도 있습니다. 그러므로 직원들의 마음에 상처를 입힐 수 있게 되고, 자기가 섬김을 받으려고 하니까, 늘 마음속에 불만족하고 불평하고 원망이 꽉 들어찰 수 있습니다. 그러나 자기가 깨어져서 이 직장에서 내가 가장 머리이기 때문에 으뜸을 되고자 한다면 섬기라고 했었음으로 열심을 다하여 직원들을 감싸고 보살피면 온 직원들이 감화 감동해서 상사의 지시를 순종하며 받들어서 그로 하여금 훌륭한 상사요, 훌륭한 리더로 삼아줄 것입니다.

직원들도 마찬가지입니다. 회사직원모두를 섬김의 대상으로 여기면 상처받지 않을 것입니다. 상사만 섬기는 것이 아니고, 동료직원 모두를 예수님의 마음으로 섬기면 행복한 나날이 될 것입니다. 직장이나 어디서나 섬김을 받으려고 하니까, 상처가 되고 불행할 나날이 되는 것입니다. 섬겨보십시오. 그러면 직장이 평화롭고 순탄하게 성장할 것입니다.

셋째, 우리가 여기에서 배워야 될 것은 희생하는 마음을 배워야 한다. 우리의 잘못을 대신 짊어지신 예수님을 보십시오. 예수께서는 하나님의 아들이요. 흠도 없고 점도 없는 분이신 것입니다. 그는 죄를 지은 적도 없고 불의한 일을 행한 적도 없습니다. 그럼에도 불구하고 죄를 지은 우리의 죄를 대신 짊어지고 우리의 불의를 대신 짊어지고 변명하지 아니하고, 그는 잠잠하게 십자가에 올라가서 남의 죄 때문에 매를 맞고 남의 불의 때문에 얻어맞고 남의 저주 때문에 저주받고 남의 죽음 때문에 그는 십자가에서 처참하게 죽었습니다. 그러므로 하나님께서 우리 주 예수 그리스도를 한없이 높여주신 것입니다. 자기만 잘났다고 말하고 자기의 짐은 벗어버리고 남에게 짐을 덮어씌우고 남을 희생시켜서 자기의 구복만 채우고 자기만 잘 살겠다고 하는 이 이기주의적인 세계 속에서 그리스도 예수의 마음을 품게 되면 이러한 개인이나 가정, 직장이나 사회나 국가는 하나님께서 한없이 높여주는 사람들이 될 수가 있는 것입니다.

이러므로 성경은 남을 나보다 낮게 여기고 남의 짐을 짊어지는 희생의 마음을 가지라고 하는 것입니다. 주님께서 우리에게 말씀한 대로 이 마음을 품으로 곧 그리스도 예수의 마음이라고 했었으니 우리는 모두다 그리스도 예수의 마음을 품고 자기를 높은데 두지 말고 낮은데 마음을 두며 섬김을 받으려고 하지 말고 종의 마음으로 섬기려고 하고 남에게 희생을 강요하지 말고 스스로가 나가서 자기를 희생하여 남을 살리겠다는 이러한 마음의 자세를 가지게 될 때 하나님은 이러한 개인이나 가정, 이러한 직장이나 사회나 국가를 하늘 문을 열고 한없이 축복하여 주실 것입니다.

이러한 사람들은 우리 주 예수 그리스도와 손을 잡고 조국과 인류를 위해서 일할 수 있는 처지에 있게 되는 것입니다. 우리가 이와 같은 그리스도 예수의 마음을 품으면 그 때부터 하나님의 높이시는 역사가 시작됩니다. 그러므로 개인이나 사회, 직장, 그러한 국민을 가진 국가는 높아지기 마련이요, 온 세계에 추앙을 받게 되는 것입니다.

필자는 성도들에게 이렇게 말합니다. 땅에 소망이 있는 성도는 주변 사람을 힘들게 합니다. 땅에 소망이 있기 때문에 대접을 받으려고 하고, 사람들에게 인정을 받아 세상에서 만족을 누리려고 하기 때문입니다. 반대로 하늘에 소망이 있는 성도는 주변 사람들을 편안하게 합니다. 모든 것을 하나님께 받아 누리기 때문에 더 이상 주변 사람에게 받을 필요가 없고 받은 사랑을 나누어 주기 때문입니다. 하늘에 소망을 둔 우리가 되시기를 바랍니다.

4부 가정이 행복발전소가 되게 하는 법

17장 행복을 발전하는 가정을 이루는 법

(엡 6:1-5) "자녀들아 주 안에서 너희 부모에게 순종하라 이것이 옳으니라. 네 아버지와 어머니를 공경하라 이것은 약속이 있는 첫 계명이니, 이로써 네가 잘되고 땅에서 장수 하리라. 또 아비들아 너희 자녀를 노엽게 하지 말고 오직 주의 교훈과 훈계로 양육하라. 종들아 두려워하고 떨며 성 실한 마음으로 육체의 상전에게 순종하기를 그리스도께 하 듯 하라"

하나님은 예수님을 믿는 자녀들의 가정이 모두 행복하기를 소원 하십니다. 불행한 가정은 지상에 살면서 지옥을 체험하는 것입니 다. 그러나 서로를 돌보며 사랑하고 이해와 동정을 같이 하며 따뜻 하게 품어주고 협력하는 가정은 위로와 기쁨과 행복이 가득한 가 정이 될 수 있는 것입니다. 사람은 이 땅에서 가정이 행복해야 그 모든 삶이 형통하는 것입니다. 가정이 불행하면 모든 일에 파탄이 되고 마는 것입니다. 가화만사성이란 말이 바로 그 말인 것입니다.

사회 비평가인 존 러스킨은 이렇게 말했습니다. "인류 역사는 세계의 역사가 아니라 가정의 역사이다. 한 나라의 수준은 그 나라 의 가정 수준 이상으로 올라갈 수 없고, 한 나라의 생존은 가정의 생존 여부에 달려 있다." 아리스토텔레스는 "가정은 국가의 근본 세포를 형성한다."고 했는데, 이는 건강하고 행복한 가정이 많아야 건강한 국가가 되기 때문인 것입니다. 가정이 이처럼 중요한 것은 하나님의 뜻이기 때문입니다.

이러므로 우리는 하나님 앞에서 우리에게 주신 가정이라는 이 아름다운 성전을 잘 가꾸어서 행복을 누리다가 하늘나라의 영원한 가정으로 들어가는 성도들이 되어야 합니다. 행복한 가정을 이루기 위해서는 이렇게 하는 것이 좋습니다.

인류 첫 가정은 하나님께서 이룩해 주신 에덴 가정이었습니다. 하나님을 아버지로 모시고 아담과 하와 부부가 에덴 낙원에서 삶의 보금자리를 폈습니다. 그러나 그들의 행복은 오래가지 않았습니다. 마귀의 꾐에 빠져 하나님께 불순종하고 반역하고 아담은 하와를 원망하고 하와는 뱀을 원망하고 상처투성이가 되어 에덴에서 쫓겨나고 말았습니다.

하나님 안 계신 세상에서 이룩한 가정은 얼마 안 가서 가족 분쟁이 일어났고 장남 가인이 차남 아벨을 돌로 쳐 죽이는 비극이 가정에 일어났습니다. 이처럼 인류 첫 조상이 이룩한 가정은 결코 행복하지 못했습니다. 우리가 행복한 가정을 갖기 위해서는 실패한 아담과 하와의 가정에서 많은 교훈을 배워야만 할 것입니다.

첫째, 행복한 가정의 절대적인 조건은 절대 주권자이신 하나님을 온전히 주인으로 모시는데 있다. 시편 127편 1절로 2절에 "여호와께서 집을 세우지 아니하시면 세우는 자의 수고가 헛되며 여호와께서 성을 지키지 아니하시면 파수꾼의 경성함이 허사로다 너희가 일찍이 일어나고 늦게 누우며 수고의 떡을 먹음이 헛되도다. 그러므로 여호와께서 그 사랑하시는 자에게는 잠을 주시는 도다" 하나님 없이 집을 세우고 성을 지키고 고생하고 수고하는 것이 다 결국에는 헛되고 마는 것입니다. 그렇기 때문에 우리가 행복한 가정을 이루기 위해서는 먼저 그의 나라와 그의 의를 구해야 됩니다. 우리의 가정에 하나님 나라 중심으로 살고 우리 가정생활 전체 속에 그리스도의 의가 나타나야 되는 것입니다.

행복한 가정을 이루기 위해서는 하나님과 행복한 연결이 되어 있어야만 합니다. 그러므로 가족이 다 뿔뿔이 헤어지고 좀처럼 만날 수 없는 이 시점에 만날 수 있는 사람들이 모여서라도 주일날은 꼭 교회에 와서 하나님께 예배드리고 예물을 드려서 하나님과 우리와 하나가 되어 산다는 확실한 신앙의 증거를 보여 주어야 될 것입니다.

신명기 6장 5절로 7절에 "너는 마음을 다하고 성품을 다하고 힘을 다하여 네 하나님 여호와를 사랑하라 오늘날 내가 네게 명하는 이 말씀을 너는 마음에 새기고 네 자녀에게 부지런히 가르치며 집에 앉았을 때에든지 길에 행할 때에든지 누웠을 때에든지 일어날 때에든지 이 말씀을 강론할 것이며" 그러므로 가정에 자녀들에게 근본적으로 하나님을 주인으로 모시고 사는 것이 마음에 깊이깊이 알려지도록 교육을 시켜야 되는 것입니다.

그리고 가족들이 모여서 기도를 게을리 하지 말아야 됩니다. 기도는 하나님의 거룩한 성령을 가정에 모시고 모든 마귀의 훼방을 물리치는 것입니다. 오늘날 우리는 자연의 공해로 꽉 들어찬 세계 속에 살고 있습니다. 공기가 부패하고 물이 부패하고 우리가 먹는 양식이 모두 다 오염되어 있습니다. 그런데 마귀는 우리의 영적인 정신적인 삶을 오염시키는 것입니다. 우리 가정에 정신적인 오염을 성령으로 정화하기 전에는 행복이 있을 수가 없을 것입니다. 그러므로 기도 생활을 게을리 해서는 안 됩니다. 마태복음 18장 20절에도 "두 세 사람이 내 이름으로 모인 곳에는 나도 그들 중에 있느니라."고 말씀하셨음으로 가정에 모여서 기도할 때에 주님이 가정에 충만하게 임재하시는 것입니다.

시편 112편 1절로 3절에 "할렐루야! 여호와를 경외하며 그 계명을 크게 즐거워하는 자는 복이 있도다. 그 후손이 땅에서 강성함이여 정직자의 후대가 복이 있으리로다. 부요와 재물이 그 집에 있음이여 그 의가 영원히 있으리로다." 고 말씀한 것입니다. 이러므로 하나님을 주인으로 모실 때에 그 가정에 의롭고 부귀와 재물이 함께 있는 것입니다. 이렇기 때문에 행복한 가정은 먼저 하나님과의 올바른 관계가 이루어지고 그것이 실천될 때에 가정에 이루어질 수 있는 것입니다.

둘째, 행복한 가정을 이루기 위해서는 남편과 아내의 관계가 원만해야만 한다. 남편은 남편으로서의 특권과 의무가 있습니다. 남편은 가정의 머리라고 성경에 말했습니다. 남편은 가정의 리더인 것입니다. 그러므로 마땅히 가정에서 남편은 머리로서 가정에 리더로서 존경을 받을 권리가 있습니다. 가정에서 남편이 존경을 받지 못하고 남편 대접을 받지 못하고 아버지 대접을 받지 못하면 이것은 날개 꺾인 새와 같습니다. 날지 못합니다. 그 사람은 세상에 나아가서 아무 것도 못합니다. 요사이 가정이 사랑으로써 존경으로써 이루어지는 가정이 아니고 돈이 가정을 이루고 있습니다. 이것이 큰 낭패입니다. 지금 길거리에서 잠을 자고 있는 사람에게 언제 집으로 돌아가겠느냐고 물어 보면 모두 다 똑같이 돈을 벌면 집으로 돌아가겠다고 말합니다. 돈이 집입니다. 아내의 사랑과 자식의 사랑, 존경 이런 것이 가정을 이루는 것이 아니라 돈이 가정을 이룬다고 하기 때문에 물질 만능주의 가정은 언제나 깨질 수가 있는 것입니다. 이러므로 남편은 돈이 있든지 없든지 가정의 리더로서 머리로서 존경을 받을 권리가 있습니다. 그렇기 때문에 아내나 자녀들은 남편이나 아버지를 존경해야 합니다. 가정의 중심이요, 기둥인 남편이나 아버지가 존경받지 못하고 리더가 되지 못하면 그 가정이 어디로 가겠습니까? 그리고 남편은 부드럽고 따뜻하며 자상스럽고 이해와 동정심이 많은 남편이 되어야 하는 것입니다.

골로새서 3장 19절에 "남편들아 아내를 사랑하며 괴롭게 하지 말라" 오늘날 아내를 괴롭게 하는 남편들이 굉장히 많습니다. 남편이 권위주의로만 가정을 이끌어 가려고 하는 것이 아니라 부드럽고 따뜻하며 자상스럽고 이해와 동정심이 많아서 가정에 남편이 들어오면 온 가정 분위기가 훈훈하게 봄바람이 부는 그런 가정을 만들어야 되는 것입니다.

요사이 가정법률상담소에 들어오는 상담 문제의 59%가 이혼 문제라고 합니다. 가정에 59%가 지금 이혼 문제로 말미암아 골머리를 앓고 부모 갈등이 17%가 되는 것입니다. 가정의 남편은 이기주의적으로 자기 쾌락주의자가 되지 말아야 하는 것입니다. 무엇인지 자기만 생각합니다. 아내도 나만 섬겨라. 자식들도 나만 섬겨라. 그래서 집에 와서 고함 고함치고 호통하는 그런 이기주의적으로 자기 쾌락만 생각합니다. 무엇이든지 나만 잘 먹고 나만 잘 입고 나만 행복하면 된다. 그리고 아내나 자식들은 내 쾌락과 내 행복의 이용 가치에 불과하다. 이러한 삐뚤어진 생각을 가진 남자들이 많이 있습니다.

베드로전서 3장 7절에 보면 "남편 된 자들아 이와 같이 지식을 따라 너희 아내와 동거하고 저는 더 연약한 그릇이요 또 생명의 은혜를 유업으로 함께 받을 자로 알아 귀히 여기라 이는 너희 기도가 막히지 아니하게 하려 함이라" 아내와 사이가 삐뚤어지면 기도가 막힌다고 했습니다. 많은 남편의 기도가 응답되지 않은 것은 아내를 귀히 여기지 아니하고 아내와 사이가 좋지 않을 때에 하나님의 나라에 들어가는 길이 막히게 되는 것입니다. 그렇기 때문에 남편은 이기주의나 자기 쾌락주의로 살지 말아야 합니다.

처자를 부당하고 아내의 꿈을 이루어지는 남편이 되어야 하는 것입니다. 남편은 뼈가 으스러지더라도 남편 된 이상은 취로사업을 하던 동냥을 하던 가족들을 먹여 살려야 되는 것입니다. 가족을 먹여 살릴 힘이 없으면 자기의 주권을 포기해 버리고 마는 것입니다. 그리고 남편은 결혼해서 아내를 데리고 왔으면 아내가 그 남편을 통해서 자기 꿈을 이루고 자녀들도 아버지를 통해서 꿈을 이룰 수 있도록 모든 힘을 다해서 뒤를 받들어 주는 이러한 남편이 되어야 하는 것입니다. 남편 되기가 쉬운 줄 압니까? 절대로 쉽지 않아요. 그러므로 이런 각오를 하지 않고는 장가가지 말아야 합니다. 남편 되려고 하지 말아야 합니다. 결혼해서 자식만 낳으면 남편인 줄 아는데 절대 그렇지 않습니다.

그러면 아내는 아내로서 특권과 의무가 있습니다. 아내는 남편의 사랑과 귀여움을 받을 권리가 있습니다. 하나님께서 그렇게 말씀하셨기 때문입니다. 남편들아 아내 사랑하기를 제 몸같이 하라고 했기 때문인 것입니다. 아내는 반드시 남편의 사랑을 요구할 특권이 있습니다. 남편의 귀여움을 받아야 할 특권이 있고 또 경제적인 도움을 받을 권리가 있습니다. 원래 남편이 열심히 일해서 경제적인 수확을 얻어서 가정을 돌볼 수 있도록 그렇게 가정을 만들어야 합니다. 힘이 어디서 나오느냐! 경제적인 데서 나옵니다. 경제력이 있으면 가정의 리더십을 가질 수가 있습니다. 그렇기 때문에 어찌하든지 경제력이 있어야 합니다. 경제력이 없으면 가정을 이끌어 갈 수가 없습니다. 아내와 자식들을 먹이고 입히고 살리고 이끌어 나아가야지요. 아내는 경제적인 도움을 받을 권리가 있고 그 다음 아내로서 의무는 남편에게 복종하고 격려해야 합니다. 남편이 한 마디 말하면 열 마디 대꾸하고 남편이 좌하면 우하고 우하면 좌하고 그렇게 되면 콩가루 집안이 됩니다. 하나님께서 가정을 세우실 때에 하나님은 남녀에게 인격적인 동등한 권한을 주었지만 그렇지만 가정을 이루는 데에 있어서는 순서가 있습니다. 남편이 가정의 머리요 리더요 아내는 남편을 내조하고, 그리고 복종하고 남편을 존경해야 합니다.

아내의 마음속에 남편에 대한 존경심이 사라지고 남편에게 복종할 마음이 없어지면 벌써 아내로서의 의무를 포기한 것입니다. 그런 가정은 끝없는 고뇌가 따르는 것입니다. 언제나 남편은 아내의 내조를 통하여 용기백배합니다. 제가 늘 말하는 것처럼 왜 오늘날 남편들이 홈리스가 되어 있습니까? 자식도 있고 아내도 있는데 왜 서울역 지하도에 누워 있습니까? 그는 집에 돈 버는 것이 겁이 나서 못 들어간다는 것입니다. 왜 아내가 남편을 진실로 내조한다면 돈 못 벌어 온다고 그냥 구박을 하고 바가지를 긁어서 남편으로 위축되어 집을 뛰쳐나가게 만들어서야 되겠습니까? 어려울 때일수록 아내가 남편에게 힘을 실어 주고 용기를 주고 능력을 주면 그 사랑에 감격해서 어떠한 육체노동이라도 하지 않겠습니까? 그러나 남편이 남편으로서의 의무를 포기하게 만드는 것은 아내가 내조를 잘 하지 못하기 때문인 것입니다. 언제나 역사를 통해서 배울 때에 훌륭한 남편 뒤에는 훌륭한 아내가 있습니다. 수많은 역경 중에도 힘과 용기를 실어 주는 것입니다.

마틴 루터가 종교 개혁을 하다가 너무 힘들고 어려워 하나님이 자기를 버린 것 같아 낙심해서 그만 드러누웠습니다. 그런데 남편이 방안에서 가만히 들어보니까 그 부인이 마루에서 아이고 아이고 울고 있는 것입니다. 완전히 상복을 입고 눈물을 흘리면서…. 누가 죽었소? 물어 보니까 하나님이 죽었어요. 하나님이 죽다니? 부인이 곧 하나님이 안 죽었으면 당신이 하나님을 믿고 종교 개혁을 하고 그렇게 낙심해서 완전히 드러누울 수 있습니까? 가만히 보니까 이처럼 믿던 하나님을 떠나서 낙심하는 것을 보니까 틀림없이 하나님이 죽었다고 생각했기 때문에 내가 하나님 장례 지낸다고 그렇게 말한 것입니다. 크게 남편이 크게 각성을 했습니다. 하나님이 살아 계신데 내가 왜 낙심하겠는가? 그래서 종교개혁을 완성했다는 것입니다.

남편은 의외로 아내에게 의존하고 있습니다. 아내의 말 한마디가 남편을 죽이기도 하고 용기를 주기도 하고 낙심을 주기도 하는 것입니다. 그렇기 때문에 아내는 남편에 대해서 언제나 긍정적이고 적극적인 태도를 취해야 하는 것입니다. 용기를 주고 힘을 주고 위로를 주고 그래서 일어날 수 있도록 만들어 주어야 하는 것입니다. 잠언서 14장 1절에 "무릇 지혜로운 여인은 그 집을 세우되 미련한 여인은 자기 손으로 그것을 허느니라"고 말했습니다. 집을 세우는 여인이 있는가 하면 자기 손으로 그 집을 다 허무는 여인도 있는 것입니다. 아내는 반드시 가사를 돌보고 자녀를 잘 양육해야 될 의무가 있습니다. 잠언서 31장 30절에 보면 "고운 것도 거짓되고 아름다운 것도 헛되나 오직 여호와를 경외하는 여자는 칭찬을 받을 것이라" 이 세상에 아무리 고와도 세월이 지나가면 고운 것 다 없어지잖아요? 아름다운 것도 다 사라지잖아요? 그러나 마음속에 하나님을 공경하고 하나님을 섬기는 마음으로 가정을 돌보는 여인, 이것은 진실로 아름다운 것입니다.

오늘날 남편과 아내가 손을 합쳐서 행복의 사냥꾼이 되어야 합니다. 사냥하는 사람이 산과 들로 다니면서 짐승을 찾아서 사냥을 하지 않습니까? 남편과 아내가 서로 손을 맞잡고 행복을 사냥해야 되는 것입니다. 그러기 위해서는 남편과 아내가 함께 살면서 약점을 파헤치지 말아야 합니다. 사람 치고 약점이 없는 사람이 어디에 있습니까? 산도 멀리 있을 때는 참 아름답게 보이지만 금강산도 직접 가보십시오. 그곳에 부러진 나무, 흩어진 쓰레기, 튀어나온 바위 별로 아름답지 않은 것이 많습니다. 산과 사람은 멀리서 보면 좋은데 가까이에서 보면 허물이 있는 것입니다. 그렇기 때문에 하나님이 사람을 사랑하는 것은 허물이 있기 때문에 사람을 위해서 구원해 주시는 것입니다. 이렇기 때문에 서로 약점을 파헤치지 마십시오. 약점 없는 사람이 어디에 있습니까? 우리는 다 서로서로 개성도 다르고 교육도 다르고 자라온 환경도 다르고 자라온 배경과 가정도 다릅니다. 어떻게 둘 다 똑같을 수 있습니까? 이러므로 약점을 서로 보안하는 것이 부부지! 약점을 서로 파헤치는 것이 부부는 아닙니다. 서로 절대 비난하지 마십시오. 아담은 하와를 비난하고 하와는 뱀을 비난하고 형은 아우를 비난하고 아우는 형을 비난하고 그래서 아담과 하와의 가정이 파탄에 이르고 말았지 않습니까? 누가복음 6장 36절로 37절에 "너희 아버지의 자비하심 같이 너희도 자비하라 비판치 말라 그리하면 너희가 비판을 받지 않을 것이요 정죄하지 말라 그리하면 너희가 정죄를 받지 않을 것이요 용서하라 그리하면 너희가 용서를 받을 것이요" 부부간에 서로 비판하고 정죄하면 결국에 그 가정은 파괴되고 마는 것입니다.

부부간에 행복을 생각하기 위해서는 마음을 넓게 가져야 됩니다. 마음이 좁기가 대통만 해가지고서 남편이 이말 하면 부인이 왈칵 성을 내고 부인이 이말 하면 남편이 고래고래 고함을 치고 그런 가정들이 굉장히 많습니다. 마음을 열어서 넓게 가져야 합니다. 오해 잘하고 화 잘 내면 깊은 물이 되요. 남편이 오해를 잘하고 화를 잘 내면 부인이 입을 닫습니다. 또 부인이 자꾸 오해를 잘하고 화를 내면 남편도 입을 닫아 버립니다. 서로 대화가 끊기는 것입니다. 서로 기피하게 되는 것입니다. 에베소서 4장 26절로 27절에 "분을 내어도 죄를 짓지 말며 해가 지도록 분을 품지 말고 마귀로 틈을 타지 못하게 하라" 혹시 사람이 살면서 분이 날 때가 있지만 절대로 해지기 전에 회개해야 합니다. 해가 지고 하루가 지나고 이틀이 지나고 사흘이 지나도록 분을 품고 있으면 사단이 틈을 타서 파괴를 가져오게 되는 것입니다.

옛말에 한 가정보다 한 나라를 다스리는 것이 더 쉽다고 말했습니다. 나라 다스리는 것은 경찰 병력도 있고 검찰도 있고 군대도 있어서 나라 다스리기에는 쉽습니다. 그러나 가정을 다스리는 것은 그리 쉽지 않습니다. 돈이 집은 지으나 사랑이 가정을 이룬다고 했습니다. 아무리 돈이 많아서 돈으로써 호화로운 별장도 가지고 좋은 집도 짓지만 그러나 가정은 돈으로 만들지 못합니다. 사랑으로 만들어지기 때문에 절대로 사랑을 가지려고 애를 써야 하는 것입니다. 하나님께서 하와를 만들 때에 갈비뼈를 취해서 만든 것은 갈비뼈는 심장에 가장 가깝습니다. 그렇기 때문에 부부간의 관계는 사랑의 관계이지 이성의 관계도 아니고 폭력의 관계도 아닙니다. 부부간의 문제를 이성이나 이론으로 해결하려고 하면 안 됩니다. 또 폭력으로 해결하려고 해도 안 됩니다. 어찌 하든지 애정으로 해결하려고 해야 하는 것입니다. 서로를 존경하고 칭찬을 아끼지 말아야 합니다. 남편은 아내를 존경하고 아내도 남편을 존경하고 서로서로 잘난 점을 자꾸 칭찬을 해야 하는 것입니다.

셋째, 부모와 자식 간의 관계가 확실해야 한다. 부모가 자녀에 대해서는 항상 자녀와 친구가 되어야 하는 것입니다. 권위주의로 일방적인 교육만 하지 말고 자녀들도 인격을 가지고 있는 이상 자녀와 친구가 되어야 합니다. 그리고 자녀들이 이 세상에 혼자서는 살 수 없다. 우리는 함께 산다는 공동체 의식을 길러주어서 교회에 와서도 함께 예배드리고, 그리고 함께 여행도 하고 이웃을 불쌍히 여기고 소년소녀 가장도 돌봐주고 양로원도 방문하게 하고 이래서 인생은 나 혼자 사는 것이 아니라 약한 자와 강한 자와 다 함께 손을 잡고 공동체 생활을 한다는 것을 깨닫게 해 주면 행복해지는 것입니다. 내 이기주의로 모든 사람을 내가 이용만 하고 산다고 생각하면 나중에 수없이 많은 갈등을 일으키게 되고 결국에는 범죄 행위가 될 수 있는 위험성이 있는 것입니다.

그리고 자녀가 부모에게 대해서 해야 하는 일은 효입니다. 이 세상에 효가 모든 행위의 근본입니다. 부모를 잘 받드는 자식은 아내도 충실하게 돌보고 사회에도 훌륭한 사람이 됩니다. 그러나 부모를 공경하지 않고 불효한 자식은 아내도 돌보지 아니하고 사회에서도 정상적인 사람이 되지 않습니다.

오늘날 많은 가정에 아내가 남편이 부모에게 효도하려면 허리춤을 잡아당깁니다. 왜 그 많은 돈을 주느냐! 왜 아버지 어머니에게 헌신적으로 하느냐? 이렇게 해서 효도를 못하게 하는 아내들이 많습니다. 그것은 자기 눈을 자기 손가락으로 찌르는 것입니다. 왜 부모에게 효도하지 않은 남편은 부인에게도 충실하지 않습니다. 그리고 사회에서도 존경받는 일을 하지 않는 것입니다.

레위기 19장 3절에 "너희 각 사람은 부모를 경외하고 나의 안식일을 지키라 나는 너희 하나님 여호와니라" 출애굽기 20장 12절에 "네 부모를 공경하라. 그리하면 너의 하나님 나 여호와가 네게 준 땅에서 네 생명이 길리라"고 말한 것입니다. 부모 공경과 함께 하나님은 생명을 길게 하고 복 받게 해 주겠다고 약속하신 것입니다. 그러므로 자녀가 해야 될 일은 부모를 공경해야 하는 것입니다. 언어 심사 행동에서 부모를 공경하는 말을 써야 하는 것입니다. 부모를 만만하게 대하고 부모에 대해서 나쁜 말로 욕을 하고 비난하고 비평하는 것은 하나님은 크게 기뻐하지 않습니다. 효라는 것은 부모를 공경해서 언어 심사 동에 신중을 기해야 하는 것입니다. 그리고 부모를 기쁘게 하는 것이 효입니다.

잠언서 23장 25절에 "네 부모를 즐겁게 하며 너 낳은 어미를 기쁘게 하라" 무엇을 해서 부모를 기쁘시게 할까? 그런 것을 생각하고 부모를 기쁘게 해드리는 그러한 행동을 하는 것 그것이 효입니다. 그리고 부모를 욕되게 하지 말아야 합니다. 게으르고 자기 생활도 하지 않고 처자도 돌보지 않는 그런 것은 부모를 근심하게 하고 욕되게 합니다. 부모에게 효도하는 것은 부모에게 근심을 끼치지 않는 것이 부모에게 효를 하는 것입니다.

그리고 부모를 보양해야 하는 것입니다. 마태복음 15장 4절에 "하나님이 이르셨으되 네 부모를 공경하라 하시고, 또 아비나 어미를 훼방하는 자는 반드시 죽으리라 하셨거늘" 성경에는 하나님께서 아비나 어미를 훼방하는 것은 죽이라고 하셨습니다. 자식은 부모를 잘 공양해야 하는 것입니다. 까마귀도 자기의 어미를 먹여 살리고 보양을 합니다.

18장 행복을 충전하는 부부가 되는 법

(엡 5:22~33)"아내들이여 자기 남편에게 복종하기를 주께 하듯 하라 이는 남편이 아내의 머리 된이 그리스도께서 교회의 머리됨과 같음이니 그가 바로 몸의 구주시니라 그러므로 교회가 그리스도에게 하듯 아내들도 범사에 자기 남편에게 복종할지니라. 남편들아 아내 사랑하기를 그리스도께서 교회를 사랑하시고 그 교회를 위하여 자신을 주심 같이 하라 이는 곧 물로 씻어 말씀으로 깨끗하게 하사 거룩하게 하시고 자기 앞에 영광스러운 교회로 세우사 티나 주름 잡힌 것이나 이런 것들이 없이 거룩하고 흠이 없게 하려 하심이라 이와 같이 남편들도 자기 아내 사랑하기를 자기 자신과 같이 할지니 자기 아내를 사랑하는 자는 자기를 사랑하는 것이라 누구든지 언제나 자기 육체를 미워하지 않고 오직 양육하여 보호하기를 그리스도께서 교회에게 함과 같이 하나니 우리는 그 몸의 지체임이라 그러므로 사람이 부모를 떠나 그의 아내와 합하여 그 둘이 한 육체가 될지니 이 비밀이 크도다 나는 그리스도와 교회에 대하여 말하노라 그러나 너희도 각각 자기의 아내 사랑하기를 자신 같이 하고 아내도 자기 남편을 존경하라"

미국 뉴욕 항에서 대통령과 국무위원을 포함한 수많은 사람이 도열하여 누군가를 기다리고 있었습니다. 드디어 근사한 군함 한

대가 도착했고 군악대의 연주와 예포가 울려 퍼졌습니다. 그런데 배에서 한 구의 유해가 내려졌습니다. 그 유해는 위대했던 정치가도, 전쟁에서 혁혁한 공을 세운 장군도 아니었습니다. 평범한 시민으로 단지 그가 작사한 한 곡의 노래 때문에 이처럼 엄청난 예우를 받고 있는 것이었습니다. 그는 존 하워드 페인으로 '홈 스위트 홈'의 작사자였고 그 노래는 우리도 잘 아는 노래입니다. '즐거운 곳에서는 날 오라 하여도 내 쉴 곳은 작은 집, 내 집 뿐 이리 꽃피고 새 우는 집 내 집 뿐이라'라는 이 노래를 작사한 시인인 것입니다. 유해 앞에서 미국 대통령은 이렇게 말했습니다. "그는 이 땅에서 무엇이 가장 소중한 것인지, 이 땅에서 지내는 일들 가운데 무엇이 가장 가치 있는 일인지를 우리에게 가르쳐 주었다." 고 말한 것입니다. 그것이 무엇일까요? '스위트 홈', 바로 달콤한 가정인 것입니다. 그런데 가정이 오늘에 와서는 너무나 쉽게 무너지고 해체되고 있습니다. 이것이 우리들의 슬픔이요, 비극인 것입니다.

첫째, 부부란 무엇인가? 오늘날 사람들은 생각하기를 부부란 동물적인 결합 이상으로 생각하지 않고 있는 경향이 있습니다. 동물의 짝짓기는 종의 번식을 위한 것이지만, 우리 인간은 후손의 번식을 위해서 만이 결혼을 하고 부부가 되는 것은 아닙니다. 인간의 결혼은 하나님이 친히 정하신 것입니다. 하나님께서 창2:18에 "여호와 하나님이 이르시되 사람이 혼자 사는 것이 좋지 아니하니 내가 그를 위하여 돕는 배필을 지으리라 하시니라" 혼자 사는 것, 고

독하게 사는 것이 하나님이 보시기에 좋지 않으니까 돕는 배필을 지어 영-혼-육이 하나가 되어 친밀한 동반자가 되고 친구가 되는 삶을 살기 위해서 주님께서는 부부를 만들었다고 말한 것입니다. 단지 자손을 낳기 위한 남녀의 결합으로 부부를 만들었다고 말씀하지 않고 있는 것입니다.

인간은 결혼을 해서 가정을 세우고 그 가정의 화합을 통해서 하나님을 경배하고 예배드릴 수 있기 때문인 것입니다. 하나님께서는 한 사람만 사는 것이 좋지 않다고 했습니다. 결혼해서 부부가 함께 연합해서 동거하고 하나님을 경배하며 자손을 기르고 하나님께 영광을 돌리는 삶을 원하시는 것입니다.

결혼이라는 것은 단지 인생을 살면서 살을 나누는 것이 아닌 **뼈**를 나누는 관계인 것입니다. 사람을 지었을 때는 그냥 흙으로 지어서 부부를 만든 것이 아닙니다. 남자를 짓고 난 다음 하나님께서 남자의 옆구리 **뼈**를 취해서 여자를 지었다고 한 것입니다. 뼈로 지었다는 것은 의미가 심장합니다. 미국의 초대 대통령이었던 제퍼슨이 얼마나 훌륭하고 위대합니까? 그 자손들은 매년마다 그 조상을 기리는 모임을 가졌는데 얼토당토하게 흑인 제퍼슨들이 나와서 우리도 동참을 해야 된다고 했습니다. 그래서 제퍼슨은 백인인데 백인 대통령을 지은 우리 조상인데 왜 흑인이 제퍼슨이라는 이름을 가지고 여기에 참여하냐고 굉장한 문제가 생겼습니다. 안 된다. 된다. 그런데 흑인들이 법정에 고소를 해서 DNA 검사를 했습니다. 이미 그 무덤의 살은 다 썩어 버리고 **뼈**만 남았는데 **뼈** 조각을 뜯어서 DNA 검사를 해보니까 흑인 제퍼슨하고 DNA가 똑같습니다. 이게 웬일인가. 제퍼슨 대통령이 부인이 돌아가시고 혼자 생활할 때 가정부로 도와줬던 흑인 부인하고 관계가 몰래 있었던 것입니다. 그 부인이 집을 떠나서 애기를 낳아서 이름을 제퍼슨이라고 지어 주었는데 그 후손들이 번창한 것입니다. 그런데 살은 썩어서 알 수가 없지만 남은 뼈 조각은 DNA를 조사해 보니까 틀림없이 조상이 제퍼슨이라는 것이 발견이 되어서 별 도리 없이 흑인 후손과 백인 후손이 함께 기념예식을 가질 수 있도록 되었다고 한 기록을 읽어본 것입니다.

하나님께서 살점을 뜯어서 아내를 만들었으면 시간이 흐르면 살은 늙어지고 사라지고 썩어져 버리면 없어질 수 있지 않습니까? 그런데 아담의 옆구리 뼈를 취해 가지고서 하와를 만들었다는 것은 의미심장한 것입니다. 뼈는 그렇게 쉽게 썩지 않습니다. 오래오래 계속하는 것입니다. 그러므로 부부의 관계는 만났다가 헤어지고 헤어졌다가 만나고 하는 그런 관계가 아니라 오래오래 계속하는 반영구적인 관계라는 것을 보여주는 것입니다. 이 땅에 사는 동안은 죽을 때까지 함께 살라 그 말인 것입니다. 부부는 뼈를 나누는 것이지 살을 나누는 것이 아니기 때문에 뼈 조각이 사라지지 않는 것처럼 함께 이 세상에 살 동안에 살라고 말씀하고 있는 것입니다. 그러므로 부부의 관계는 이 세상에 살아있는 동안에는 사라지지 않는 관계, 헤어지지 않는 관계가 바로 부부의 관계로써 하나님이 맺어준 것입니다.

둘째, 부부의 관계란 이런 것이다. 여러 가지 인권문제가 생겨서 남녀동등이니 아니니 남존여비니 그런 말들이 많은데 성경적으로 우리가 보면 하나님께서 상징적으로 갈비뼈를 떼서 여자를 만들었다 하니까 갈비뼈라는 것은 머리에 붙은 것도 아니고 발끝에 붙은 것도 아닌 것입니다. 하나님이 여자를 만들 때 남자의 머리뼈를 취해서 만들었다면 여자는 남자보다 높습니다. 하나님이 남자의 발뒤꿈치 뼈를 취해 가지고서 여자를 만들었다면 여자는 남자 발에 밟혀야 될 낮은 존재인 것입니다. 그러나 옆구리 뼈는 동등한 것입니다. 그러므로 하나님께서 여자를 만들 때 남자의 옆구리 뼈를 취해서 만들었다는 것은 동등한 위치에서 만들었다는 것입니다. 갈비뼈는 심장에 가장 가까우니까 사랑으로써 하나로 동등한 인권을 가지고 살라고 말씀한 것입니다.

갈3:28에 남자나 여자나 다 그리스도 예수 안에서 하나라고 말한 것입니다. 그러나 가정을 이루고 사는데 있어서 위계질서는 다릅니다. 이 세상의 사람들이 다 동등한 인권을 가지고 있지만 다 회장이고 다 사장이고 다 간부 사원이고 그렇게 될 수는 없는 것입니다. 다 같은 인권을 가지고 있지만 그러나 인생이 살아가는데 있어서의 직분은 차이가 있는 것입니다. 가정에도 남편과 아내가 수평적인 동등한 인권을 가지고 있지만 남편과 아내라는 직분상의 위계는 있는 것입니다. 그것은 머리와 몸의 관계라고 성경은 말하고 있습니다. "아내들이여 자기 남편에게 복종하기를 주께 하듯 하라 이는 남편이 아내의 머리됨이 그리스도께서 교회의 머리

됨과 같음이니 그가 바로 몸의 구주시니라 그러므로 교회가 그리스도에게 하듯 아내들도 범사에 자기 남편에게 복종할지니라."(엡 5:22~24). 이 말은 인권의 문제가 아닌 것입니다. 가정에서 직위의 문제인 것입니다. 남편과 아내와 합쳐서 가정을 만들어 가는데 둘이가 다 지도자가 될 수가 없으니까 남편은 앞에서 끌어주고 아내는 뒤에서 밀어주고 남편은 리더가 되고 아내는 따라가는 사람이 되고 이러한 가정에서의 협동관계를 말하는 것입니다. 이 성경을 보고 '아~ 여자는 남자보다 우월하지 못하다. 남자가 여자를 다스려야 된다.' 그렇게 생각하면 잘못인 것입니다. 서로의 협동의 관계 속에서 남편은 머리가 되고 아내는 몸이 되는 것입니다. 머리와 몸이 서로 싸우는 것 보았습니까? 머리 없는 몸은 갈 바를 알지 못하고 몸 없는 머리는 아무 소용이 없는 것입니다. 머리와 몸은 똑같은 하나이지만, 그 직분 상, 머리는 몸을 돌보고 양육하고 이끌어가고 몸은 머리를 받들고 따라가는 그런 직분이지 머리와 몸이 분리되어서 따로따로 서로 관계 싸움을 하면 큰일 나지 않습니까? 그와 같이 남편은 가정에 있어서의 머리가 되는 것입니다. 머리는 몸을 이끌고 가며 몸의 안전과 평안을 위한 전체적인 책임을 지는 것입니다. 남편의 책임은 굉장합니다. 한 가정의 머리가 되어서 온 가정에 평안과 안정을 위해서 전적책임을 져야 되는 것입니다. 그리고 몸은 머리의 인도와 결정에 절대 복종하지 몸이 머리의 명령에 복종하지 아니한 사람은 중풍 병에 걸렸거나 파킨슨병에 걸린 사람인 것입니다.

유대인의 격언에는 이런 말이 있습니다. '남자를 늙게 하는 네 가지 사건이 있는데 불안과 노여움, 자식, 악처가 남자를 늙게 하는데 그 중에 제일 늙게 하는 것이 악처다.'고 말했습니다. 탈무드에는 '세상에서 가장 행복한 사람은 누구인가 그는 순종하는 아내를 얻은 남자'가 가장 행복한 사람이라고 말한 것입니다. 남편은 아내를 자기 몸처럼 사랑하고 몸인 아내는 머리인 남편의 인도와 결정에 절대 복종하고 나아가면 그 부부는 행복할 수밖에 없습니다. 이것이 성경적인 부부 관계인 것입니다. 성경적인 부부관계란 사랑과 복종의 관계지 폭력의 관계가 아닌 것입니다. 사랑을 하면 따라오게 되어 있지요. 머리가 몸을 사랑해서 몸을 잘 돌보면 몸은 머리를 따라가는 것입니다. 남편이 아내를 사랑하고 잘 돌보아주면 아내는 남편을 따라가고 복종하고 잘 섬기게 되는 것입니다. 사랑이 복종을 가져오는 것입니다.

엡5:25에 있는 말씀대로 "남편들아 아내 사랑하기를 그리스도께서 교회를 사랑하시고 그 교회를 위하여 자신을 주심 같이 하라" 우리가 왜 예수님을 위해서 목숨을 바칩니까? 예수님이 우리를 사랑하셔서 우리 대신하여 십자가를 짊어지고 몸을 찢고 피를 흘리기까지 사랑해 주셨기 때문인 것입니다. 예수님의 그 절대적인 사랑이 있기 때문에 우리는 두말하지 않고 예수님의 명령에 순종하고 따라가는 것입니다. 그와 같이 가정에도 남편이 아내를 절대적인 사랑으로 사랑하고 돌보면 아내는 남편을 순종하고 따라가게 되어 있는 것입니다. 사랑과 복종의 관계지 폭력과 복종의 관계는 아니라는 것을 우리가 알아야 되는 것입니다.

프랑스 철학자 H.A.텐은 부부관계를 이렇게 정의했습니다. "결혼 후 첫 1주일 동안은 서로 관찰하고, 그 다음 3개월은 사랑한다. 그 다음 3년은 서로 싸우고, 그 뒤 30년은 용서하면서 산다."고 말한 것입니다. 결혼을 유지하는 것은 여섯 가지인데, 그 중 한 가지는 사랑이고, 나머지 다섯은 신뢰라고 말한 것입니다. 사랑을 하고 그 다음에는 신뢰하고 살아가는 것입니다. 결혼이라는 것은 폭력으로써 군주로써 남편이 군림하고 아내를 노예로써 부리는 그런 관계는 절대로 아닌 것입니다. 사랑과 복종, 사랑과 섬김의 관계라는 것을 알아야 되는 것입니다. 미워하면 반역을 가져오지요. 남편이 아내를 미워하는데 남편을 사랑할리가 없으며 남편을 따라갈리도 없는 것입니다. 반역을 하지요. 사랑과 복종은 서로 함수관계가 되어 있어서 사랑 많이 하면 많이 복종하고 미워하면 반역하게 되고 그렇게 되어 있는 것입니다. 부부관계는 결코 폭력으로 이끌어 가서는 안 됩니다. 오직 남편과 아내가 앞에서 끌어주고 뒤에서 밀면서 한 수레라는 가정을 만들어 가는 관계지 폭력관계는 결코 아닌 것을 우리가 알아야 되는 것입니다.

셋째, 원만한 부부관계를 위한 길. 우리가 원만한 부부관계를 위해서 늘 생각해야 될 것이 있습니다. 그것은 서로 이해하고 이해시키기 위해서 노력해야 되는 것입니다. 모든 것을 이해를 시켜야 되는 것입니다. 서로 생판 모르는 남남끼리 모여서 한 지붕 밑에서

한 솥에 밥을 먹고 함께 사는데 서로 마음이 꼭 일치할 수가 없는 것입니다. 교육이 다르고 자라난 환경이 다르고 생각이 다릅니다. 더구나 외국인끼리 결혼한 사람은 문화조차 다르고 언어조차 다르기 때문에 굉장히 함께 살아간다는 것은 힘이 드는 것입니다. 그러므로 원만한 부부관계를 위해서는 서로 이해하기 위해서 대화를 많이 해야 되는 것입니다. 힘으로 상대를 굴복하려고 하지 말고 계속해서 이야기를 해요. 이야기를 하다하다 나중에는 할 말이 없어 뒤로 넘어질 때까지 이야기를 하라고요. 아무리 유능한 남편이라도 자기가 유능하니까 '너는 나를 따르라.' 내 결정한 것을 그대로 한다면 유능하지 못한 아내는 이해하지 못하기 때문에 마음에 갈등을 느끼게 되는 것입니다. 유능한 남편이라도 유능하지 못한 아내하고 이야기를 하고 또 하고 또 해서 나중에는 이야기 거리가 사라질 때까지 해야 되는 것입니다. 일본 사람이 한국 사람하고 다른 것은 일본사람은 무엇을 할 때 모이면 굉장히 서로 대화를 많이 합니다. 그래서 나중에는 할 이야기가 없어질 정도로 대화를 많이 해서 결정을 내리는 것인데 우리 한국 사람은 대게 모이면 지도자가 유능한 사람은 "이렇게~ 이렇게~ 이렇게~ 내가 결정했으니 따라오시오." 그리고 결정을 하고 밀고 나가는 것입니다. 그래서 나중에 갈등이 많고 알력이 많은 것을 우리가 볼 수 있는 것입니다.

롬12:16에 "서로 마음을 같이하며 높은 데 마음을 두지 말고 도리어 낮은 데 처하라고 말했었으며" 잠15:4에 "온순한 혀는 곧 생명나무이지만 패역한 혀는 마음을 상하게 하느니라."고 말하고 있는 것입니다. 이해하고 이해시키기 위해서 노력하는 것은 굉장히 우리 삶에 중요한 것입니다. 이해가 안 되면 될 때까지 이야기를 하십시오. 그리고 정 이해가 안 되면 그 다음 그 일은 안하는 것이 좋습니다. 이해가 되어서 서로 손을 붙잡고 갈 수 있어야만 되는 것입니다. 남편들은 아내의 심정에 동정을 하고 아내에게 감동을 주십시오. 아내도 남편의 마음에 동정하고 감동을 주고 칭찬하고 감사하는 일을 하십시오. 왜 사람들은 칭찬을 안 하는지 모르겠습니다. 어린아이도 칭찬하면 즐거워하는 것입니다. 고래도 칭찬하면 춤을 춘다고 말합니다. 하물며 사람은 칭찬하면 얼마나 격려가 되는지 모르는 것입니다. 그런데 우리는 너무나 칭찬에 인색한 것입니다. 우리는 충분히 넘치도록 칭찬하고 감사하는 삶을 살 때 가정이 원만하고 기름진 가정이 될 수 있는 것입니다. 그리고 부부간에 행복하게 살기 위해서는 무조건하고 참는 것이 좋습니다.

　조건 붙이지 마십시오. 부부간에 싸워서 이기면 손해 봅니다. 이 세상에 이겨서 손해 보는 것은 부부싸움인 것입니다. 남편하고 아내하고 싸우면 그날부터 남편은 찬밥 먹을 각오를 해야 되는 것입니다. 아내의 무관심속에 살아야 되는 것입니다. 아내도 남편하고 싸우면 남편이 이제는 집에 안돌아오고 바깥으로 돌기 시작하면 굉장히 그 결과가 고약하게 되는 것입니다. 이기면 손해 보는 게임이 부부간의 싸움인 것입니다. 부부간에 싸워서 져도 본전입니다. 져서 손해나갈 것이 없는 것입니다. 그러므로 이겨도 손해나고 져도 본전인 것이므로 부부간에 무조건하고 참는 것이 좋습니다.

잠12:16에 "미련한 자는 당장 분노를 나타내거니와 슬기로운 자는 수욕을 참는다"고 말한 것입니다. 잠19:11에 "노하기를 더디 하는 것이 사람의 슬기요 허물을 용서하는 것이 자기의 영광이니라."고 말한 것입니다. 부부간에는 더구나 더 허물을 들춰내지 마십시오. 사람이 온전한 사람 없습니다. 하나님이 지은 날도 밤이 있고 낮이 있는 것처럼 인간이 온전히 잘하는 것만 있고 못하는 것이 하나도 없는 인간은 없지 않습니까? 그러므로 남편도 장점도 있고, 단점도 있고 부인도 장점도 있고 단점도 있는데 절대로 자꾸 단점을 들춰내어서 상처를 입히면 안 되는 것입니다. 닭을 키워보면 닭은 몸에 조그만 하더라도 무슨 두드러기가 나든지 몸에 상처를 입으면 다른 닭들이 와서 자꾸 쪼아가지고서 나중에 창자가 나오도록 쪼아서 죽여 버리는 것입니다.

부부간에 서로 상대의 상처를 자꾸 끄집어내어서 상처를 입히고 결점을 지적하면 안 됩니다. 모른 체하고 넘어가야만 되는 것입니다. 허물을 용서하는 것이 굉장히 가정을 원만하게 이끌어가는 방법이 되는 것입니다. 자꾸 허물을 들춰내면 안돼요. 더구나 부인들은 기억력이 굉장히 좋습니다. 남편들은 기억력이 나빠서 옛날 것은 잊어 버렸는데 부인들은 기억력이 좋아서 싸움이 벌어지면 10년 전에 일어난 일도 다 이야기 합니다. "당신 10년 전에 이렇게~ 이렇게~ 이렇게~ 했잖아요." 그것이 남편의 마음속에 분노를 터뜨리게 하는 것입니다. 잊어 버려야 됩니다.

과거는 다 잊어버리고 남의 약점을 들춰내지 말고 언제나 싸움을 하더라도 자존심을 건드리면 안 되는 것입니다. 자존심을 건드려 놓으면 도저히 치료할 수 없는 상처를 입히게 되는 것입니다.

미국의 위대한 대통령이었던 카터 대통령의 아내 로자린은 남편하고 종종 싸웠습니다. 카터 대통령하고 부인이 왜 싸웠냐면 카터 대통령은 시간을 엄하게 지켜요. 약속시간 1분전에는 반드시 가 있어야 돼요. 그런데 그 아내 로자린은 느릿느릿 해가지고서 몸치장한다 얼굴 화장한다 하고 언제나 모임에 늦어져요. 그렇기 때문에 남편이 아내 로자린 때문에 모임에 늦어질 때가 한 두 번이 아니었기 때문에 남편이 모임만 있으면 신경을 곤두세우고 벌써 한 시간 전에 부인보고 "빨리 빨리 빨리." 부인이 "예! 예!"하면서 언제나 늦습니다.

그래서 그 때문에 모임에 갔다 와서 대판 싸우곤 했습니다. 그런데 카터 대통령이 부인을 아무리 재촉을 해보아도 태어날 때부터 느릿느릿한 성격을 가지고 태어나서 고쳐지지가 않는 것입니다. 그래서 어느 해 부인의 생일이 되었는데 생일카드에 이렇게 기록했습니다. "아무리 고치려고 해도 안 되니 그냥 있는 그 모습대로 수용을 하려고 작정을 했습니다. 여보~ 오늘까지 당신을 많이 괴롭혔는데 지금부터 당신은 시간 지키는 일에 있어서 자유롭게 사십시오." 이 카드를 받고 뛸 듯이 기뻐하면서 당신이 나에게 준 가장 최고의 생일 선물이라고 칭찬을 했습니다.

시간 지키는 것에 자유롭게 되므로 왜 그렇게 좋아했냐면 이제 싸움을 안 하게 되었다는 것입니다. 그 다음부터는 늦게 일어나도 남편이 아무 말도 안하고 기다리는 것입니다. 아예 그것을 수용하고 받아들인 것입니다.

이처럼 상대방의 성격이 있고 생활습관이 있고 생각이 있기 때문에 그것을 일일이 간섭해서 나처럼 되라고 하면 안 되지요. 자꾸 나처럼 되라. 나처럼 생각하고 나처럼 말하고 나처럼 행동하라고 하면은 안 되는 것입니다. 너무 과도한 간섭을 하면 안돼요. 살림을 부인에게 맡겨 놓았으면 남편이 부인 살림을 그저 알든 모르듯 지나가야지 일일이 매일같이 부인 가계부 조사 다하고 부엌에 들어가서 일일이 찬장 다 열어보고 어떻게 사느냐 전부 간섭을 하면 신경이 써서 살수가 없는 것입니다.

트루먼 대통령 당시 요직을 맡고 있던 뉴볼트 모리스가 공권력을 남용한 혐의로 심문을 받게 되었는데 의회에 출석한 그는 자신이 중상모략을 당하고 있는 것에 매우 화가 나서 점점 언성을 높이다가 손수건을 꺼내려고 주머니에 손을 넣었는데 손수건은 안 나오고 종이쪽지 하나가 딸려 나왔습니다. 그는 그 쪽지를 읽다가 국회의원들 앞에서 낄낄낄 웃었습니다.

그러니 다른 국회의원이 "무엇을 보고 웃느냐고 국회에 나와서." 그러니까 그가 말했습니다. "저는 화가 나면 언성을 높이는 습관이 있습니다. 그리고 옷을 벗어 던지는 습관이 있어요. 이것을 아는 아내가 오늘 국회에 나오는 나에게 포켓에 쪽지를 써놓았습니다. '여보~ 아무데나 함부로 옷을 벗어 던지고 고함을 치지 마세요.' 이 주머니에 쪽지를 넣어 놓았기 때문에 내가 이것을 보고 내가 웃었습니다." 그러니까 온 국회의원들이 다 웃고 난 다음에 좋은 아내 덕분에 그만 청문회에서 용서를 받고 문제가 해결되었다는 것입니다. 서로 도와주는 것 적은 결점을 보완해주고 도와주므로 말미암아 행복한 인생을 살아갈 수가 있는 것입니다.

어느 분이 책을 짓기를 화성과 수성에서 온 사람이 지구에서 함께 산다고 말한 것입니다. 그처럼 성장과정도 다르고 사고도 다르고 개성도 다르고 취미도 다른 두 사람이 함께 모여 살자면 자기 마음대로 고집대로 살아서는 결코 안 되는 것입니다.

이 수많은 시련과 어려움을 극복하고 살아가는 길은 예수 그리스도의 십자가의 사랑을 생각하고 언제나 상대를 이해하려고 끝없이 노력을 하십시오. 예수님의 사랑을 통해서 상대를 이해하려고 하고 그 다음에 상대를 감정에 동정하고 언제나 감격하고 칭찬하고 위로하고 격려하고 그 다음 어떠한 일이 있든지 사랑하기로 결심을 하고 좋은 점만 사랑하지 말고 못된 점, 결점까지도 사랑하려고 결심을 하고 그리고는 참는 것입니다. 한 번도 참고, 두 번도 참고, 세 번도 참고, 네 번도 참고, 백번도 참고 계속해서 참는 것이 인생인 것입니다. 오래 참음으로 행복한 가정을 이루고 하나님께 영광 돌리게 되시기를 주님 이름으로 축원합니다.

19장 행복이 흘러넘치는 가정 생활하는 법

(엡 5:31-33)"그러므로 사람이 부모를 떠나 그의 아내와 합하여 그 둘이 한 육체가 될지니, 이 비밀이 크도다 나는 그리스도와 교회에 대하여 말하노라. 그러나 너희도 각각 자기의 아내 사랑하기를 자신 같이 하고 아내도 자기 남편을 존경하라"

하나님은 예수를 믿는 모든 자녀들이 하나님께서 예비하신 반쪽과 결혼하여 행복을 누리면서 살아가기를 소원하십니다. 외국 속담에 "거친 바다로 나갈 때는 한 번 기도하라. 전쟁터에 나갈 때는 두 번 기도하라. 그러나 결혼식에 나갈 때는 세 번 기도하라"는 말이 있습니다. 결혼이 인생의 삶에 얼마나 중요한가를 가리키는 말입니다.

하나님께서 천지와 만물을 다 지으시고 난 다음에 그 천지와 만물을 줄 그 당사자인 사람을 지으셨습니다. 성경에서는 하나님께서 흙으로 사람을 빚으시고 그 코에 생기를 넣으니 사람이 되었다고 했습니다. 바로 남자였습니다. 하나님께서 남자를 지으신 다음에 가만히 보시더니 남자가 독처(獨處)하는 것이 좋지 못하니 내가 돕는 배필을 지으리라 하시고 하나님께서 남자를 깊이 잠들게 하시고 그 옆구리 뼈를 취하여서 역시 하나님이 흙으로 여자를 지으셨습니다. 그리고 난 다음 하나님께서 그 여자를 친히 손으로 데려

오시고 아담에게 왔습니다. 아담이 그 여자를 하나님께로부터 선물로 받고 난 다음 너무 기뻐서 하는 말이 "이는 내 살 중에 살이요. 뼈 중에 뼈니 네가 여자리라"라고 말씀하셨습니다. 하나님의 창조 원리를 통해서 우리가 자세히 살펴보면 어떻게 해야 우리 결혼에 행복을 가져오시는 것을 알 수가 있는 것입니다.

첫째, 돕는 배필을 지으리라. 하나님께서는 남자가 독처하는 것이 좋지 못하니 내가 돕는 배필을 지으리라 하셨으므로 남자는 도움을 받는 위치에 있고, 여자는 남자에게 도움을 베푸는 위치에 있는 것입니다. 그러므로 도움을 받는 자가 도움을 받을 만해야 됩니다. 남자가 아내에게 도움을 받아야 하는데 그렇다면 돕는 자의 중요성을 인정해야 하는 것입니다. 결혼한 다음에 그 아내는 부엌데기이고 자식이나 낳고 집안 청소나 하고 있지, 그 이외 다른 것은 하지 말라고 하면 남자는 중대한 손실을 가지고 사는 것입니다. 그 인생 전반에 있어서 아내는 하나님이 돕는 배필로 지었기 때문에 남편의 모든 일에 도움을 베풀어야 됩니다. 그렇기 때문에 아내를 볼 때 하나님이 내 인생에 보낸 가장 좋은 보조자요. 참모요. 비서로 생각해야 되는 것입니다. 어떠한 훌륭한 일을 한 사람도 참모가 없이 보조자가 없이 비서가 없이 훌륭한 일을 할 수가 없는 것입니다. 자기 혼자서는 아무 것도 못합니다. 그런데도 불구하고 오늘날 많은 남자들은 자기 아내를 돕는 배필로서 생각하지 않습니다. 오히려 자랑하기를 나는 집에 가면 회사 일이나 사업 일이나 세상일은 내 아내하고 절대로 말하지 않는다고 말합니다.

그것은 자랑스러운 일이 아닙니다. 그것은 바보 천치 같고 미련한 소리입니다. 돕는 사람과 모든 것을 함께 의논해서 그것의 지혜를 나누면 얼마나 큰 도움을 얻을 수 있지 않습니까. 하나님께서 원래 여자를 지으실 때는 남자를 도울 수 있는 그런 지혜를 주어서 보내신 것입니다. 그런 중대한 손실을 우리 스스로가 자초해서는 안 될 것입니다. 돕는 배필을 우리가 무시해 버린다면 하나님을 무시해 버리고 마는 것입니다. 또 도움을 받는 자가 취하는 태도는 돕는 자의 말에 귀를 기울여야 합니다. 아내가 여러 가지 말을 할 때는 귀찮게 듣지 말고 자세히 귀를 기울여 들어보고 나중에 그것을 음미해 보면 상당히 참조할 내용이 많습니다. 참조할 일은 참조하고, 참조하지 않을 일은 참조 안 할지라도 일단 귀를 기울여 보는 것은 굉장히 좋습니다.

저는 제가 결혼하고 초년에는 내가 괜히 남자라는 그런 위신 때문에 우리 집사람이 하는 말을 안 들었습니다. 조언을 귀담아 듣지 않았습니다. 조언을 듣지 않아 일을 그르치기도 했습니다. 손해를 본 다음에는 이제는 말을 자꾸 듣는 것입니다. 말을 들어보면 정말 좋은 말이 많이 나옵니다. 제가 도저히 제 개인의 지혜로는 쌓을 수 없는 일들을 가르쳐 줍니다. 얼마나 도움을 받으니 좋습니까. 월급도 안주고 공짜로 비서를 가져다 놓았는데…. 저는 솔직하게 사모가 없으면 목회도 할 수 없다고 생각하고 있습니다. 그러므로 돕는 자의 말에 귀를 기울여야 됩니다. 하나님이 그렇게 하라고 말씀하셨습니다. 아담은 돕는 자의 말에 너무 귀를 기울여서 판단을 잘못하여 선악과를 따먹어 버렸는데, 돕는 자의 말에 귀를 기울여서 마음에 두었다가 성령님께 하문하여 받아 드릴 것은 받아드리고 버릴 것은 버려야 되는 것입니다.

그리고 돕는 자와 항상 상의를 해야 합니다. 돕는 자가 도와주려면 여러 가지 물어야 할 것 아닙니까. 그러므로 서로 여러 가지 사업적인 일, 자식 교육의 일, 가정사의 일 모든 일은 서로 상의를 해야 합니다. 상의를 하는데 자기 뜻에 맞지 않는다고 성을 버럭 내버리면 그 다음엔 겁을 내고 아무 말도 못해요. 바보 같은 말을 하더라도 들어줘야 해요. 가만히 상의할 때는 듣는 거예요. 듣고 난 다음에 필요 없는 말은 버리고 필요 있는 말은 받아들이는 것입니다. 그리고 도움을 청해야 합니다. 부인에게 도움을 청하십시오. 진짜 어려운 문제를 결정할 때는 반드시 혼자서 하지 말고 부인에게 도움을 청하는 것이 좋습니다.

왜냐하면 하나님께서 부인에게 돕는 배필로서의 지혜를 주었기 때문에 많은 경우에서 부인의 입술을 통해서 말씀해 주십니다. 돕는 배필의 자격을 주었으니 그 부인에게 하나님이 그만한 지혜를 주신 것입니다. 그러므로 부인의 말을 귀 기울여 가만히 들어보면 하나님의 음성이 그 입에서 나올 때가 많습니다.

도움을 받고 난 다음에는 우리가 인정을 하고 감사를 해야 합니다. 무엇이든지 내가 도움 받고 난 다음에 감사해야 합니다. 밥상에 앉아 젓가락 하나 전달해줘도 고맙습니다. 라고 하는데 인생의 여러 가지 문제를 이야기 한 다음 도움을 받으면 도움 받는데 대해서 고맙다는 인사를 해야 합니다. 이래서 도움을 받을 만한 자격이 있어야 도움이 필요하지 아예 도움을 받을 자격이 없는 사람이면 도와줄 수가 없어요. 아내는 하나님께서 우리 인생을 살아가기 위해서 베풀어준 귀한 보좌관입니다. 좋은 벗입니다. 좋은 충고자입니다. 그러므로 하나님이 보낸 이 충고자를 무력하게 만들지 말고 아내를 돕는 배필로서 인정하고 도움을 받기 바랍니다.

아내는 어떻게 할까요? 아내는 남편을 돕기 위해서 하나님께서 보내셨습니다. 자기 멋대로 혼자서 살라고 보내신 것이 아닙니다. 반드시 결혼하고 남편을 도와라. 남편이 머리면 아내는 수족이니까. 수족은 머리를 도와야 합니다. 그러면 도와주려면 도와줄 자를 잘 살펴 그의 성격, 능력, 취미, 장점, 단점을 잘 이해해서 도와야 합니다. 남편이 성격이 급해 가지고서 어느 모임에 가더라도 왈가닥 말을 해버립니다. 그러면 어떻게 합니까. 부인이 그 성격을 잘 알기 때문에 옆에 잘 붙어 가지고서 왈가닥 말하려고 하면 시꺼먼 멍이 들도록 꼬집어 줘야 돼요. 그리고 말을 잘못하면 옆에서 그 말이 아닙니다. 변호해야 합니다. 제가 제 남편과 같이 살아서 잘 아는데 지금 한 말은 그 말이 아니고 이런저런 말입니다. 해석도 해주고 그런 게 돕는 배필입니다. 왜냐하면 남자나 여자나 완전한 사람이 없기 때문에 서로서로 도와서 완전에 도달하는 것입니다. 이러므로 돕는 배필은 그 남편을 잘 연구를 해야 합니다. 그 성격과 능력과 취미와 장점과 단점 등을 연구해서 적절하게 도와주어서 큰 실수를 하지 않도록 해야 합니다. 돕는 자라고 해서 간섭하라는 말이 아닙니다. 돕는 것하고 간섭하는 것하고 다릅니다. 돕는 것은 진실로 잘되기 위해서 도와주는 것이지만 간섭이라는 것은 자기 고집을 세우기 위해서 자꾸 남에게 고통을 주는 것입니다. 자기의 고집, 자기의 생각을 관철시키려고 간섭을 하고 애를 먹이는 것입니다. 바가지 긁고 간섭을 하는 부인을 가진 사람은 박살납니다. 한 시도 마음이 편하지 않습니다. 일일이 조건을 세우고 간섭을 하고 일일이 따지고 달려들면 안 됩니다. 이것은 돕는 자가 아닌 것입니다. 돕는 자는 언제나 도움을 받는 자를 언제나 받들어주는 것입니다. 간섭을 해서 그 사람을 망하게 하는 이런 자가 되어서는 안 되는 것입니다.

또 도움을 베푸는 자는 늘 연구하고 재료를 수집하고 정확한 정보를 전달해야 합니다. 늘 남편에게 관심을 가지고 남편이 필요한 모든 것을 다 귀 기울여 듣고 정확한 정보를 제공해야 됩니다. 아내를 잘못 얻고 난 다음에는 가정의 평화가 다 파괴됩니다. 왜냐하면 대개 정보는 부인한테 듣습니다. 머리맡 송사가 제일 무섭다는 말이 있습니다. 부인은 밥 먹을 때 남편에게 모든 이야기 다 하지요. 잠자리에 들어가서 다 이야기하지요. 안방에서 서로 이야기합니다. 남편들은 다른 말은 귀띔으로 들어도 아내가 하는 말을 안 들을 수가 없습니다. 그런데 그 평안하고 좋던 가정에 아주 잘못된 아내가 들어오면 그만 부모자식 간에 서로 이간질을 해서 원수가 되게 하고, 형제간에 원수가 되게 하고, 온 가정을 파괴하고 잿더미로 만드는 수가 많습니다.

이렇기 때문에 아내는 그러한 파괴적인 마귀가 되서는 안 됩니다. 아내는 언제나 남편에게 와서 정확한 소식을 전해줘야 합니다. 연구하고 재료를 수집하되 정확하게 정보를 전달해주고, 그리고 언제나 화목을 가져오도록 애를 써야 하는 것입니다. 싸움을 가져오도록 해서는 안 됩니다. 부인이 잘못 들어오면 온 천지가 뒤엎어지는 것입니다. 그리고 아내는 돕는 자이기 때문에 희생자이고 헌신자인 것입니다. 언제나 자기 스스로의 일을 구하지 말고 남편 중심으로 살아야 합니다. 아내가 남편을 위해서 태어났지 남편이 아내를 위해서 태어나지 않았습니다. 그러므로 남편 보고서 집에 와서 전부 나를 섬기라고 주장하면 안 됩니다. 남편에게 희생적이고 헌신적으로 도와줘야 합니다.

저는 최근에 어떤 남편을 만났는데 자기는 직장에서 일을 마치고 나면 일분일초라도 집에 빨리 돌아가고 싶다는 것입니다. 왜 그러냐고 하니까 집에 가면 부인이 너무너무 잘해준다는 것입니다. 집에 가면 부인이 수고했다고 어깨도 만져주고 안마도 해주고 맛있는 것도 해주고, 그리고 음식솜씨도 좋아서 감칠맛이 있고 집에 들어가면 천국이라는 것입니다.

둘째, 아내들이여 남편에게 복종하기를 주께 하듯 하라 하였으매 남편은 인도하는 자이고, 아내는 따라가는 자인데 여기에 아내들이여 남편에게 복종하기를 주께 하듯 하라고 하나님께서 명령하

신다. 노예적인 근성에서 말한 것도 아닙니다. 이것은 남녀동등 법을 무시하고 하는 말도 아닙니다. 무엇이라고 말해도 하나님이 지으신 세계이기 때문에 하나님이 잘 압니다. 남편은 인도자가 되고 아내는 따라가는 사람이 되도록 하나님이 만들어 놓으셨습니다.

물론 부도덕한 것이나 비윤리적인 것이거나 불법적인 요구를 한다면 그것은 복종하지 말아야 합니다. 예를 들어 도둑질 해오너라. 몸을 팔아서 윤락녀가 되어서 돈을 벌어 오너라. 이런 일은 순종할 수 없습니다. 부도덕적인 것이나 비윤리적인 것이나 불법적인 것이 아닌 이상은 남편에게 절대 복종해야 합니다. 가정에 살면서 남편하고 대결하지 마십시오. 가정에 와서 남편을 복종시키고 남편을 굴복시키기 위해서 남편하고 대결하고 싸우는 여자들이 많은데 남자가 여자에게 짓밟히고 어떻게 세상에 나가서 기를 피고살 수 있겠습니까? 남자란 것은 적어도 부인에게 위함을 받고 부인에게 존경받는 그 맛으로 인생을 삽니다. 부인에게 짓밟히고 나면 그 남편은 짓밟히고 집에 있느냐? 안 있습니다. 밖에 나가서 자기를 남자답게 만들어주는 다른 여자를 찾습니다. 반드시 찾습니다. 그건 남자의 성격입니다.

남자는 집에서 부인에게 대접을 받고 부인에게 존경을 받기를 원합니다. 이것을 못하면 그는 방탕한 길을 걸어가게 되는 것입니다. 이러므로 남편하고 대결하지 마십시오. 싸움이 붙거든 입을 다물고 있으세요. 두 손이 부딪쳐야 소리가 나는데 남편이 무리하게 억지로 고함을 치고 막하거든 가만히 있으세요. 남편이 말하면 종

알-종알-종알-종알…. 한마디 하면 열 마디로 대답을 하고 부엌에 가서도 종알종알하고 이러면 분란이 일어납니다. 가만히 있는 침묵은 금입니다. 성경에 말하기를 웅변은 은이고 침묵은 금이라고 남편이 아주 부당하게 말을 하더라도 가만히 있으세요. 혼자서 떠들다가 그 다음 30분 1시간이 있으면 쑥 불이 꺼져 버립니다. 항상 성이 나요? 불이 꺼지면 저만 미안해졌지…. 나중에 시간이 나면 여보 미안해…. 그렇게 되는 것입니다. 성이 꺼졌을 때 그때 차근차근하게 남편에게 여보 내 생각에는 이런~ 이런~ 사유로 그런 것 같습니다. 그러면 그땐 남편이 들어요. 그러나 한참 화가 나가지고 달려들면서 그때 같이 논쟁을 하면 백전백패입니다.

남자라는 것은 자존심 하나 가지고 삽니다. 세상에 나아가 상사들에게 짓밟히고 생존경쟁에 짓밟혀도 적어도 집에 와서는 우리 마누라에게서 그래도 내가 남편이다. 그것 하나 가지고 사는 것인데 그것을 짓밟아 버리면 자존심이 큰 상처를 입습니다. 그 사람은 어디 가든 기를 피고 살지 못합니다. 이러므로 논쟁하지 마십시오. 논쟁하지 않는 것이 제일 좋습니다. 그리고 특별히 범죄 하는 것이 아니면 불합리한 일이라도 순종하십시오. 남편이 조금 불합리한 일을 요구하더라도 순종을 해야 합니다. 여자의 의무는 가정에서 남편에게 순종하는 것이 아버지의 뜻입니다. 남편하고 대결하고 논쟁하고 반발하는 것 이것은 아버지의 뜻이 아닙니다.

그러면 성경에는 여자는 남편을 경외하라고 했습니다. 경외하라는 말은 존경하라는 그 말입니다. 존경이 없는 사랑은 사랑이 아닙니다. 아무리 같이 살아도 서로 존경해야 합니다. 존경할 수 없는 사람하고 결혼하면 그것은 비극입니다. 이러므로 억지로라도 남편을 존경하고, 그리고 남편이 잘하는 일이 있으면 칭찬을 아끼지 마십시오. 오래오래 같이 산다고 해서 칭찬은 소용없다고 생각하지만 하나님도 칭찬이 필요합니다. 하나님도 늘 하나님을 찬양하고 감사하고 영광을 돌릴 때 영화로움을 느끼십니다. 하나님도 칭찬이 필요한데 하물며, 하나님의 형상과 모양대로 지음 받은 사람이 어떻게 칭찬이 필요하지 않겠습니까? 남편은 아내에게 칭찬 받을 때 기분이 무척 좋습니다. 세상 사람들이 칭찬해도 기분 좋은데 집에 와서 가장 가까운 아내의 칭찬을 받을 때는 아내에게 인정을 받는다. 그런 말입니다.

남편은 아내에게 인정받기 위해서 뼈가 부러지도록 돈도 벌고 그리고 명예도 얻고 지위도 얻으려고 합니다. 남자는 여자에게 잘나 보이려는 게 소원입니다. 자기 부인에게도 잘나 보이지 못한 사람, 부인에게도 칭찬 받지 못하는 사람이 세상에 어디 가서 잘나 보이겠습니까? 이러므로 남편이 무엇이든 잘 하는 것이 있으면 침이 마르도록 칭찬을 하십시오. 그것 세금 내는 것도 아닌데 왜 남을 칭찬 못해요. 칭찬을 아끼지 마세요. 저는 이렇게 말하면서도 불구하고 우리 부인이 내게 와서 칭찬을 하면 기분이 좋습니다. 나아가서 절대로 가정생활을 같이하면서 부인은 남편을 거절하지 마십시오. 많은 사람이 가정에 살면서 쓸 데 없이 거절하는데 성경에 바울 선생은 기도하기 위해서 합의한 이외에는 서로 방을 따로 쓰지 말라고 하셨습니다.

제가 이번에 한 중년남자를 만났습니다. 자식이 세 명이나 됩니다. 사업도 성공했습니다. 예수도 잘 믿고 여러 교회에 가서 간증도 많이 하는 사람인데 이분이 굉장한 고민에 빠져 있습니다. 무엇이냐면 부인이 잠자리를 거절을 합니다. 그렇기 때문에 그 남편이 이번에 제게 와서 하는 말이 무엇이냐면 "목사님! 우리 집사람이 아무리 해도 자꾸 나를 거절하고 이러므로 난 별도리 없이 목사님께 보고하고 오늘부터 바람을 피워야겠습니다.

이제는 난 할 수 없어요. 우리 집사람이 자꾸 날 거절하는데 난 남자고 건강한데 내가 어떻게 합니까. 바람피워야지…" 그것은 한 사업가 이야기만이 아닙니다. 지방에서 올라온 성도들도 내게 와서 그런 말을 합니다. 목사님 우리 집사람이 나를 거부하기 때문에 내 정신적인 고통과 유혹이 말로 다 할 수 없습니다. 그런 바보 천치가 어디 있습니까? 거부할거면 시집은 왜 갔습니까? 혼자 살고 말지… 왜 남의 남자 박살냅니까? 그러므로 절대로 부인은 남편을 거부하지 마십시오. 그렇게 하므로 말미암아 마귀가 틈타지 못하게 만들어야만 하는 것입니다.

셋째, 남편들아 아내 사랑하기를 내 몸같이 하라고 말씀하셨다.
자 이것도 남편이 해야 할 일입니다. 남편이 남자가 자기 몸 미워하는 것 보았습니까. 자기 몸을 사랑해서 먹이고 입히고 재우고 그리고 목욕도 하고 보약이라면 아무거나 다 먹고 이렇게 자기를 돌봅니다. 그렇다면 남편들아 아내 사랑하기를 제 몸같이 하라고 한 것은 아내를 귀중히 여기고 깊은 관심을 아내에게 기울여 주라는 것입니다. 시집와서 남편하고 살고 있으니 지가 살든지 죽든지 밥을 먹던지 안 먹던지 알게 뭐냐, 있다가 죽으면 다른 여자 가져다 놓으면 될 것 아니냐, 이런 태도를 취하는 남자들이 많습니다.

그래서 부인이 슬픈지 기쁜지도 모르고, 부인이 몸이 아픈지 안 아픈지도 모르고, 부인이 무엇을 소원을 하는지 소원 안하는 건지 그것도 모르고, 순수한 이기주의로 사는 남자를 많이 보았습니다. 아주 무지무지하게 이기주의지요. 그래서 자기만 위하고 자기만 위해 주기를 원하는 그런 남자들을 보았습니다. 이것은 인생 실패를 스스로 안고 사는 것입니다. 그렇다고 자기가 행복 하느냐 부인이 등을 돌려버리고 나면 행복하지 않습니다.

그러므로 아내를 자기 몸처럼 사랑해서 아주 귀하게 여기지 천하게 여기지 마십시오. 귀한 보화로 여기십시오. 그리고 아내에게 대해서 깊은 관심을 기울이십시오. 슬프면 위로해주고 기쁘면 기쁨에 같이 참여해서 도와주고 아프면 병이 낫기 위해서 협조해 주고 그리고 소원이 있으면 들을만한 소원은 늘 들어주고 이렇게 아내에게 관심을 기울이는 것 참 귀한 것입니다. 왜냐하면, 사람은 자기를 알아주는 사람을 위해서 목숨을 버린다는 말이 있습니다. 남편이 아내를 알아서 인정해주면 그 아내는 남편을 위해서 목숨을 버려도 아깝지가 않습니다. 그러나 아내를 인정도 안하고 알아주지도 않는다면 얼마나 상처가 크겠습니까!

이제는 남자들 큰소리 할 땐 지나갔습니다. 옛날에는 부인이 얻어맞고서도 눈물을 철철 흘리고 산 것은 배가 고파서 살았습니다. 집 떠나면 못 먹고 사니까 배가 고파서 눈물을 흘리고 살았는데 남성들이여~ 그런 시대는 지나갔다고 생각하십시오. 괜히 주먹 쉽게 날리다가 나중에 홀아비 생활하려면 그렇게 하세요. 부인은 하나님이 주신 선물입니다. 귀하게 여기세요. 부인에게 지금까지 관심을 안 기울였으면 깊은 관심을 기울이세요.

그리고 함께 삶을 같이 나누어야 합니다. 좋은 일과 어려운 일을 함께 나누세요. 그래서 서로 많은 시간을 가지고 대화를 하십시오. 서로 이야기하고 식사도 같이 하고 외식도 나가서 같이 하고 시간 있으면 여행도 함께 하면서 서로 친해져야 합니다. 세상에 가장 친한 친구가 자기 아내인 것입니다. 아무리 세상 친구 좋다고 해도 아내처럼 친한 친구가 없습니다. 친하게 대하여야 합니다. 친구가 서로 만나지 않으면 멀어지잖아요?

그리고 아내를 사랑하라는 것은 좋은 것을 해주고 삶의 발전을 위해서 도와주는 것입니다. 사랑하면 좋은 것을 해주지 미운 것을 해줍니까. 그러므로 자기 힘이 미치는 한도 내에서 아내에게 좋은 일을 해주세요. 주라~ 그러면 돌려 줄 것이니…. 남편이 아내에게 좋은 일해주면 반드시 아내가 남편을 그것만큼 사랑하게 됩니다. 아내를 사랑하지 않고 좋은 일을 안 해주니까 아내도 남편에게 좋은 일을 안 해줍니다.

그리고 아내도 사람입니다. 아내도 사람인 이상 하고 싶은 것이

있고 소원하는 것이 있고 인간으로서의 삶의 가치를 누리고 싶어
하는 것입니다. 남편은 늘 아내에게 격려해 주고 칭찬해주어야 합
니다. 모든 일에 격려해 주고 칭찬하는 것은 조그만 일인 것 같지
만 그렇게 좋아합니다. 오늘 아내에게 "여보 당신 참 예뻐" "내가
뭘 예뻐" "글세! 자기 눈에 제 안경이라고 다른 사람이 무어라고
해도, 내가 보기에는 당신 정말 예쁜 거야. 당신 참 성격 좋고, 내
게 대한 봉사도 좋고, 난 너무너무 당신 때문에 행복해. 당신 제일
이야. 죽었다 살아나서도 또 나는 당신하고 결혼할거야" 실제는 안
그렇다고 해도 부인이 감동을 해서 너무너무 좋아하고 행복해 합
니다. 그 무슨 옷을 사줘서 그런 것도 아니고 선물을 사준 것이 아
니라, 그 말을 들을 때 나를 인정해 주는 구나 그 기뻐하고 행복해
하는 것은 말로 다 표현할 수 없어요. 왜 말로써 사람을 실컷 행복
하게 할 수 있는데 왜 그 말을 못하나요. 그런 말은 열 번 들어도 좋
습니다.

행복한 결혼이란 좋은 상대의 선택에서부터 출발합니다. 원래
부터 상대를 잘못 만나 놓으면 애정도 같지 않고 서로 성격도 맞지
않고 사상도 맞지 아니하면 문제가 큽니다. 만날 때 잘 만나야 합
니다. 만날 때 기도를 많이 해서 하나님의 인도를 받아서 만나세
요. 만나고 난 다음에는 오늘 제가 말씀한대로 하나님의 교훈을 쫓
아서 우리가 서로 노력하면 훌륭한 행복한 가정을 이룰 수 있는 것
입니다. 끊임없이 하나님의 도움을 구하고 자아의 반성과 회개와
개선을 통하여 결혼의 행복은 발전되는 것입니다.

20장 자녀들이 행복한 가정을 이루는 법

(골 3:18-21)"아내들아 남편에게 복종하라 이는 주 안에서 마땅하니라. 남편들아 아내를 사랑하며 괴롭게 하지 말라. 자녀들아 모든 일에 부모에게 순종하라 이는 주 안에서 기쁘게 하는 것이니라. 아비들아 너희 자녀를 노엽게 하지 말지니 낙심할까 함이라"

하나님은 가정들이 행복하기를 원하십니다. 가정이 행복하면 만사가 형통합니다. 가정에 활기가 차고 생활에 능력이 따릅니다. 가정에서 기쁨과 행복을 얻지 못하면 다른 곳에는 얻을 수가 없습니다. 사회에서 물의를 일으키는 대다수의 청소년들은 불행한 가정에서 자라난 청소년들인 것입니다. 그러므로 우리들은 행복한 가정을 만들겠다는 마음의 결심과 노력이 절실히 필요합니다. 그래야 나도 행복하고 가족들도 행복하고 삶의 의미와 가치가 있게 되는 것입니다. 하늘나라가 이루어지게 되는 것입니다.

첫째, 자녀들의 신앙을 바르게 해야 한다. 하나님께서는 사람의 노력으로는 도저히 죄를 없이 할 수 없다는 사실을 아시고 독생자 예수 그리스도를 이 땅에 보내셨습니다. 그리고 예수님께 인류의 죄를 대신 짊어지게 하셨습니다. 예수님은 그 일을 위하여 이 땅에 오셨고 믿는 자들을 위한 대속의 죽음을 당하셨던 것입니다. 죄를 사함 받으려면 죽어야 합니다. 죄로 인하여 자신이 죽어야 죄가 사해진다는 말합니다. 예수님이 우리의 죄를 사함 받게 하려고 대신 죽으신 것입니다. 그래서 예수님을 믿어야 하는 것입니다. 예수님을 믿는 순간 자신은 죽는 것입니다. 예수님을 믿는 순간 자신이 죽었다가 다시 부활하신 예수로 태어난 것입니다. 지금 자신이 사는 것은 예수님의 인생을 사는 것입니다. 그렇기 때문에 예수를 믿으면 행복한 삶을 살아간다고 말하는 것입니다. 하나님은 우리들의 생각을 통해서 역사하시는 것입니다. 우리 몸은 하나님의 성령이 거하시는 성전이라고 말했는데 예수 믿으면 하나님의 성령이 우리 영속에 와서 거하십니다. 그러나 성령이 거하는 영이 지성소라면 우리 마음은 성소요 우리 몸은 성전 뜰입니다. 하나님의 성령은 우리의 영에서 역사하여, 마음을 경유해서, 우리의 육체를 뚫고 나타나는 것입니다. 이렇기 때문에 아무리 성령이 우리에게 충만해도 우리 마음이 정비돼 있지 못하면 하나님께서 나타날 수가 없는 것입니다.

성경에는 "지킬만한 것보다 네 마음을 지켜라 생명의 근원이 이에서 남이라고" 말씀하셨으며 우리의 온갖 구하는 것이나 생각하는 것에 넘치도록 능히 하시는 하나님이라고 말씀하시고 있는 것입니다. 그러므로 우리의 생각을 자신 안에 계신 하나님과의 관계를 여는 신앙으로 정비해야 합니다. 그러면 생각을 어떻게 정비할까요? 우리는 먼저 보이는 성전 중심 신앙생활의 생각을 바꾸어야 합니다. 보이는 성전(유형교회)에 50% 관심을 두고, 우리의 몸인 성전(무형교회)이 잘되는 일에 50% 관심을 두어야 합니다. 우리의 몸을 온전한 성전 만들기 위하여 보이는 교회에 나가는 것입니다.

저는 성령치유 사역을 20년간 했습니다. 많은 부모님들이 자녀들의 문제로 상담을 합니다. 대다수의 부모님들이 생각이 이렇습니다. 어려서 교회에 잘나가면 신앙이 된 것으로 착각을 합니다. 찬송 부르고 예배드리고 성경을 읽으면 믿음이 된 것으로 생각을 합니다. 무조건 교회에 잘 나가면 된다는 사고입니다.

그런데 문제는 아이의 내면(무의식과 잠재의식)에 있다는 것입니다. 아이들의 내면의 문제는 성령의 역사가 있어야 치유되고 변화됩니다. 내면이 치유되어야 한다는 것입니다. 혈통에 영적 정신적인 질명의 내력이 있는 자녀가 내면이 치유되지 않으면 꼭 중2 때나 고1-2학년에 영적이고 정신적인 문제가 발생합니다. 내면의 치유는 성령으로 세례 받아야 치유되기 시작을 합니다. 영의 눈이 열리지 않았으니 내면의 세계를 이해하지 못합니다. 또 다른 이유는 세상에서 샤머니즘적인 신앙생활을 하여 교회에 가서 하나님을 잘 섬기려는 신앙의 사고가 고정되어 있다는 것입니다.

교회에 열심히 가서 하나님을 잘 섬기면 믿음이 좋은 것으로 믿어버립니다. 그래서 자신 안에 계신 하나님과 교통하는 신앙생활을 이해하지 못하는 것입니다. 이렇게 신앙생활을 하다가 보니 자신 안에 계신 하나님과 교통하지 못하는 것입니다. 보이는 성전중심의 신앙생활을 하게 됨으로 자신이 성전되는 내면에 관심을 갖지 못합니다. 문제도 자신의 내면에 있고, 하나님도 자신의 내면에 임재 하여 계십니다. 그런데 자신의 내면에 관심을 갖지 않는 것입니다. 우리가 바르게 알아야 할 것은 내면에 잠재하여 있는 문제는 교회에 나가서 예배드리는 것으로 해결되지 못합니다. 반드시 성령으로 세례를 받고 내면을 치유하여 성령으로 충만해야 합니다. 문제의 뒤에는 사람의 힘보다 강한 귀신이 역사하기 때문입니다.

자녀들의 사고를 바꾸어야 합니다. 성령으로 충만하지 않으면 언제든지 귀신이 침입할 수 있다고 믿게 해야 합니다. 자신의 하나님과 멀어져 육체가 되면 하시라도 귀신이 침입한 다는 것을 알고 체험하게 해야 합니다. 이를 방지하기 위하여 성령의 인도를 받으며 하나님과 동행하며 친하게 지내는 습관이 되게 해야 합니다. 어려서 영적으로 바뀌도록 성령으로 치유해야 합니다. 자신 안에 역사하는 귀신은 교회에 열심히 다닌다고 떠나가지 않습니다.

제가 매주 토요일 날 하는 집중 치유할 때 어떤 분은 우리나라에서 성령의 역사가 가장 강하게 일어난다고 하는 교회를 십년이상 다녔는데도 귀신이 떠나가지를 않았다는 것입니다. 그래서 집중치유를 하니 2시간 15분 만에 혀를 10센티나 내밀면서 떠나가는 것입니다. 이렇게 성령이 충만한 교회에 십년을 다녀도 귀신이 나가지 않습니다. 그렇게 잠재하여 있는 귀신은 나이가 들면 치유하는데 시간도 많이 걸리고 치유받기도 힘이 듭니다. 대다수의 부모님들이 자녀들의 내면을 성령으로 치유하지 못하여 자녀들의 인생을 망가지게 하는 경우가 있습니다. 자녀들의 내면에 잠재하여 있는 문제는 나아가 들어가면서 더 강해집니다. 한 살이라도 덜 먹어서 치유하는 것이 좋습니다. 자녀들의 내면에 있는 문제는 자녀들의 믿음이 자라지 못하도록 방해합니다. 성령의 인도를 받는 것도 방해합니다. 하나님의 음성을 듣지 못하게 합니다. 부모 말씀에 순종하지 못하게 방해합니다. 어려서 치유하여 성령의 인도를 받으며 내면에 계신 하나님을 무시로 찾는 신앙으로 바뀌어야 합니다.

우리 자녀들의 신앙은 부모님들의 신앙을 따라가게 되어 있습니다. 저는 개인적으로 이런 생각을 하고 있습니다. 과거 우리 부모님들의 신앙이 복음 중심이 되지 못했다는 것입니다. 지금 교회의 지도자들이 영적으로 병든 자들에게나 육적으로 병든 자들에게 더욱 기도하고 헌신하라는 말만 되풀이 합니다. 무조건 기도하고 열심히 하면 영육의 문제가 해결이 된다고 합니다. 예수님이 주신 초자연적인 권능은 뒷전으로 하고, 행위와 보이는 열심히 문제를 해결하려고 합니다. 이렇게 알고 문제를 해결하기 위하여 예배당에 가서 살다시피 하면서 기도합니다. 물질을 드리기도 합니다. 그러나 문제가 해결이 되지 않습니다. 이를 보면서 자란 자녀들이 교회를 좋은 인식을 가지고 바라보지 않게 되었다는 것입니다. 교회를 더 멀리하는 핑계를 만들었다는 것입니다. 우리 어머니, 아버지가 교회에 살다시피 하면서 기도하고 봉사하고 헌금했는데 변한 것이 무엇인가, 의구심을 갖는 자녀들도 있습니다. 이렇게 만든 것은 부모님들이 기독교 복음을 바르게 알지 못한 결과라는 것입니다. 기독교 복음은 말씀과 성령으로 자신이 변하는 것입니다. 하나님께서 부여한 권능을 사용하여 문제를 풀어가야 합니다. 그런데 하나님께서 해주시기를 바라면서 기도하고 봉사했다는 것입니다. 이는 세상에서 하던 샤머니즘의 신앙의 잔재를 버리지 못한 연고입니다. 샤머니즘의 신앙이 자신이 숭배하는 신을 섬겨서 신이 문제를 해결해주기를 바라는 것입니다. 그런데 복음은 그렇지 못합니다. 자신이 말씀과 성령으로 변하면서 하나님께서 부여한 권능을 사용할 때 문제가 해결이 되는 것입니다. 하나님은 분명하게 마가복음 16장 17-18절에서 "믿는 자들에게는 이런 표적이 따르리니 곧 그들이 내 이름으로 귀신을 쫓아내며 새 방언을 말하며, 뱀을 집어 올리며 무슨 독을 마실지라도 해를 받지 아니하며 병든 사람에게 손을 얹은즉 나으리라 하시더라" 말씀하셨습니다. 하나님의 말씀대로 하지 않고 하나님께서 문제를 해결하여 주실 것으로 믿고 기도하고 봉사하고 헌금을 한 것입니다. 근본이 방향이 잘못된 것입니다. 우리 자녀들에게 의식을 바꿔주어야 합니다.

예수를 믿었으면 교회에 가서 기도하면서 성령으로 세례를 받고, 자신의 무의식과 잠재의식에 있는 상처를 치유하고, 잘못된 자아를 말씀과 성령으로 부수고, 혈통에 역사하는 귀신들을 떠나보내야 한다는 것을 알고 체험하게 해야 합니다. 성령의 인도를 받으면서 하나님께서 자신에게 부여한 권능을 사용하는 하나님의 군사가 되도록 인도해야 합니다. 세상을 살아가면서 하나님과 동행하는 신앙이 되도록 인도해야 합니다. 그래야 자녀들이 세상을 살아가면서 행복을 누리면서 살아갈 수가 있습니다.

둘째, 자녀들의 진로 선택을 부모의 독단으로 결정하지 말라는 것이다. 자신의 재능을 자신이 발견하게 하라는 것입니다. 아이들에게 "넌 이 다음에 뭐가 되고 싶니?"라고 물으면 대부분 다음과 같이 대답합니다. "저희 아빠(엄마)가 판사 되래요." "사장님 되래요." "의사가 되래요." "전문대나 나와서 기술이나 배우래요" 그런데 너는 무엇이 되기를 원하느냐? 이라고 되물으면 "모르겠어요." 라는 응답이 나와 말문을 닫게 합니다.

저는 무엇이 될 지 생각해 본 적이 없고, 그저 엄마가, 아빠가 무엇이 되라고 하여 그것이 되어야 할 줄로 알고 있는 것입니다. 그런데 아이들은 얼마 가지 못하여 자신이 판사나 의사, 사장님이 되는 것이 어렵다는 걸 알게 됩니다. 그때부터 문제가 발생합니다. 자녀들이 조금 눈치가 생기고 철이 드는 사춘기 무렵에 문제가 발생하기 시작을 합니다. 자신들의 처지를 알게 된 아이들은 마땅히 무엇이 되어야 할지 몰라 방황하고, 자녀들을 의사나 판사로 만들고 싶었던 부모들은 그런 자녀들을 용납하지 않는 경우가 많습니다. 자식은 내 소유물이 아닙니다. 모든 것을 부모 손에 넣고 쥐락펴락해서는 안 되는 이유입니다. 물론 아직 세상 물정 모르기 때문에 자녀에게 모든 것들을 맡겨 놓기에는 미덥지 못할 수도 있습니다. 하지만 부모는 조언자이거나 조력자로 남아야 합니다. 자녀가 잘 할 수 있는 일, 꼭 하고 싶은 일을 하며 기쁘게 살 수 있도록 격려하고 지켜보아야 합니다. 다소 부족하고 서툴더라도 말입니다.

그래야 자녀가 성령의 인도를 받으며 세상을 신명나게 살아갈 수가 있습니다. 저는 부모가 자녀의 진로선택에 관여하여 대학원을 나와서도 무의 도식하는 자녀들을 많이 봅니다. 부모가 원해서 선택했는데 자녀가 적성에 맞지 않아 직장을 가더라도 얼마 있지 못하고 나오기 때문입니다. 세 명이 모두 남자인데 나이가 43세입니다. 결혼도 하지 못했습니다. 참으로 안타까운 일입니다. 자녀의 인생을 완전하게 망친 것입니다. 우리 부모님들은 자녀들에게 적성에 맞는 분야에 열정을 투자하면서 인생을 살아가게 해야 합니다. 부모님들이 자녀의 인생을 대신 살아줄 수가 없지 않습니까?

셋째, 자립심을 길러주어야 한다. 미국은 갓 태어난 아기를 아기방 아기침대에서 따로 재우는 것을 당연하게 여겨 왔습니다. 어린 아이들을 따로 재우는 이유는 아이의 자립심을 기르기 위해서라고 합니다. 미국에서는 학교도 아이들에게 혼자 힘으로 연습할 수 있는 기회를 수없이 제공합니다. 미국 학교의 학예회나 작품전시에 가보면 우리 눈에는 너무나 장난 같은 작품들이 버젓이 발표되는 것도 이 때문입니다. 이 시기는 결과보다 과정을 배우는 시기이기 때문에 어른의 도움이 들어가 완성도가 높아진 작품보다는 아이들의 수준에서 서투른 노력이 엿보이는 작품들이 더 당당하게 여겨집니다.

우리 부모들도 아이에게 자립심을 길러 주길 원합니다. 그러나 과정이 중요한 때조차도 결과에 집착합니다. 과외에 바쁜 아이들을 위해 부모가 인터넷을 뒤지며 숙제를 해주고, 심지어 봉사활동도 대신 해줍니다. 초등학생들의 과제물은 부모님들의 실력겨루기 경연이 된지 이미 오래입니다. 이렇게 혼자 힘으로 연습하는 과정을 거치지 않고 자라난 아이들이 갑자기 자립하기란 쉽지 않습니다. 러시아의 심리학자 비고스키는 교육에서 부모의 역할을 강조했습니다. 비고스키에 따르면 아이들이 혼자서는 문제를 해결하지는 못하지만 거의 해결하기 일보 직전까지 와 있을 때가 있습니다. 이때 부모가 약간의 힌트만을 주면 아이는 문제를 해결할 수 있고 다음에는 혼자서도 문제해결이 가능해진다고 합니다. 이 때 아이가 도약할 수 있도록 발판을 만들어 주는 것이 어른의 역할입니다. 아이를 대신하여 요리를 하기보다 마지막의 한 방울로 아이의 요리를 완성시키는 참기름과 같은 존재가 부모의 역할이 아닐까요?

자립심을 길러주려면 스스로 생각하고 배우며 행동하도록 도와만 주어야 합니다. 어려운 과제 일지라도 혼자 스스로 해결하게 두라는 것입니다. 과보호는 나약하고 의존적인 인간을 만듭니다. 아이들을 지나치게 사랑한 나머지 아이들이 원하는 것이 있으면 무엇이든지 충족시켜 주고 있습니다. 이미 기성세대들은 경제적으로 궁핍했던 시절 이였기에 풍족함이 그때는 자신감의 표상이요, 꿈을 꿀 수 있는 재료이기도 했었습니다.

또는 아이들을 보호한다는 구실로 아이들의 행동을 일일이 간섭하고 통제를 하게 됩니다. 의존적 성격은 결코 선천적이 아니며 어린 시절에 어떤 교육을 받았느냐에 따라서 결정된다고 합니다. 아이들은 네다섯 살 때에 자립심이 왕성하게 싹트기 시작한다고 합니다. 물론 이때의 자립심은 혼자 살 수 있는 것을 의미하는 것이 아니고, 부모에게 의존해야 할 수 있었던 일들 즉, 일어나 걷기부터… 혼자서 밥 먹기… 대소변 가리기… 옷 입기 등등을 스스로 해보는 것을 의미합니다. 이때는 잘하는 것이 목적이 아니기 때문에 자녀가 스스로 하도록 기회를 주는 것입니다. 그리고 혼자 해냈다는 경험이 중요하므로 잘못했다고 야단치거나 똑바로 하라고 충고는 하지 말아야 도전에 대한 두려움이 생기지 않습니다. 아이들은 어려운 일을 혼자 해냈을 때 자신감이 생기고 자립심이 크게 강화되는 것입니다.

성장기의 아이들에게는 사물에 도전하는 힘을 키워 줘야 합니다. 누구나 넘어지면서 일어서는 법을 배우고 다치면서 조심하는 법을 배우는 과정을 거치면서 육체적으로나 정신적으로 건전하게 성장할 수 있습니다. 아이들이 힘들어 하고 아무리 느리게 하더라도 효율성이란 유혹에 부모님이 끼어들지 말아야 아이는 적극성을 배울 수 있습니다.

넷째, 포기하지 않는 습관을 길러야 한다. 세상에서 인생을 살아가노라면 여러 가지 예상하지 못한 험로와 난관에 봉착하게 됩니다. 자기 힘으로 해결하지 못하는 난관에 봉착하더라도 포기하지 않고 하나님에게 기도하여 난관을 뚫고 나가는 의지력이 중요합니다. 저는 지금 인생의 육십 고개에 넘어선 목사입니다. 세상에서 공직생활도 해보았습니다. 그런데 지금 저의 인생의 뒤를 돌아보면 여러 가지 어려운 난관에 봉착한 경우가 한 두 번이 아닙니다. 저는 군대생활에 모든 것을 걸고 몰두했습니다. 처음에는 우수한 분들 밑에서 근무를 해서 청렴결백한 공직생활을 배웠습니다. 제가 항상 외치는 공명정대 광명정대의 논리가 통하지 않아서 군대에서 더 이상 승진할 수가 없게 되었습니다. 희망이 없어진 것입니다. 목숨을 걸었던 군대를 명퇴하며 졸업했습니다.

그러나 저는 좌절하거나 인생을 포기하지 않았습니다. 반드시 군대에서 보다 더 귀하게 쓰임을 받는 일이 있다는 믿음이 생겼습니다. 군대에서 전역한 다음 코스가 예비군 관련 일을 하는 것입니다. 제가 아무리 기도를 해보아도 예비군 관련 일을 하면 인생이 끝이 난다는 생각이 저를 주장했습니다. 그래서 기도를 하니 하나님이 목회자가 되라는 감동을 주셨습니다. 저는 주저하지 않고 저의 잠재력을 개발하기 위하여 도전한 것입니다.

40대 초반에 말입니다. 세상에서 쓰는 말로 표현하면 인생을 투기한 것입니다. 좋은 표현으로 말한다면 도전한 것입니다. 그것이 바로 신학을 하여 목회자가 되는 것입니다. 정말 생소한 일입니다. 그러나 반드시 군에서 보다 더 잘 된다는 확신이 생겼습니다. 그래서 희망이 없는 군대에서 명퇴하고 나오면서 많은 분들에게 나는 더 큰 일을 위하여 공부를 선택한다고 선포하고 군문을 나온 것입니다. 그 당시 모두 무모한 도전이라고 했습니다. 나이가 많다는 것입니다. 한마디로 안 된다는 것입니다.

저는 하나님의 뜻(말씀) 만을 믿고 신학을 해서 지금 이렇게 목회를 잘하고 있는 것입니다. 영적으로 정신적으로 문제가 있어서 사람 노릇을 못하던 분들을 치유하여 자유하게 하는 사역을 합니다. 치유하며 체험한 것들을 정리하여 책으로 발간하여 전파하고 있습니다. 아주 귀하게 쓰임을 받고 있습니다. 제가 권면하고 싶은 것은 자신이 전력을 가지고 투자했던 것이 마음대로 되지 않았다고 쉽게 포기하지 말라는 것입니다. 좌절하지 말라는 것입니다. 반드시 하나님이 예비하신 다른 길이 있다고 믿어야 합니다.

다섯째, 끝을 보는 습관을 기르게 해야 한다. 시작한 일에 끝을 보는 것은 앞으로 인생을 살아가면서 중요한 습관 중의 하나입니다. 이런 습관은 그를 가장 고집스런 인간을 만들면서 인생에서 성공을 보장하는 열쇠이기도 합니다. 되도록 자녀들에게 할 일은 메모하는 습관을 들이도록 지도하세요. 스스로 할 일들은 꼼꼼하게 챙기고 반드시 완수하도록 지도하세요. 하나를 마무리하고 다음 일을 시작하는 습관을 갖게 하세요. 이것 했다가 저것 했다가 하면 되는 것이 하나도 없습니다. 인생은 그렇게 하루하루 최선을 다하는 속에 성공을 보장합니다. 하루아침에 모든 것을 이루려 하는 것은 부질없는 욕심입니다. 계획성 있게 하루하루 마무리를 잘하면서 사는 것이 성공을 보장하는 것입니다.

옛날 명언에 이런 글귀가 있습니다. '앞으로 한 자만 더 파면 나올 우물물을 파지 않고 근심만 하고 있도다.' 이제 한 자만 더 파면 물이 콸콸 나오게 될 텐데 그만 도중에 단념해 버립니다. 이런 상태에서는 지금까지의 노력이 모두 수포로 돌아간다는 교훈입니다. 여기서 '우물을 파다'는 '일을 완수하다'로 바꾸어서 해석해야 한다고 생각합니다. 무슨 일이든 계속 노력함으로써 이루어지게 됩니다. 정말 중요한 것은 재능이 아니라 끈기라고 말할 수 있을 것입니다. 어떤 일이든지 시작하기란 쉬운 일이지만 그것을 단념하지 않고 계속하기란 결단코 쉬운 일이 아닙니다.

어째서 계속할 수 없는 것일까요? 도중에 싫증이 나기 때문이라고 생각합니다. 혹은 나태한 마음에 사로잡히기도 할 것입니다. 도중에 자신의 한계나 어려움을 느끼고 내팽개치게 되는 경우도 있으리라 여깁니다. 저는 어려서 부터 좌우명이 있습니다. "일을 시작했으면 끝을 보아야 한다." 그래서 군 생활하면서도 저 나름대로 성공적인 군 생활을 했다고 자부합니다. 일이 떨어지면 반드시 끝을 보았기 때문입니다. 다른 한 가지는 "어려운 과제가 떨어지더라도 못한다고 하지말자. 그냥 하다가 보면 하나님께서 할 수 있도록 지혜를 주신다." 저는 참으로 하나님의 사랑을 많이 받은 목사입니다. 군대에서 병과가 보명이지만 23년 군 생활 중에 참모생활을 15년을 했습니다. 참모 생활을 오래할 수 있었던 것이 어떤 일이 저에게 주어지더라도 할 수 있다고 생각하니까, 과제를 지혜롭게 해결하니 지휘관들이 저를 써주셨기 때문입니다. 이런 생활이 몸에 배여서 지금 목회에도 유용하게 사용하고 있습니다. 필자의 잠재력입니다.

이것은 우리 자녀들 인생에 있어서도 재산이라고 생각합니다. '이 세상의 모든 일은 끈기에 달려 있습니다. 끈기가 강한 자만이 최후의 승부를 얻는다.'라는 말이 새삼 절실해집니다. 자신을 채찍질하면서 '계속'이라는 자기지배력이 끈기를 지속시키는 포인트입니다. 일상생활 속에서의 사소한 일일지라도 하겠다고 마음을 먹었으면 계속하는 일이 무엇보다 중요합니다. 이 '계속 한다'는 기력을 가리켜 끈기라고 하는 것입니다. 일을 시작했으면 끝을 보는 습관을 어려서부터 길러야 합니다. 그래야 직장에서나 가정에서 학교에서 살아갈 때 남에게 뒤떨어지지 않습니다.

여섯째, 가정 예배와 대화의 장소가 반드시 있어야 한다. 바쁜 스케줄에 가정 전체가 다 모여서 예배를 드리기는 어려울 것입니다. 그러나 모일 수 있는 수만큼 모여서 서로를 위해서 기도하고 예배드리면 두 세 사람이 모인 곳에는 주님이 직접 오신다고 하셨습니다. 모여서 대화할 수 있는 날을 정하면 좋습니다. 주님이 오시면 그냥 오시겠습니까? 반드시 복을 가지고 오시지요.

시편 128편 1절에 "여호와를 경외하며 그 도에 행하는 자마다 복이 있도다"고 했는데 우리가 가족 예배로 모여서 여호와를 경배하고 그 도를 다시 묵상하고 기억하면 하나님이 복을 주겠다고 한 것입니다. 우리 가정에 우리가 자녀를 키우면 이 자녀가 부모와 대화가 없을 때 이런 문제가 생겨날 수가 있는 것입니다. 부모가 자녀들에게 친구가 되어 주어야 합니다. 그래서 대화의 상대가 되어 주어야만 되는 것입니다. 우리가 가족들이 모이면 서로 칭찬하고 고맙게 여겨야 가정이 화목하게 되는 것입니다.

5부 주변이 행복발전소가 되게 하는 법

21장 행복발전소는 각 교회 예배당이다.

(시 84:10-12)"주의 궁정에서의 한 날이 다른 곳에서의 천 날보다 나은즉 악인의 장막에 사는 것보다 내 하나님의 성전 문지기로 있는 것이 좋사오니, 여호와 하나님은 해요 방패이시라. 여호와께서 은혜와 영화를 주시며 정직하게 행하는 자에게 좋은 것을 아끼지 아니하실 것임이니이다. 만군의 여호와여 주께 의지하는 자는 복이 있나이다."

성전된 성도들의 마음 안이 행복발전소입니다. 성령하나님께서 주인으로 계시기 때문입니다. 예수 그리스도는 생명이시고 어제나 오늘이나 동일하시고 우리를 사랑하십니다. 예수님은 우리의 모든 무거운 짐을 거두시고 우리의 질병을 치유하시고 새로운 마음과 믿음을 주십니다. 하나님의 집(교회)에 거하는 자는 복이 있습니다. 하나님께 힘을 받는 자는 복이 있는 사람입니다. "그러나 무릇 여호와를 의지하며 여호와를 의뢰하는 그 사람은 복을 받을 것이라"(렘17:7). 하나님의 말씀은 하나님을 위하여 하나님의 교회 예배당에서 보내는 것이 속된 일로 분주하는 것보다 낫다고 하십니다. 예배당에서 하나님의 은혜의 생수가 흐르기 때문입니다.

또한 악인의 집에 거하는 것보다 하나님의 전의 문지기로 있는 것이 좋다고 하셨습니다. 주의 장막은 여호와의 궁정 즉 예수님의 몸 된 교회 예배당을 의미합니다. 이 교회의 머리는 예수님이십니다. 예수님은 항상 몸 된 교회를 통하여 역사하십니다. 교회는 이 마지막 때 노아의 방주와 병원, 학교, 목욕탕과 같은 역할을 합니다. 죄가 있는 자는 씻김을 받고 우둔한 자는 지혜를 얻으며 병든 자는 고침을 받는 곳이 바로 주님의 몸 된 교회입니다.

교회는 어디에 어느 모습으로 있든 하나님의 영광이 함께 하는 곳입니다. 그리고 교회는 만민이 기도하는 집이라고 하셨고, 하나님은 믿는 자들을 향하여 모이기에 힘쓰라고 하셨습니다. 교회는 성도들이 하늘의 축복을 받는 아주 중요한 곳입니다.

그러면 왜, 각 교회의 예배당이 행복발전소가 되느냐 입니다. 성령께서 성도들의 전인격이 성전이 되도록 역사하시면 천국이 되는 것입니다. 자신의 마음 안에서 천국이 이루어져서 천국의 은혜와 행복이 흘러나오니 삶이 행복하지 않은 것은 어불성설이 되는 것입니다. 자신의 전인격이 하나님의 성전으로 지어져 있는 사람의 삶이 행복하지 않을 수가 없는 것입니다.

교회는 영과 진리로 예배드리는 곳입니다. 예배를 어떻게 드려야 하는지를 밝히 알고 행해야 합니다. 하나님은 이렇게 말씀을 하십니다. "아버지께 참되게 예배하는 자들은 영과 진리로 예배할 때가 오나니 곧 이 때라 아버지께서는 자기에게 이렇게 예배하는 자들을 찾으시느니라. 하나님은 영이시니 예배하는 자가 영과 진리로 예배할지니라"(요 4:23-24). 하나님만을 주목하는 예배, 하나님께 참되게 예배하는 것은 무엇을 의미합니까? 어떻게 드리는 예배를 가리켜 아버지께 참되게 예배하는 것입니까?

하나님께 참되게 예배하는 자는 영으로 예배합니다. 영으로 드리는 예배가 무엇입니까? 우리가 이를 바르게 알기 위해서는 먼저 성경말씀을 바르게 알아야 합니다. 원래 헬라어 성경을 보면 24절에서 "하나님은 영이시니… 영으로 예배하라." 하는 구절의 '영'을 가리켜 '성령'(pneuma)으로 표기했습니다. 복잡하게 설명하지 않겠습니다. "하나님은 영이시니." 즉 하나님은 성령 하나님이십니다. 그러므로 "영으로 예배할지니라." 즉 성령 하나님으로 예배하라는 말씀입니다. 더 쉽게 설명을 드리면 '성령의 인도함 가운데, 성령님 안에서 예배하라.'는 것입니다.

교회는 땅에 속한 사람을 하늘에 속한 사람으로 바꾸는 곳입니다. 그래서 하늘의 말로 바꾸기 위하여 사도행전 2장 1-4절에 보면 "오순절 날이 이미 이르매 그들이 다같이 한 곳에 모였더니, 홀연히 하늘로부터 급하고 강한 바람 같은 소리가 있어 그들이 앉은 온 집에 가득하며, 마치 불의 혀처럼 갈라지는 것들이 그들에게 보여 각 사람 위에 하나씩 임하여 있더니, 그들이 다 성령의 충만함을 받고 성령이 말하게 하심을 따라 다른 언어들로 말하기를 시작하니라." 성령이 오셔서 언어를 먼저 바꾸셨습니다. 교회는 말과 행동과 사고와 생각 등등이 하나님의 나라에 맞도록 바꾸어는 곳입니다. 그래서 하나님의 나라에 적응하는 시간동안 고통이 있을 수도 있습니다. 이는 학생들이 전학을 가면 적응하는 기간이 있어야 하는 것과 같은 것입니다. 잠시 고통이 있을 수가 있다는 것입니다. 참고 인내해야 합니다. 그래야 하나님의 나라 자녀로서 복과 행복을 받아 누릴 수가 있습니다.

교회는 성령으로 기도하는 곳입니다. 하나님의 나라에서 하는 기도는 땅에서 하는 기도와 완전하게 다릅니다. 영이신 하나님께 기도하기 때문입니다. 영이신 하나님께 기도하는 것이기 때문에 반드시 성령으로 기도해야 합니다. 교회에 들어오면 먼저 담임목사님으로부터 기도를 어떻게 하는지 바르게 배우고 해야 합니다. 세상에서 하던 인간적인 소욕을 충족하는 기도방식으로 기도하면 하나님이 들으실 수가 없기 때문입니다. 기도는 참으로 중요합니다. 반드시 기도는 성령으로 해야 합니다. 기도하는 법을 배우고 해야 하는 중요한 영적 행동입니다.

교회는 영이신 하나님을 만나게 하는 곳입니다. 영이신 하나님은 우리 안에 임재 하여 계십니다. 영이신 하나님을 만나려면 인간적인 방법으로는 만날 수가 없습니다. 예배의식에 참석한다고 자동적으로 하나님을 만나지는 것은 아닙니다. 하나님은 시공을 초월해 계시는 영이시기 때문에 어디든 계시며, 자신을 부르면 우리 마음속으로 오시는 분입니다. 그러므로 시간과 장소가 중요하지 않습니다. 그렇다면 하나님을 어떻게 만날 수 있겠습니까? 마음 안에 임재하신 하나님을 간절히 찾으면 만날 수 있습니다. '만일 마음을 다하고 뜻을 다하여 그를 찾으면 만나리라'(신4:29), '너희가 온 마음으로 나를 구하면 나를 찾을 것이요 나를 만나리라'

(렘 29:13), '나를 간절히 찾는 자가 나를 만날 것이니라'(잠 8:17) '구하라. 그러면 너희에게 주실 것이요, 찾으라. 그러면 찾아낼 것이요, 문을 두드리라. 그러면 너희에게 열릴 것이니… 너희 하늘 아버지께서 구하는 자에게 성령을 주시지 않겠느냐 하시니라'(눅 11:9~13). 이렇게 예수님도 말씀하셨습니다. 우리가 하나님을 만나지 못하는 이유는 자신안에 주인으로 계시는 하나님을 간절히 찾지 않기 때문이요, 하나님을 찾지 않는 이유는 믿음이 없기 때문입니다. 하나님은 찾아야 응답하시는 분입니다.

교회는 성령으로 세례 받게 하는 곳입니다. 성도들은 물세례 받는 것으로 만족하면 안 됩니다. 반드시 성령으로 세례를 받아야 합니다. 교회는 성도들을 성령으로 세례를 받게 하는 것입니다. 성령세례를 성령세례 받은 사람(담임목사)을 통하여 전이 됩니다. 성령세례를 받은 사람은 자기가 성령세례 받았다는 것을 압니다. 성령세례는 우리가 의식할 수 있는 의식적 체험입니다. 오순절 성령강림이 있을 때 성령이 제자들 각 사람 위에 임하였습니다. 그리고 제자들은 나가서 복음을 증언하기 시작했습니다. 제자들에게 '여러분들은 언제 성령세례를 받았습니까?' 라고 물으면 '오순절입니다' 라고 분명히 대답할 것입니다. 사도바울이 갈라디아교회에 편지를 씁니다. "너희가 성령을 받은 것이 율법의 행위로냐 혹은 듣고 믿음으로냐?"(갈 3:2). 사도 바울이 이 질문을 하는 것은 갈라디아교회가 성령 받은 것을 알고 있었다는 것입니다.

성경은 성령 받은 것에 대해서 많은 기록을 남기고 있습니다. 빌립이 전도했던 사마리아교회, 고넬료의 가정, 에베소교회 등 성령 받은 교회나 가정들은 성령을 받은 것을 정확히 알고 있습니다. 성령세례는 우리가 알 수 있는 분명한 체험입니다. "당신은 성령을 받았습니까?"라는 질문에 대해서 딱 부러지게 "예" "아니오"로 대답할 수 있는 체험입니다. 아울러 성령세례는 하나님과 그리스도에 대한 감사와 사랑을 불러일으킵니다.

성령세례는 예수를 믿을 때 영 안에 임재하신 성령께서 순간 전인격을 장악하는 것입니다. 성령으로 세례를 받을 때 하나님의 영광과 그분의 존재의 실상을 전인격이 자각하는 것을 의미합니다. 살아계신 성령의 역사를 몸으로 느끼고 눈으로 볼 수 있는 현상이 일어나는 것입니다. 물론 다른 사람도 자신이 성령으로 세례를 받는 것을 눈으로 볼 수가 있는 것입니다.

그래서 성령세례 받은 사람들은 이렇게 말합니다. "예수를 너희가 보지 못하였으나 사랑하는 도다. 이제도 보지 못하나 믿고 말할 수 없는 영광스러운 즐거움으로 기뻐하니(벧전 1:8)" 교회는 성도들이 성령으로 세례 받아 권능 있는 삶을 살게 하는 곳입니다. 성령으로 세례를 받아야 성도가 진정한 하나님과 관계있는 사람으로 변화되기 시작합니다. 성령세례는 참으로 중요한 체험입니다.

교회를 통하여 진리의 말씀을 주시며 기적을 베풀어 주십니다. 오직 예수님만이 진리이십니다. 성령으로 진리를 깨달은 만큼 믿음도 강해집니다. 권능도 강해집니다. 진리는 혼자 성경을 만 독을 한다고 깨달아 지는 것이 아닙니다. 교회에 와서 진리를 삶에 적용하여 깨달은 담임목사님으로부터 설교를 들으면서 깨닫는 것입니다. 많은 사람들은 세상이나 거짓이 진리인양 살고 있지만, 그것은 어둠의 권세가 장난치기 때문입니다. 하지만 오직 예수님만이 우리를 자유하게 하고 우리에게 소망을 주시며 예수님만이 우리를 구원의 길로 인도하십니다.

예수를 구주로 받아들인 사람은 진리를 알게 됩니다. 진리란 무엇입니까? 주의 법이 곧 진리입니다(시119:142). 하나님의 말씀이 바로 진리입니다. 예수를 믿는 성도는 교회에 들어와 진리를 바르게 듣고 깨달아야 하나님의 복과 기쁨과 행복을 누리면서 살아갈 수가 있습니다. 성도들은 바른 진리를 듣고 깨달아야 신앙이 자라고 하나님과 관계를 바르게 할 수가 있습니다.

교회는 내면세계에 쌓여있는 상한 마음을 치유하는 곳입니다. 교회에 들어와 성령으로 세례를 받으면 성령께서 마음의 상처를 치유하십니다. 마음의 상처가 치유되어야 진정한 영의 사람으로 바뀌기 시작하기 때문입니다. 자아를 부수십니다. 자아가 남아있으면 성령의 역사를 방해하고 말씀의 비밀을 깨닫지 못하도록 방해합니다. 혈통의 문제를 해결하십니다. 세상 신을 몰아내십니다. 이 모든 영적활동이 성령하나님께서 우리들의 마음에 성전을 만드시는 일입니다. 우리는 우리 안에 거하시는 하나님과 함께 새로운 삶을 만들어야 합니다. 수평적 삶을 만들고, 수평적 사회, 사랑의 사회를 만들 수 있습니다. 그럴 수 있는 능력이 있습니다. 크리스천이 되고, 풍성한 삶을 누린다는 것은 이러한 관계를 새롭게 창조해나가는 삶을 살아간다는 것입니다. 나를 변화시키고, 이웃을 변화시키는 것입니다. 이것이 내면세계의 정비 정화입니다. 사람들은 많은 칭찬은 쉽게 잊어버리는 반면에 단 한마디의 상처를 주는 비평은 잊지 않고 기억합니다. 자신이 행한 일보다는 자신의 인간성에 대한 긍정적, 또는 부정적 말을 훨씬 더 깊게 받아드립니다. 인간성을 깎아 내리는 말은 자존감에 심각한 영향을 줍니다.

사람들은 상처를 당할 때에 자기의 감정을 억누르고 상처를 빨리 싸매어 버리기 때문에 아무도 눈치 채지 못합니다. 그러나 그 상처는 소독을 하지 않았기 때문에 곪게 되고, 시간이 흐르면 싸맨 곳을 통하여 고름이 새어나오기 시작합니다. 이것이 오래 전의 상처가 현재 삶에 영향을 미치는 것입니다. 상처를 받지 않고 살 수는 없지만, 치유는 하면서 살 수 있습니다. 상처는 일단 받으면 다른 사람에게 상처를 주게 되어있습니다. 상처의 악순환, 빈곤한 삶의 악순환입니다.

상처를 받지 않을 수는 없지만, 상처를 치유할 수는 있습니다. 상처를 치유해야 이 악순환에서 벗어날 수 있게 됩니다. 상처 권에서 벗어날 수 있게 됩니다. 드디어 풍성한 삶으로 나아갈 수 있게 됩니다. 상처가 별로 나에게 영향을 주지 않게 되고, 남에게도 상처를 주지 않는 부드러운 성품이 되며, 상처가 주는 감정에 휩쓸리지 않는 든든한 삶을 살게 됩니다. 말씀과 성령으로 자신의 무의식과 잠재의식에 있는 상처를 찾아서 의식수준으로 가지고 나와서 치유하여 배출해야 합니다. 자꾸 심령에서 성령의 역사를 일으키면 상처는 치유되게 되어 있습니다. 그러므로 내면세계의 상처 치유에만 치중하지 말고 성령으로 충만한 지배 상태에 들어가도록 노력해야 합니다. 우리 안에 성전을 성령께서 만드시기 위하여 마음의 상처를 치유하십니다. 자아를 부수십니다. 혈통에 역사하는 귀신을 축귀하십니다. 마음을 열고 받아들여야 합니다.

교회는 마음에 행복을 주는 곳입니다. 성령이 충만하면 영의 만족을 누리게 됩니다. 영의 만족을 누리면 혼과 육의 모든 것이 정상적으로 작동을 합니다. 정상적인 활동을 하이 행복한 나날을 영위할 수 있습니다.

교회는 영육의 병을 고치는 곳입니다. 성도들은 질병이 생기면 하나님께 기도하여 하나님의 방법으로 질병을 치유해야 합니다. 세상 의술도 이용해야 합니다. 인간의 힘으로 안 될 때, 성령의 권능이 역사하는 교회에 와서 우리가 기도하면 하나님 기적이 나타나는 것입니다. 하나님이 원하시는 것은 치료에 있지 '병원에 가서 치료를 받아서 나았느냐, 주님이 안수기도를 해서 나았느냐' 그것을 따지지 않습니다. 크리스천이 치료해서 건강해지기를 하나님이 원하시는 것입니다. 그러므로 질병이 있을 때 하나님께 기도하면 병원에 보내서 병원의 도움을 받게 하기도 하시고, 그렇지 않으면 주님이 주님의 일꾼을 통해서 직접 안수해서 고쳐주기도 하시는 것입니다.

그러므로 방법에 대해선 걱정하지 말고, 구원의 치료를 받는다는 그 목적을 주님께서 관심을 가지고 계시다는 것을 잊지 마시기 바랍니다. 사도행전 10장 38절에 보면 "하나님이 나사렛 예수에게 성령과 능력을 기름 붓듯 하셨으매 그가 두루 다니시며 선한 일을 행하시고 마귀에게 눌린 모든 사람을 고치셨으니 이는 하나님이 함께 하셨음이라" 예수님은 모든 사람을 고쳤습니다. 특별한 사람만 고친 것이 아닙니다.

하나님께서 예수님을 보내시매 그가 두루 다니시며 모든 사람을 고쳐주셨습니다. 크리스천 한사람 한 사람이 예수님의 몸이니깐, 유형교회 와서 기도를 통해서 예수 그리스도의 음성을 듣고 순종하면 불치병도 낫는 것입니다. 교회에 나와 예배를 통하여 예수님을 만나면 그 만남은 은혜 속에서 주님이 고쳐주시는 것입니다. 고치는 것이 하나님의 뜻이요, 안 고치는 것은 마귀의 뜻인 것입니다. "도적이 오는 것은 도적질하고 죽이고 멸망시키는 것 뿐이요 인자가 오는 것은 양으로 생명을 얻게 하되 더 풍성히 얻게 하려고 오노라" 죽이는 사망의 역사는 마귀가 가져오고 생명의 역사는 하나님의 아들이 가지고 오시는 것입니다. 축복을 받는 것은 하나님 아들이 주시는 것이요, 패망케 하는 것은 원수마귀가 하는 것입니다.

교회는 성도들의 문제를 해결하는 곳입니다. 현실문제가 있을 때 하나님의 해결방법을 알아내라고 주신 것이 바로 기도입니다. 하나님께서는 예수 그리스도를 믿는 자녀들에게 주신 것이 바로 기도입니다. 기도는 하나님의 뜻을 알아내는 중요한 수단입니다. 크리스천이 현실문제에 봉착했을 때 하나님의 해결방법으로 문제를 해결해야 합니다. 기도는 하나님의 해결방법을 알아내는 중요한 수단입니다. 기도는 하나님의 지혜와 권능을 받는 적극적인 수단입니다. 예수를 믿는 크리스천은 모든 문제를 하나님의 방법으로 해결해야 합니다. 하나님께 기도하여 알려주시는 방법으로 순종하면 문제가 기적같이 해결이 됩니다. 문제가 있을 때 성령으로 기도하십시오. 어려움 당할 때 성령으로 기도하십시오. 몸이 아플 때 성령으로 기도하십시오. 기도는 하나님의 문제해결방법을 알아내는 것입니다. 현실 문제란 어떤 것일까요? 부부불화가 있다. 어깨통증이 있다. 등과 허리 통증이 있다. 머리가 아프다. 어지럽다. 불면증이 있다. 불감증이 있다. 우울증이 있다. 꿈이 많아 깊은 잠을 자지 못한다. 위궤양이 있다. 잘 놀란다. 교통사고, 사고, 수술 후유증이 있다. 불안과 두려움이 심하다. 온몸에 근육통증이 있다. 허리와 목 디스크로 고생한다. 요통이 있다. 골반 통증이 있다. 가슴이 답답하다. 기도가 안 된다. 늘 피곤하다. 늘 졸린다. 아랫배 통증이 있다. 이해하지 못할 사고를 잘 당한다. 생각하지 못한 일로 물질이 손해가 난다. 역류성 식도염이 있다. 공황장애가 있다. 불안장애가 있다. 서러움이 많다. 짜증과 혈기가 심하다. 부모님이 중풍이 있다. 부모님이 치매가 있다. 자녀가 정신문제로 고생한다. 자녀가 학교에서 왕따 당한다. 귀신역사로 고생한다. 신 끼로 고생한다. 식탐으로 먹고 토한다. 예배 때에 졸린다. 이런 모든 것이 현실 문제입니다. 크리스천이 이런 문제를 가지고 어떻게 해복한 삶을 살아갈수가 있겠습니까? 하나님은 성령의 권능으로 치유 받고 행복한 삶을 살면서 하나님의 영광을, 하나님의 살아계심을 세상에 나타내기를 소원하시는 것입니다.

크리스천들이 바르게 알아야 할 것은 하나님은 성도들의 현실의 문제를 성령으로 인도하시면서 해결하게 하십니다. 신구약 성경을 자세히 보면 믿음의 사람들은 모두 현실의 문제를 하나님께 문의하여 해결하며 믿음의 사람이 되었습니다.

교회는 성도들의 신앙을 자라게 하는 곳입니다. 교회는 그냥 텅 빈 모임을 위한 공간이 아니라, 예수님의 이름을 붙인 성령님의 전인 것입니다. 교회 오는 사람들이 반드시 알아야 할 사항은 성령께서 교회를 세우셨고, 예수님은 어제나 오늘이나 영원토록 동일하시고, 우리와 함께 임재 하여 계심으로 우리는 교회의 살아있는 역사 속에 예배드려야 되는 것입니다. 목회자의 신앙지도를 받으면서 믿음이 자라게 해야 합니다. 거기다가 성령의 역사로 삶에 문제를 해결 받고, 상처를 치유하며, 병을 고치고, 스트레스를 성령의 역사로 몰아내는 것입니다. 성령으로 귀신을 몰아내는 곳입니다. 예수 그리스도는 어제나 오늘이나 영원토록 동일하시고, 성령도 동일하시니 교회에 나와서 예수님을 만나고 성령 충만해지고 죄사함을 받고, 마귀를 쫓아내고, 저주에서 해방되어 축복을 받고, 은혜를 받아 천국을 선물로 가슴에 품고 매일매일 성령의 도우심을 받아 죄악을 씻고 주님 나라를 앙망하는 그곳이 교회인 것입니다. 교회는 살아계신 하나님께서 성령으로 나타나시는 곳입니다.

교회는 우리에게 믿음을 줍니다. 믿음이 없이는 하나님을 기쁘시게 할 수 없습니다. 이 세상에서 물건을 사기 위해서는 돈이 필요합니다. 그런데 영적인 세계에서는 유통을 위하여 '믿음'이 필요합니다. 믿음만 가지고 있으면 없는 것도 있게 하시며 하나님은 믿음을 가진 자에게 기적으로 역사해 주십니다. 우리가 어떤 모습으로 나오든 그것은 문제가 되지 않습니다. 말씀을 통해서 믿음을 가지면 모든 문제가 해결됩니다. 믿음이 없이는 하나님을 기쁘시게 할 수 없습니다. 믿음은 바라는 것들의 실상이며 보이지 않는 것들의 증거입니다. 행복하고 기쁜 크리스천이 되기 위해서는 잘 되는 것을 바라봐야 합니다. 좋은 것을 바라보십시오.

　믿음은 환경을 바라보는 것이 아닙니다. 하나님께서는 우리가 바라보고 선포하며 하나님을 의지하며 나가면 그대로 이루어주십니다. 지금 환경을 바라보고 좌절하면 안 됩니다. 믿음은 바랄 수 없는 중에서도 바라는 것임을 알아야 합니다. 힘들고 어려울 때도 좋은 것을 바라보고 될 것을 기대해야 합니다. 바랄 수 없는 중에 바라보는 것이 바로 믿음입니다. 교회는 바로 믿음을 주는 곳입니다. 믿는 자에게는 능치 못함이 없습니다. 믿음으로 간구한 것은 받은 줄로 아십시오. 우리가 간구하고 받지 못하는 것은 의심하기 때문입니다. 내가 할 수 있는 것은 하나님을 신뢰하고 하나님을 믿는 것입니다. 우리 자신들에게는 한계가 있을 수밖에 없지만 하나님을 의지할 때 불가능이 가능으로 바뀌게 됩니다.

　교회는 하나님의 음성 듣는 방법을 배우는 곳입니다. 하나님의 음성을 들어야 살 수 있기 때문입니다. 하나님의 음성을 들으려면 모든 통로를 열고 들으려고 노력해야합니다. 하나님의 자녀가 하나님의 음성을 듣는 것은 생사 간에 문제입니다. 자세한 것은 "하나님과 기도하며 대화하기" 책을 참고하면 됩니다.

성령님과 동행하는 방법을 배우는 곳입니다. 성령님과 동행하는 삶을 살아가야 합니다. 하나님은 우리가 푸른 초장 맑은 시냇물가에 있을 때에나, 사망의 음침한 골짜기를 지날 때에나 항상 함께 계십니다. 우리가 세상에서 어렵고 힘들고, 병들어 고통스러운 환난을 당하고 있다 할지라도 여전히 성령 하나님께서는 우리와 함께 동행 하십니다. 다윗은 "내가 사망의 음침한 골짜기로 다닐지라도 해를 두려워하지 않을 것은 주께서 나와 함께 하심이라."(시 23:4)고 노래했습니다. 성령님과 동행하는 방법에 대하여는 "기적의 하나님과 동행하는 법"을 읽어보시면 확실하게 알 수 있습니다.

교회는 천국과 지옥을 명확하게 배우는 곳입니다. 교회에 들어온 성도들이 지금 천국을 누리도록 해야 합니다. 하나님은 예수를 믿는 우리가 지금 심령천국을 이루고, 아브라함의 복을 받으며 살다가 영원한 천국에 입성하기를 소원하십니다. 우리가 잘못이해하고 있는 것이 있습니다. 예수를 믿으면 천국에 가는 것입니다. 그래서 불신자들에게 전도할 때 예수님 믿고 천국가세요? 합니다. 여기서 우리가 바르게 알아야 할 것이 있습니다. 예수님을 죽어서 천국 가는 예수님만 믿으면 안 된다는 것입니다. 예수님은 지금 이 땅에 천국을 만드시려고 오셨습니다. 하나님의 입장에서는 지금 이 땅에 하나님의 나라가 건설되는 것이 중요합니다. 그렇기 때문에 예수를 믿는 우리가 지금 이 땅에서 심령에 천국을 누리면서 하나님의 나라를 건설하는 것을 하나님은 원하신다는 것입니다. 심령에 천국이 되어야 행복한 생활을 할 수가 있습니다. 심령을 천국 만드는 곳이 교회의 예배당이요, 행복발전소가 되는 것입니다.

충만한 교회에서는 매주 토요일 10:00-12:30까지 각각 개별 특별집중 기적치유 시간을 갖고 있습니다. 한번에 4-6명밖에 할 수 없으므로 1주일 전에 선교헌금을 입금하시고 예약을 합니다. 대상은 여기서도 저기서도 치유와 능력을 받지 못한 분/ 불치병, 귀신 역사를 빨리 치유 받을 분/ 목과 허리디스크, 허리어깨통증, 근육통, 온몸이 아프고 무거움에서 치유해방 받고 싶은 분/ 자녀나 본인의 우울증, 공황장애, 조울증, 불면증을 빨리 치유 받을 분/ 가슴이 답답하고 기도하기가 힘이 드는 분/ 축복과 영의 통로를 뚫고 싶은 분/ 성령의 불세례를 체험하고 싶은 분/ 최단기간에 현실문제 해결과 성령치유 능력 받고 싶은 분입니다.

천국을 누리고 싶은 분은 믿음을 가지고 오시기만 하면 무슨 문제라도 치유되고 해결이 됩니다. 염려하시지 말고 성령께서 감동하시면 오셔서 빠른 시간에 치유 받고 권능을 받아 쓰임을 받으시기를 바랍니다. 반드시 일주일 전에 선교헌금을 전화 확인하시고 입금 후 예약해야 합니다(전화 02-3474-0675).

22장 행복은 성령님 안에서 교회를 통하여

(요16:13)"그러나 진리의 성령이 오시면 그가 너희를 모든 진리 가운데로 인도하시리니 그가 스스로 말하지 않고 오직 들은 것을 말하며 장래 일을 너희에게 알리시리라"

참 행복은 성령의 역사로 세상이 물러가야 누릴 수가 있습니다. 세상을 물러가게 하는 분은 성령이십니다. 성령으로 세례를 받고 성령으로 충만해야 마음이 평안하게 됨으로 행복을 누릴 수가 있습니다. 성령이 아니고는 행복을 누릴 수가 없는 것입니다. 행복은 예수님만 믿었다고 찾아오는 것이 아닙니다. 우리의 전인격이 성전이 되어 성령의 역사가 내면에서 밖으로 흘러넘쳐야 진정한 평안을 찾을 수가 있는 것입니다. 우리의 전인격이 성령님의 지배와 장악이 되어야 행복한 삶을 살아갈 수가 있습니다. 성령을 통하여 하나님과 관계가 열려야 행복을 누릴 수가 있다는 것입니다. 사람은 성령하나님 안에 있을 때 행복한 것입니다. 그러므로 행복한 삶을 살아가기 위해서는 성령님의 지배를 받고 성령 안에 거하려고 의지적인 노력을 해야 합니다.

예수를 믿는 우리들이 행복한 삶을 살도록 삼위일체(성부-성자-성령) 하나님이 일체가 되어 일하시나 그 특성이 있습니다. 하나님 아버지는 만물을 계획하시고, 예수님은 아버지의 뜻을 좇아 그 만물을 만드시고 구속하시고, 성령님은 아버지와 아들 예수님을 깨달아 알게 해주시는 것입니다. 똑같은 삼위일체 하나님이지만 맡은 직분은 다르면서, 또 함께 계시고 함께 계시면서 다릅니다. 아버지 안에 예수님과 성령님이 계시고, 예수님 안에 아버지와 성령님이 계시고, 성령님 안에 아버지와 예수님이 계십니다. 그러므로 구약시대는 아버지 하나님시대로써 예수님과 성령님은 아버지 안에 있었습니다. 신약초기 예수님의 공생애시대에는 아버지와 성령님이 예수님 안에 계셨습니다. 지금은 성령이 역사하는 교회시대니까 아버지와 예수님이 성령 안에 계신 것입니다. 그러므로 삼위일체 하나님은 절대로 서로 분리하려야 분리할 수가 없는 것입니다. 성령님은 우리와 늘 함께 계시는 사역을 합니다.

요한복음 14장 16절로 17절에 "내가 아버지께 구하겠으니 그가 또 다른 보혜사를 너희에게 주사 영원토록 너희와 함께 있게 하시리니" 이 말씀을 마음에 새겨야 합니다. 한 달 동안 함께 같이 있으리니, 1년 동안 너희와 함께 있게 하시리니, 그렇게 말씀하지 않았습니다. 영원토록 시도 끝도 없이 너와 같이 하겠다. 이렇게 말씀하셨습니다. "그는 진리의 영이라 세상은 능히 그를 받지 못하나니 이는 그를 보지도 못하고 알지도 못함이라 그러나 너희는 그를 아나니 그는 너희와 함께 거하심이요 또 너희 속에 계시겠음이라"(요14:17). 우리들과 함께 삼위일체 하나님이 계시고, 우리 속에 지금 들어와 우리의 몸을 성전삼고 계신 것입니다. 그러므로 우리는 그 성령을 통해서 주님을 믿고 의지하는 것입니다. 왜냐하면 이 성령이 우리 마음 문을 열어서 진리를 깨닫게 하는 것입니다. 안 믿는 사람에게 성경 펼쳐 놓아 보세요. 전혀 모릅니다. 성경은 성령께서 깨닫게 하셔야 알 수가 있습니다. 그래서 성경을 깨닫는 만큼씩 행복이 더해지는 것입니다.

요한복음 14장 25절로 26절에 "내가 아직 너희와 함께 있어서 이 말을 너희에게 하였거니와 보혜사 곧 아버지께서 내 이름으로 보내실 성령 그가 너희에게 모든 것을 가르치고 내가 너희에게 말한 모든 것을 생각나게 하시리라" 성령이 계셔야 우리에게 진리를 깨닫게 해주시는 것입니다. 우리 성경만 깨닫게 해주시는 것이 아니라, 모든 세상 진리도 다 깨닫게 해주시는 것입니다. 성령은 가르쳐주는 영이 되시는 것입니다. 그리고 기억나게 해주세요. 필요한 때 진리를 깨닫게 하시어 레마로 역사하여 주십니다. 성령이 기억나게 하시는 능력에 의지하기 때문에 기적이 함께하시는 것입니다.

그리고 성령이 같이 계시면 세상이 우리 속에 들어오는 것을 허락하지 않습니다. 세상과 마귀를 꾸짖습니다. 요한복음 16장 7절로 8절에 "그러나 내가 너희에게 실상을 말하노니 내가 떠나가는 것이 너희에게 유익이라 내가 떠나가지 아니하면 보혜사가 너희에게로 오시지 아니할 것이요, 가면 내가 그를 너희에게로 보내리니 그가 와서 죄에 대하여, 의에 대하여, 심판에 대하여 세상을 책망하시리라" 성령이 오시면 꾸짖으러 오시는 것입니다. 죄란 예수 안 믿는 것입니다. 이 세상에 다른 모든 죄도 다 많지만, 예수를 믿으면 그 피로써 다 씻음을 받고 청산을 받습니다. 우리가 지옥 가는 것은 우리 죄로 말미암아 가는 것이 아니라, 안 믿어서 지옥 가는 것입니다. 예수님이 죄를 다 갚아 놓았는데 안 믿기 때문에 불신앙으로 지옥 갑니다.

그 성령이 우리의 마음 문을 열어서 깨닫게 해주셨기 때문에 예수님을 주로 고백하게 된 것입니다. 요한복음 16장 8절로 11절에 보면 "그가 와서 죄에 대하여, 의에 대하여, 심판에 대하여 세상을 책망하시리라. 죄에 대하여라. 함은 그들이 나를 믿지 아니함이요, 의에 대하여라 함은 내가 아버지께로 가니 너희가 다시 나를 보지 못함이요, 심판에 대하여라 함은 이 세상 임금이 심판을 받았음이라" 성령이 오시면 회개를 시키고 깨닫게 하는데 먼저 죄에 대하여 주님이 성령께서 꾸짖을 것이라 한 것입니다. 죄란 뭐가 가장 무서운 죄냐! 예수 안 믿는 죄가 최고의 무서운 죄입니다. 지옥 가는 죄니까. 그러므로 예수님이 십자가에 못 박혀 몸 찢고 피 흘려 죽으신 것을 믿지 않는 죄가 가장 무서운 죄인 것입니다. 구원받고 난 다음에 죄를 안 짓는 사람이 없이 죄를 짓지요. 그것은 하나님께 매를 맞고 꾸중을 들을 수는 있어도 지옥은 가지 않습니다.

왜냐하면 하나님의 성령께서 이미 예수를 믿게 해주신 것이기 때문에 우리의 죄는 일생 예수님이 믿음으로 청산해 버렸기 때문인 것입니다. 제일 무서운 죄가 안 믿는 죄인 것입니다. 성령이 오시면 죄에 대하여라 함은 나를 믿지 않기 때문에 죄를 짓고 있으므로 그를 꾸짖는다는 것입니다. 그리고 의에 대하여라 함은 내가 아버지께로 감이라. 사람들은 예수님이 정말로 하나님 아들이냐. 정말 하나님이 보내신 분이냐. 의심을 많이 가지고 있는 것입니다. 의라는 것은 죄가 한 번도 안 지은 상태를 말하고 의라는 것은 하나님 앞에 부끄럼 없이 설 수 있는 자격을 말하는데 정말 예수님은 의인이냐. 정말 하나님의 아들이냐. 의심하는 사람이 많은데 예수님이 죽었다가 부활하셔서 아버지께로 가므로 의심할 수없이 예수님은 하나님의 아들이요, 죄가 없는 의인인 것을 표시하여 주신 것입니다. 그리고 예수님이 부활해서 승천하므로 우리의 죄를 짊어지고 무덤에 들어갔으나 죄를 다 청산해 버렸기 때문에 부활해서 승천한 것입니다. 죄를 다 못 갚았으면 아직도 주님이 지옥에 갇혀 있어야 되는 것입니다. 죄를 다 갚았기 때문에 옥에서 나와서 주님께서 하늘나라에 가셨으므로 완전한 구주가 되신 것을 표시하는 것입니다. 이것을 성령께서 증거 한다는 것입니다. 예수님만이 하나님의 아들이요, 참 의인이요, 우리를 영원히 죄에서 구속하시는 분이라는 것을 증거 하는 것입니다.

그 다음 성령이 우리에게 깨닫게 하는 것은 이 세상 임금이 심판 받았다. 마귀가 이미 심판 받았다. 마귀는 예수님이 죽으셨다가 부활하심으로 말미암아 모든 마귀의 능력을 빼앗겼습니다. 죄를 짓게 하는 능력, 우리를 더러운 생활을 하는 나쁜 습관을 묶는 능력, 병들게 하는 능력, 저주와 가난에 허덕이게 하는 능력, 사망과 음부로 끌고 내려가는 그 능력을 마귀는 다 잃어버렸습니다. 예수님이 십자가에서 빼앗아 버린 것입니다.

예수님께서 마귀의 도구인 죄를 빼앗아 버렸고 불결을 빼앗아

버렸고 병을 **빼앗아** 버렸고 저주를 **빼앗아** 버렸고 사망의 권세를 **빼앗아** 버린 것입니다. 그리고 마귀 권세는 예수님이 십자가에서 다 멸망시켜 버린 것입니다. 우리의 죄가 청산되었습니다. 불의가 청산되었습니다. 질병이 청산되었습니다. 저주가 청산되었습니다. 사망과 음부가 청산되었습니다.

그러므로 우리는 예수 그리스도 안에서 죄를 이기고 용서받은 의인이 되었으며 거룩한 성령 충만한 사람이 되었으며 치료받은 건강한 사람이 되었습니다. 병을 위해서 기도할 때 "하나님! 내 이 병을 고쳐 주옵소서. 고쳐 주옵소서"만 하지 마십시오. 병은 이미 2천 년 전에 고침을 받은 것입니다. "하나님! 고침 받을 수 있는 방법을 알려주시옵소서." "하나님! 병을 지금 치료하여 주시옵소서." 이렇게 기도하는 것이 옳은 것입니다. 이미 실제로는 2천 년 전에 이미 마귀에게 병의 권세를 주님 **빼앗아** 고쳐 버린 것입니다. "그 권리를 지금 내게 행사하여 주시옵소서." 그래서 위가 나쁘면 "하나님! 나은 이 위병을 지금 고칠 수 있는 지혜를 주시옵소서." 암이 걸렸으면 "하나님! 이미 고쳐주신 암을 지금 치료할 수 있는 지혜를 주시옵소서." 이렇게 기도한 다음 알려주신 방법대로 순종한다면 믿음 있고 담대한 기도가 되어 하나님께서 응답하여 주실 것입니다. 이미 나은 것을 달라고 하는데…. 이미 우리 주님이 돈 다 지불해 놓은 것을 그 상품을 달라고 하는 것인데 얼마나 당당한 것입니까? 그리고 우리의 모든 저주는 예수님이 이미 다 청산해 버렸습니다. 가난도 청산해 버린 것입니다. 2천 년 전에 청산해 버리고 아브라함의 복을 허락해 주신 것입니다. 사망과 음부도 주님이 2천 년 전에 멸한 것입니다. 사망아 너희 쏘는 것이 어디 있느냐. 사망아 너희 이기는 것이 어디 있느냐고 바울은 말한 것입니다. 우리에게 믿음으로 영생복락을 주신 것입니다. 그러므로 이 세상 임금이 심판을 받았습니다. 마귀가 큰소리하고 돌아다녀도 이것은 모든 능력을 **빼앗긴** 거짓의 아비가 되었습니다. 지금은 합법적으로 우리를 도적질하고 죽이고 멸망시키지 못합니다. 협박하고 공갈하고 속이기 귀하여 그렇게 하는 것입니다. 거짓말로 하는 것입니다. "진리를 알지니 진리가 너희를 자유롭게 하리라." 성령으로 진리를 알면 마귀가 가져오는 것을 예수 이름으로 물리치면 되는 것입니다. "예수이름으로 면하노니 공갈하고 협박하는 원수 마귀는 물러가라!" 세례 요한부터 천국은 지금까지 침노를 당하노니 침노하는 자는 **빼앗는**다고 말했는데 강하고 담대하게 믿음으로 알고 침노해 들어가면 **빼앗을** 수 있는 것입니다. 마귀가 속여서 잡고 있는 모든 은혜를 **빼앗아**야 되는 것입니다. 주님은 은혜로써 우리들에게 주신 것입니다. 우리들은 용서받은 의인입니다. 한번 따라 말씀하세요. "나는 예수님을 통해서 용서받은 의인이 되었습니다. 거룩하고 성령 충만한 사람이 되었습니다. 치료받고 건강한 사람이 되었습니다. 아브라함의 복을 받은 사람이 되었습니다. 영생복락을 받은 사람이 되었습니다." 그러므로 이 세상 임금이 심판을 받고 마는 것입니다. 더 이상 임금노릇 못합니다. 모르는 사람이 종노릇하지 우리들처럼 깨달은 사람은 단호하게 물리치고 이길 수가 있는 것입니다 .이것이 바로 성령께서 우리에게 와서 하시는 일인 것입니다. 우리로 하여금 죄를 회개하고 예수를 믿게 하시고, 그리스도만이 우리의 구주가 되시고, 의로운 하나님이 되신 것을 알게 하시고, 마귀가 심판받은 것을 깨닫게 해주시는 것입니다. 가장 위대한 성령의 역사는 예수님께 대한 증거입니다. 예수님과 성령은 다른 보혜사이기 때문에 똑같은 예수님이기 때문에 오셔서 예수님을 드러냅니다. 성령님은 내가 성령이다. 내말 들으라. 그렇게 말씀하지 아니하시고 항상 예수님을 깨닫게 하시고 나타나게 하시는 것입니다. 행복을 누리기 위해서는 성령님 안에서 들어와야 하는 것입니다.

그뿐 아니라 성령은 우리의 모든 생활을 인도하여 주십니다. 이게 얼마나 고마운지 모릅니다. 장님에게는 안내하는 사람이나 안내견이 꼭 있어야 되는 것처럼, 우리는 세상에서 살면서도 내일 일어날 일을 모르는 장님입니다. 성령이 우리 눈을 밝혀 주시고 우리를 이끌어 주는 것입니다.

요한복음 16장 12절로 14절에 "내가 아직도 너희에게 이를 것이 많으나 지금은 너희가 감당하지 못하리라 그러나 진리의 성령이 오시면 그가 너희를 모든 진리 가운데로 인도하시리니 그가 스스로 말하지 않고 오직 들은 것을 말하며 장래 일을 너희에게 알리시리라 그가 내 영광을 나타내리니 내 것을 가지고 너희에게 알리시겠음이라" 성령이 오시면 우리에게 진리도 가르쳐 주시고 세상의 진리도 가르쳐 주시는 것입니다. 예수 믿고 성령 충만하면 세상 공부도 잘하게 됩니다. 하나님 머리도 좋게 만드십니다. 그래서 세상에도 머리가 되고 꼬리가 되지 않게 하는 것입니다. 성령이 오셔서 장래 일을 가르쳐 주면서 하나님의 영광을 나타내게 해주시는 것입니다.

하나님께서는 우리의 생각을 초월해서 성령의 생각을 우리 마음 속에 넣어주는 것입니다. 우리가 기도할 때 생각지 않게 마음에 뜨거운 소원이 일어나고, 양심에 거리낌 없이 생각이 나오면 성령이 우리들에게 말씀하는 것입니다. 그가 우리 마음에 소원과 생각을 주시는 것입니다. 하나님이 어떻게 인도하시느냐. 대게 마음에 뜨거운 소원과 생각을 통해서 이끌어 주시는 것입니다. 뜨거운 소원과 생각이 내 양심을 통해 걸러서 나올 때 부끄러움이 없으면 하나님께서 말씀한다고 우리가 작정할 수가 있는 것입니다. 특별히 환상을 보고 계시를 볼 수 있으면 참 좋겠지요. 그러나 필요할 경우에만 음성이나 환상으로 알려주시지, 일반적으로 생각이 자꾸 계속해서 머리에 남고, 마음에 소원이 줄기차게 일어나게 하십니다. 이런 경우라면 하나님께서 말씀하신 줄 알고 성경을 자세히 살펴보아야 하는 것입니다.

그 다음에 우리와 같이 계신 성령께서는 우리를 성결케 해주시는 것입니다. 우리는 다 아담과 하와의 후손으로 부패한 자식들인 것입니다. 태어날 때부터 우리는 부패한 심신을 가지고 태어난 것입니다. 우리에게 거룩함과 의로움이 없습니다.

그러나 회개하고 예수를 믿으면 성령이 거룩하신 분으로써 우리에게 들어오는 것입니다. 로마서 8장 1절로 2절에 "그러므로 이제 그리스도 예수 안에 있는 자에게는 결코 정죄함이 없나니 이는 그리스도 예수 안에 있는 생명의 성령의 법이 죄와 사망의 법에서 너를 해방하였음이라"

생명의 성령의 법이 들어와서 우리 속에 있는 죄와 사망의 법에서 우리를 해방시켜 주는 것입니다. 그러면 우리는 성령의 도우심이 있어야 우리도 거룩하고 깨끗하게 생각하고 말하고 행동할 수 있지 성령의 도우심이 없이 우리 힘으로는 그렇게 할 수가 없습니다. 그런 능력이 없이 우리는 부패한 인간이기 때문인 것입니다. 그렇기 때문에 행복하게 지내려면 항상 성령님에 의지하고 성령 충만하기를 간절히 바라야 되는 것입니다.

성령에 의해서는 또한 우리 연약함을 도와주시는 것입니다. 우리는 기도할 때도 하나님의 뜻대로 능숙하게 기도하지 못합니다. 전도도 잘 못해요. 진리의 말씀을 증거하는 일은 더 힘듭니다. 많은 사람이 저에게 늘 묻습니다. 한 편의 설교를 준비하는데 얼마나 시간이 걸리느냐. 그래서 내가 한평생 걸립니다. 뭐 엎드려서 연필 들고 종이 위에 적으면 설교가 나오는 줄 아는데 그렇지 않습니다. 일평생을 살아온 과거를 말씀 속에 현재 비춰보고서 주의 성령께 인도해 달라고 간청을 하는 것입니다. 말씀을 증거 한다는 것은 혼신을 다하여 말씀을 준비하는 것이요, 뼈에 기름을 짜는 것입니다. 그렇지 않고 마음대로 만담하는 식으로 해가지고 하나님의 영혼을 어떻게 인도할 수가 있는 것입니까?

로마서 8장 26절에 보면 성령은 우리의 연약함을 도와주신다고 한 것입니다. "성령도 우리의 연약함을 도우시나니 우리는 마땅히 기도할 바를 알지 못하나 오직 성령이 말할 수 없는 탄식으로 우리를 위하여 친히 간구하시느니라" 따라 말씀하세요. "성령은 나의 연약함을 도와주신다." 우리 스스로가 못하는 것은 어찌할 도리가 없습니다. 그러나 도와주는 분이 옆에 와 계신데도 불구하고 그 도와주는 분을 무시해 버리고, 도와달라고 하지 않고 자기 혼자 발버둥 치다가 실패하는 것은 어찌할 도리가 없습니다. 그것은 자기 과실입니다. 그러나 도와주기 위해서 기다리고 계신 성령님이 계시기 때문에 성령님 나를 도와주시옵소서. 나를 일으켜 주시옵소서. 내게 힘을 주시옵소서. 그렇게 부탁할 때 성령이 우리에게 도우심을 베풀어 주시는 것입니다.

성령님께서는 장래 일을 알게 하십니다. 미래와 때와 기한은 오직 하나님께 속하였습니다. 하나님께서 허락하셔야만, 그 미래를 소유할 수 있습니다. 성경 아모스 3장 7절에 "주 여호와께서는 자기의 비밀을 그 종 선지자들에게 보이지 아니하시고는 결코 행하심이 없으시리라" 이렇게 미래에 대해 성령으로부터 계시를 듣는다는 것입니다. 그 음성은 들리는 음성, 내적 음성, 꿈과 환상, 성령의 감동을 통해 주어집니다.

진리의 성령이 오시면 장래 일을 너희에게 알리시리라고 하였습니다(요 16:13). 예수님께서 말씀하시기를 "내 양은 내 음성을 들으며 나는 저희를 알며 저희는 나를 따르느니라"(요 10:27)고 하셨습니다. "하나님이 너를 택하여 너로 하여금 자기 뜻을 알게 하시며 저 의인을 보게 하시고 그 입에서 나오는 음성을 듣게 하셨으니"(행 22:14). 이처럼 나에게 속하지 않은 미래에 대해 듣는다는 것은, 그 미래에 실현될 현실이 영원하신 하나님의 경륜 안에서 이미 자신은 하나님의 것이라는 것입니다.

그러므로 현재의 문제 해결을 위해서 기도하는 차원을 넘어서서, 하나님께서 나를 통해 장차 이루시기 원하시는 계획에 대해서 듣는 것이 중요합니다. 그것은 나의 삶의 목적을 알게 되는 동시에, 미래에 대한 신뢰와 확신 속에 살아갈 수 있는 것입니다. 이를 위해 성령의 인도에 복종하고, 그 안에서 안식하면서 계시를 기다리는 법을 배우는 것이 무엇보다 중요한 때입니다. 그래야 삶에서 행복을 누릴 수가 있습니다.

자신을 성령님께 굴복시키고 하나님을 신뢰하며 그에게 맡기고, 그와의 연합가운데 안식을 누리는 단계에 이른 자만이 장래 일에 대한 하나님의 음성을 듣게 되고, 하나님 자신이 하시는 일들에 대한 결과를 열매로 얻게 될 것입니다. "이르시기를 너희는 가만히 있어 내가 하나님 됨을 알찌어다. 내가 열방과 세계 중에서 높임을 받으리라 하시도다"(시 46:10).

하나님의 음성을 듣고 복종하고 그 안에서 쉬는 것은 그의 자녀가 주인이신 하나님의 뜻을 이루는 첩경이 됩니다. 여기서 쉰다는 것은 성령의 임재가운데 하나님과의 친밀한 관계를 가진다는 것이요, 그 안에서 지속적으로 그의 음성을 듣는다는 것입니다. 그것의 연속이 하나님의 약속을 충만하게 받는 비결이 되며, 영적으로 풍성한 열매와 수확을 얻게 되는 결과로 나타나게 되는 것입니다. 하나님은 이렇게 말씀하십니다. "그러하나 진리의 성령이 오시면 그가 너희를 모든 진리 가운데로 인도하시리니 그가 자의로 말하지 않고 오직 듣는 것을 말하시며 장래 일을 너희에게 알리시리라"(요 16:13). 성령으로 하나님의 장래 계획을 알게 되니 얼마나 행복한 사람입니까?

성령이 오시면 성령께서 "가난한 자에게 복을 주시는 예수님을 깨닫게 해주시고, 포로된 자에게는 자유를, 눈 먼 자에게는 다시 보게 함을 증거하고, 눌린 자를 자유롭게 하고, 하나님의 은혜의 해를 전파하는 주님의 역사를 깨닫게" 해주시는 것입니다. 교회 왔다고 해서 늘 부정적인 말만 하고, 탄식하고 좌절하고 우울하고 절망하는 사람은 하나님의 진리를 몰라서 그렇습니다. 성령으로 충만하지 못한 증거입니다. 하나님이 예수 안에서 역사하는 것은 이러한 마음을 하나님의 축복으로 긍정적으로 적극적으로 축복으로 채우기 위해서 오신 것이기 때문인 것입니다. 진리의 말씀의 비밀을 깨달아야 돼요. 먼저 깨닫고 꿈꾸고 믿고 말하면 하나님의 역사가 일어나게 되는 것입니다. 성령은 물론 우리에게 오면 하나님의 은사를 나타내주십니다. 크고 적은 은사를 주시는데 가장 처음 주시는 것은 아홉 가지 성령의 은사입니다. 지혜의 말씀, 지혜롭게 만드는 것이 아니라, 필요할 때 그만한 지혜를 주시는 것이기 때문에 지혜의 말씀의 은사, 지식의 말씀의 은사, 영분별의 은사,

방언 은사, 방언통역, 예언의 은사, 능력의 은사, 신유의 은사, 기적의 은사를 주님께서 나타나게 하셔서, 우리 가운데 그때그때 필요할 때마다 성령의 은사를 통하여 기적의 역사가 일어나는 것입니다. '아~ 나는 지혜의 말씀의 은사를 받아서 만사형통하고 모든 것을 다 안다.' 거짓말입니다. 바보에게 지혜로운 말 한마디를 그때 탁 주셔서 문제를 해결할 수 있는 것이 그게 지혜의 말씀의 은사입니다. 그것 해결하고 난 다음에 필요 없는데 항상 지혜롭지 않습니다. '아~ 나는 지식의 말씀의 은사를 받아서 모든 것을 안다.' 알기는 뭘 알아요? 자기 자신도 잘 모르면서…. 그러나 꼭 내가 필요할 때 지식의 말씀의 은사가 옵니다. 지식의 말씀의 은사는 하나님만 이시는 것을 사람이 알게 하는 은사입니다.

그러므로 성령의 은사를 나타내주시어 하늘나라 역사가 일어나게 해달라고 우리가 늘 간구해야 될 것입니다. 은사가 나타났다고 해서 그 사람이 은사를 소유한 것은 아닙니다. 필요할 때 하나님이 그 은사를 주셔서 그 사람을 통해서 사용하는 것입니다. 그리고 성령의 9가지 열매는 사랑과 희락과 화평과 오래 참음과 자비와 양선과 충성과 온유와 절제, 얼마나 좋은 열매입니까? 이 열매는 사람 힘으로 흉내를 내지 못합니다. 성령이 오셔서 우리 마음속에 열매를 맺게 해주셔야 되는 것입니다.

그러므로 하나님 성령께 간구해서 우리가 열매 맺도록 와야 되는 것입니다. 사랑도 내 마음대로 됩니까? 기뻐하는 것도 내 마음대로 안 되는데 화평한 마음이 왜 내 마음이 됩니까? 오래 참는 것도 성령이 주셔야 마음에 오래 참지. 오래 못 참지 않습니까? 아주 양선한 심령, 온유한 심령 하나님 성령께서 와서 비둘기 같은 마음을 주셔야 되지 않습니까? 그러므로 성령께서 오셔서 우리와 같이 계시면 우리에게 이러한 인격적인 변화가 다가오는 것입니다.

성령의 은사가 나타나서, '아~ 하나님이 우리 가운데 계시구나.' 안 믿는 사람이 와서도 '야~ 여기 특별하다. 하나님의 역사가 일어나는 곳이구나.' 깨닫게 만들어 주시는 것입니다. 온갖 좋은 은사와 온전한 선물이 위로부터 빛들의 아버지께로부터 내려온다고 야고보는 1장 17절에 말한 것입니다. 은사도 성령께서 주시고 열매도 성령께서 맺어주시는 것입니다. 이 은사와 성령의 열매가 맺어져서 덕을 세우고 위로하고 안위하고 하나님의 나라가 역사하도록 도와주시는 것입니다. 성령님께 지배를 받아야 행복을 누릴 수가 있는 것입니다.

23장 행복은 성령으로 충만하게 살아감으로

(엡 5:18)"술 취하지 말라 이는 방탕한 것이니 오직 성
령으로 충만함을 받으라"

예수를 믿은 성도가 행복한 그리스도인이 되려면 성령세례와
충만을 받아야 합니다. 성령으로 충만하다고 하는 의미는 성령에
사로잡히고, 스며들고, 지배를 받는 것을 의미합니다. 물에 흠뻑
젖은 수건처럼 수건을 짜면 물이 흐르듯이 성령 충만은 성령으로
사로잡히고 스며들고 지배를 받는 것을 의미합니다. 그리고 왜 우
리가 성령 충만을 받아야 하는가?

이 질문에 우리는 두 가지로 요약할 수 있습니다. 첫째는 성령
충만이 모든 신자에 대한 하나님의 명령입니다(엡 5:18). 둘째는
하나님은 이 방법을 통하여 모든 신자에게 권능을 주시기 때문입
니다(행 1:8).

성령 충만의 생활은 일생을 통한 도전입니다. 성령으로 전도하
는 것은 매일 매일 심지어 매 시간 매 시간 헌신하지 않으면 안 되
는 일입니다. 그리스인들은 자신의 느낌과 관계없이 항상 성령께
의지해야 합니다.

사람은 하나님의 성령이 아니면, 그와 반대 되는 세력에 의해
지배를 받게 됩니다. 그래서 하나님은 성도들에게 성령으로 충만
함을 받으라고 명령하시는 것입니다. 사울은 여호와의 영과 함께
했던 사람입니다. 그것도 크게 임했었습니다. "네게는 여호와의

영이 크게 임하리니"(삼상 10:6). 삼상 11:6에는 "사울이 이 말을 들을 때에 하나님의 영에게 크게 감동되매"라는 말씀을 볼 때 하나님의 영에 크게 감동된 사실도 알 수 있습니다.

그러나 여호와의 영이 그에게서 떠나자 악령이 들어와 그를 지배하기 시작하였습니다. "여호와의 영이 사울에게서 떠나고 여호와께서 부리시는 악령이 그를 번뇌하게 한지라"(삼상 16:14). 여호와의 영이 사울에게서 떠난 것으로 끝난 것이 아니라 악령이 그것도 힘 있게 내려 그를 지배하기 시작했습니다. "하나님께서 부리시는 악령이 사울에게 힘 있게 내리매"(삼상 18:10).

오늘 본문에는 성령에 취하지 아니하면 그와 반대가 되는 술에 취하게 된다는 사실을 말씀하고 있습니다. "술 취하지 말라 이는 방탕한 것이니 오직 성령으로 충만함을 받으라"(엡5:18).

성령이라고 할 때의 '영'은 영어로 'spirit'이라고 합니다. 이 단어 앞에 Holy를 붙이면 '성령'의 뜻이 됩니다. 그리고 이 단어에는 '술'이라는 뜻도 있습니다. 그러기에 바울은 지금 '술'이라는 'spirit'에 취하지 말고, "하나님의 거룩한 영"이신 성령에 취하라는 메시지를 전하는 것입니다.

바울이 술과 성령을 비교한 것은 유사한 점이 많기 때문입니다. 술에 취한다고 할 때의 '취한다'는 것은 '영향을 받는다', '지배를 받는다'의 뜻입니다. 그래서 술에 취한 사람은 술의 영향을 받는다, 술의 지배를 받는다는 의미가 됩니다. 마찬가지로 성령에 취한 사람은 성령의 영향을 받는다, 성령의 지배를 받는다는 뜻이 됩니다.

이렇듯 사람은 성령의 지배를 받든지 아니면 술의 지배를 받게 되는데, 성령의 지배에서 벗어나게 될 때 그와 반대의 세력인 근심, 걱정, 불안, 우울, 돈 걱정, 장래 대한 걱정, 심지어 자살을 하는 것도 다 성령의 지배에서 벗어난 반대 세력의 영향의 결과에서 비롯된 것입니다. 성령으로 충만함을 받으려면 어떻게 해야 할까요?

첫째, 성령 충만 받는 것이 하나님의 뜻이라는 것을 알아야 합니다. 성도들 가운데 '나 같은 사람도 성령 충만을 받을 수 있을까?', 혹은 '성령 충만은 초대 교회 시대 사람들만 받는 것이 아닐까?' 라며 의아해 하시는 분이 있다면, 하나님께서는 말씀을 통해 하나님의 분명한 뜻을 알려주실 것입니다. 사도행전 2장 38-39절에서 베드로는 "너희가 회개하여 각각 예수 그리스도의 이름으로 세례를 받고 죄 사함을 얻으라. 그리하면 성령을 선물로 받으리니 이 약속은 너희와 너희 자녀와 모든 먼 데 사람 곧 주 우리 하나님이 얼마든지 부르시는 자들에게 하신 것이라"고 말씀하셨습니다.

여기에서 '너희'란 유대 민족을 가리키는 것이고, "너희 자녀"란 유대인의 후손들을, "먼 데 사람"이란 유대인이 아닌 다른 민족, 즉 이방인을 가리키는 것입니다. 그러므로 사도 베드로의 말씀을 통해 우리는 방인에게도 하나님의 성령이 선물로 주어질 수 있다는 것을 확실히 알 수 있습니다. 그러나 이방인이라고 모두 성령을 받을 수 있는 것은 아닙니다. 하나님의 부르심을 받아 예수님을 구주로 믿는 자들에게 성령이 부어지는 것입니다.

독자들은 이러한 약속의 말씀을 굳게 붙들고, 이 말씀에 의지하십시오. 그럴 때 인간적인 믿음이 아닌 하나님께서 주시는 믿음이 생겨나, 성령께서 일하실 바탕이 마련되는 것입니다. 이제 여러분께서 성령 충만 받는 것이 하나님의 뜻인 것을 알았다면, 성령 충만 받기 위해 간절히 소망해야 합니다.

둘째, 날마다 성령 충만을 받겠다는 강렬한 소원을 가져야 합니다. 하나님의 은혜는 간절히 소원하는 자라야 받을 수 있습니다. 이러한 소원은 성령 충만이 우리 생활가운데 얼마나 유익한지를 알 때 자연스럽게 생깁니다. 오늘날 교회를 나가는 신자라도 성령 충만을 받지 않고 사는 사람들은 삶에 기쁨과 평안이 넘쳐나지 않을 것입니다.

신앙생활을 하되, 기도하기가 힘들고 전도도 안 되며, 아무리 말씀을 읽고 들어도 그 마씀이 마치 꿀송이와 같이 달게 여겨지지도 않을 것입니다. 심지어 예수님을 믿는 것조차 힘들다고 느낄 때도 있을 것입니다. 우리가 성령 충만을 받게 되면, 먼저 뱃속에서부터 한없는 평안이 넘쳐납니다. 그리고 기도와 전도, 말씀의 능력이 주어집니다. 또한 자기를 이기고, 세상을 이기며, 마귀를 이길 수 있는 힘이 생겨 승리의 삶을 살아가게 되는 것입니다. 성령충만은 개인이 의지를 가지고 노력해야 합니다.

저는 온전하게 성령 충만을 받는 데 3년이나 걸렸습니다. 처음 성령 충만을 받기 위해 기도할 때, 저는 성령을 꼭 받겠다는 뜨거운 소원을 갖지 않은 채 그저 기도만 했습니다. 기도를 하다가 응답이 없으면 "다음 기회에 성령을 받으면 되겠지"라며 제 자신을 위로하면서 기회를 자꾸 뒤로 미뤘습니다.

그러다가 목사 안수를 받고 반년이 지날 때의 일입니다. 목회가 힘이 들고 어려워서 기도하다가 성령 충만이 신앙생활에 얼마나 유익한가를 알고 난 뒤 비로소 성령으로 충만을 받아야겠다는 갈급한 마음이 생겼습니다. 그래서 성령을 받겠다는 일념으로 성령 집회가 있는 곳에 찾아갔습니다. 그리고 얼마 지나지 않아서 성령으로 세례를 받고 성령으로 기도하면서 성령 충만을 받았습니다. 성령 충만을 받기 위해서는 먼저 성령을 받겠다는 뜨거운 마음의 소원과 단단한 결심을 해야 하는 것입니다.

셋째, 집회나 예배에 참석하여 뜨겁게 기도해야 합니다. 뜨겁게 성령으로 기도하지 않으면 성령 충만함을 받을 수가 없습니다. 예수님께서 승천하신 후 120명의 제자들이 마가의 다락방에 모여 성령 받기를 위해 오로지 기도에 힘을 썼습니다. "여자들과 예수의 어머니 마리아와 예수의 아우들과 더불어 마음을 같이하여 오로지 기도에 힘쓰더라"(행 1:14). 마음을 다하여 오로지 기도에 힘쓴 결과 저들은 모두다 성령의 충만을 받았습니다. "그들이 다 성령의 충만함을 받고 성령이 말하게 하심을 따라 다른 언어들로 말하기를 시작하니라"(행 2:4).

예수님의 가르침에도 성령은 구하는 자에게 아버지께서 주신다는 말씀을 하셨습니다. "너희가 악할지라도 좋은 것을 자식에게 줄 줄 알거든 하물며 너희 하늘 아버지께서 구하는 자에게 성령을 주시지 않겠느냐 하시니라"(눅 11:13).

성령 충만은 목회자라고 해서 거저 주시는 것이 아닙니다. 교회를 위해 애를 쓰고, 열심을 다해도 기도하며 구하지 않으면 받을 수 없는 것이 바로 성령의 충만 입니다.

성령 충만을 받으려면 기도해야 합니다. 우리 교회 집회에 참석하면 80분을 기도해야 합니다. 그런데 가끔 기도를 하지 못하는 분들이 오십니다. 그러면 제가 기도하는 방법을 알려드립니다. 순종하고 따라서 기도합니다. 그러면 금방 성령 충만을 받아 80분을 10분과 같이 쉽게 기도합니다. 기도를 어렵게 생각하면 안 됩니다. 숨을 들이쉬고 내쉬면서 주여! 하면 되는 것입니다.

계속 자신 안에 주인으로 계시는 성령하나님을 찾는 것입니다. 그러면 성령으로 충만해지는 것입니다. 좋은 말로 머리 써서 장구하게 하려고 하니 기도가 어려운 것입니다. 그저 숨을 들이쉬고 내 쉬면서 주여! 하면서 하나님을 찾아보시기를 바랍니다. 그러면 성령으로 충만해집니다. 성도들은 주일이 중요합니다.

저희 교회는 주일 오전에 40분기도합니다. 주일 오후에는 50분간 기도합니다. 이렇게 기도해야 성도들이 주중에 세상에서 성령 충만하게 지낼 수가 있기 때문입니다. 성도들이 항상 마음으로 기도한다고 하더라도 삶이 바쁘기 때문에 기도를 집중으로 하기는 곤란할 것입니다.

성령 충만한 목회나, 교회 부흥은 목회자의 하루 평균 기도 시간과 비례한다고 생각합니다. 만일 목회자의 기도 시간이 하루 2

시간도 안 된다면 성령 충만한 목회는 애당초 생각을 말아야 합니다. 성경 가르치는 랍비밖에 될 수가 없을 것입니다. 성령하나님의 생명을 전달하는 사람이 목회자입니다. 성도들이 성령으로 하나님의 생명을 전달 받아야 전도합니다. 전도는 성령의 권능으로 하는 것입니다. 전도하라고 말만 하시지 말고 성령으로 충만하도록 예배를 인도해야 할 것입니다.

목회자의 직무는 초대교회 사도들이 그랬던 것처럼 기도하는 일과 말씀 사역(행 6:4)에 힘쓰는 일입니다. 목회자가 기도하는 일과 말씀 사역을 제치고 다른 일에 바쁠 수는 없습니다. 어떤 목사님은 교회 안에 개구리가 되라고 하십니다. 필자가 체험하고 나니 맞는 말입니다.

초대교회가 "하나님의 말씀이 점점 왕성하여 예루살렘에 있는 제자의 수가 더 심히 많아지고 허다한 제사장의 무리도 이 도에 복종"(행 6:7)하게 된 이유는 오로지 기도하는 일과 말씀 사역에 힘을 쓰겠노라는 사도들의 결심 때문이었습니다.

뿐만 아니라 초대교회의 일곱 집사의 자격 조건은 "성령과 지혜가 충만하며 칭찬을 받는 사람"이었습니다. 초대교회의 집사의 자격 조건도 성령으로 충만한 사람이어야 했다면 목회자의 성령 충만은 두말할 것도 없습니다. 목회자는 앉으나 서나, 눕고 일어설 때나, 길을 가거나 설 때에도 마음으로 하나님께 기도하면서 성령의 충만을 사모해야 합니다. 길을 걸어가면서도 자신 안에 성령하나님을 찾으면서 마음으로 기도해야 합니다.

그리고 목회자는 예배나 집회 시작 1시간 전에는 반드시 등단하여 성령의 충만을 구해야 합니다. 예배 시작 1시간 전에 등단하여 '뜨겁게, 간절하게, 성령 충만하게' 기도를 해야 합니다. 목회자의 기도가 예배를 성령으로 충만하게 합니다. 목회자는 반드시 예배 1시간 전에는 등단해서 기도하면서 성령의 충만을 구해야 합니다. 기도하지 않아 마른 풀같이 시들은 영혼으로 무엇을 할 수 있겠습니까?

하나님의 일은 육신이나 지식이나 직분으로 하는 것이 아니라 자신 안에 주인으로 계시는 하나님께서 공급하시는 힘으로 하는 것입니다. "누가 봉사하려면 하나님이 공급하시는 힘으로 하는 것 같이 하라"(벧전 4:11). "사탄이 너희를 밀 까부르듯 하려고 요구"(눅 22:31)하는 이때에 "한 시간도 이렇게 깨어 있을 수 없더냐"(마 26:40)라는 예수님의 안타까운 소리가 들리지 않는다면, 아직은 내 양을 먹일 수 있는 자격이 주어진 것이 아닙니다.

성도들 또한 성령에 취하지 아니하면, 세상의 온갖 죄악과 어두운 세력들의 영향과 지배를 받게 될 것입니다. 기도보다 성령의 충만함 보다 세상이 더 그립다면, 세상 것이 힘이 되고 돈이 힘이 되며 세상 낙이 더 흥겹다면, 하나님의 영이 아니라 세상의 영에 사로잡힌 것입니다.

그러므로 이제라도 깨어 기도해야 합니다. 깨어 마음으로 하나님을 찾으면서 성령을 구해야 합니다. 우리의 대적 원수 마귀가 우는 사자 같이 두루 다니며 삼킬 자를 찾는 이때에 성령으로 충만하지 아니하면 원수 마귀는 기회를 놓치지 아니하고 우리를 삼키고야 말 것입니다.

성령의 충만을 구하십시오. 성령의 삶을 사십시오. 성령님 안에서 사십시오. 성령 충만한 목회를 하십시오. 성령 충만한 설교를 하십시오. 성도는 하루 2시간 이상, 목회자는 하루 3시간 이상이면 족할 것입니다. 특별한 기도 장소에서 기도를 하려고 하니 어려운 것입니다. 기도는 아무 곳에서나 할 수가 있습니다. "너희는 너희가 하나님의 성전인 것과 하나님의 성령이 너희 안에 계시는 것을 알지 못하느냐"(고전 3:16).

넷째, 성령으로 세례를 받아야 합니다. 성령으로 충만한 삶을 살아가려면 먼저 성령으로 세례를 받아야 합니다. 성도들은 물세례 받는 것으로 만족하면 안 됩니다. 반드시 성령으로 세례를 받아야 합니다. 그래야 잠재의식이 정리되기 때문에 영적을 깊어져서 진리이신 예수님을 따라갈 수가 있습니다. 교회는 성도들을 성령으로 세례를 받게 하는 곳입니다. 성령세례는 성령세례 받은 사람(담임목사)을 통하여 전이 됩니다.

필자는 성령세례에는 관념적인 성령세례와 체험적이고 실제적인 성령세례가 있다고 생각합니다. 예수를 믿을 때에 성령님께서 믿게 하셨기 때문에 믿을 때 성령세례를 받았다고 하는 것은 관념적인 성령세례입니다. 우리는 체험적이고 실제적인 성령세례를 받아야 합니다. 예수님을 믿을 때 우리 안에 오신 성령께서 전인격을 장악하시는 것을 실제적 체험적인 성령세례라고 하는 것입니다.

성령세례를 받은 사람은 자기가 성령세례를 받았다는 것을 압니다. 전인격으로 성령세례 받은 것을 느낄 수 있기 때문입니다. 다른 사람도 자신이 성령으로 세례를 받는 것을 볼 수가 있습니다. 성령세례는 우리가 의식할 수 있는 의식적 체험입니다. 성령세례를 몸으로 느낍니다. 성령으로 세례를 받고 나면 기도가 성령으로 됩니다. 말씀이 깨달아 집니다. 개인과 가문에 하나님의 축복이 임합니다. 일상에서 참 평안을 체험하면서 살아갑니다.

오순절 성령강림이 있을 때 성령이 제자들 각 사람 위에 임하였습니다. 그리고 제자들은 나가서 복음을 증언하기 시작했습니다. 제자들에게 '여러분들은 언제 성령세례를 받았습니까?' 라고 물으면 '오순절입니다' 라고 분명히 대답할 것입니다. 사도바울이 갈라디아교회에 편지를 씁니다. "너희가 성령을 받은 것이 율법의 행위로냐 혹은 듣고 믿음으로냐?"(갈 3:2). 사도 바울이 이 질문을 하는 것은 갈라디아교회가 성령 받은 것을 알고 있었다는 것입니다.

성령세례는 예수를 믿을 때 영 안에 임재하신 성령께서 순간 전인격을 장악하는 것입니다. 성령으로 세례를 받을 때 하나님의 영광과 그분의 존재의 실상을 전인격이 자각하는 것을 의미합니다. 살아계신 성령의 역사를 몸으로 느끼고 눈으로 볼 수 있는 현상이 일어나는 것입니다. 물론 다른 사람도 자신이 성령으로 세례를 받는 것을 눈으로 볼 수가 있는 것입니다. 그래서 성령세례 받은 사람들은 이렇게 말합니다. "(벧전 1:8)예수를 너희가 보지 못하였으나 사랑하는 도다. 이제도 보지 못하나 믿고 말할 수 없는 영광스러운 즐거움으로 기뻐하니" 교회는 성도들이 성령으로 세례 받아 권능 있는 삶을 살게 하는 곳입니다. 성령으로 세례를 받아야 성도가 진정한 하늘의 사람으로 변화되기 시작합니다. 성령세례는 참으로 중요한 체험입니다. 성령으로 세례를 체험하지 않으면 성령으로 충만할 수가 없습니다.

다섯째, 집회나 예배에 참석하여 성령으로 충만한 사람에게 안수를 받아야 합니다. 안수기도는 성령으로 세례를 받고 성령의 불로 충만 받고 지배와 장악을 받도록 하는 희한한 도구입니다. 안수기도로 성령의 세례를 받을 수가 있습니다. 성령으로 충만 받을 수가 있습니다.

베드로와 요한이 사마리아인들에게 안수하자 성령이 임했습니다(행 8:17). 아나니아가 바울에게 안수하자 바울이 성령 충만을 받았습니다(행 9:17). 바울이 에베소 교인들에게 안수하자 성령이 임하셨습니다(행 19:6). 이처럼 안수는 성령의 선물을 받는 도구 역할을 합니다(행 8:18).

그렇기 때문에 성령이 역사하는 집회나 예배 때에 성령으로 충만한 목회자에게 안수를 받을 때 성령으로 충만을 받을 수가 있습니다. 성령으로 충만함을 받기 원하는 목회자와 성도들은 안수를 받는 것이 좋습니다. 안수는 아무에게나 받는 것이 아니고 공인된 목회자에게 받아야 한다는 것입니다. 특별하게 안수는 성령 충만을 받는 도구임은 사실입니다. 성령 충만을 사모하시는 분은 가까운 성령 집회에 참석하여 성령 충만한 목회자로부터 안수를 받기를 바랍니다.

필자도 성령이 역사하는 집회에 참석하여 목회자로부터 안수 기도를 받으면서 성령세례와 성령 충만을 받았습니다. 그러나 본인이 마음을 열고 기도하지 않으면 아무리 성령의 능력이 역사하는 목회자에게 안수를 받아도 성령 충만을 받을 수가 없습니다. 그러므로 본인이 뜨겁게 기도하는 것이 중요합니다.

여섯째, 날마다 오직 성령으로 충만하려면 어떻게 해야 합니까? 성령을 새롭게 받으려고 하지 말고 성령님이 내 속에 주인으로 계심을 믿으시기 바랍니다. 고린도전서 12장 3절에서 "그러므로 내가 너희에게 알리노니 하나님의 영으로 말하는 자는 누구든지 '예수를 저주할 자라' 하지 아니하고 또 성령으로 아니하고는 누구든지 '예수를 주시라' 할 수 없느니라." 라고 했습니다. 성령님이 내 안에 들어오셔서 예수님을 믿게 하셨습니다. 예수님을 믿는 사람은 하나님의 영이신 성령이 함께하는 사람입니다.

내 안에 성령님이 계심을 믿으시기 바랍니다. 그리고 성령 충만을 구하시기 바랍니다. 충만이라는 말은 컵에 물을 부어서 넘치는 상태를 충만이라고 합니다. 성령 충만이라고 함은 성령이 내 안과 내 안에서 가득한 차고 넘치는 상태를 말합니다. 성령의 지배와 장악을 받는 상태를 말합니다.

성령으로 충만하기를 구하시기 바랍니다. 누가복음 11장 13절에 "너희가 악할지라도 좋은 것을 자식에게 줄 줄 알거든 하물며 너희 하늘 아버지께서 구하는 자에게 성령을 주시지 않겠느냐 하시니라"(눅 11:13)고 했습니다. 성령 충만을 구하면 주십니다. 성령충만을 위하여 기도해야 합니다.

성령님이 깨닫게 하시는 대로 회개해야 합니다. 사도행전 2:38 베드로가 대답하였습니다. "회개하십시오. 그리고 여러분 각 사람은 예수 그리스도의 이름으로 세례를 받고, 죄 용서를 받으십시오. 그리하면 성령을 선물로 받을 것입니다."

오직 성령으로 충만한 사람이 되라는 말씀은 내 속에 예수님이 충만한 사람입니다. 성령으로 충만한 것은 우리들의 중심에 예수님이 충만한 상태입니다. 그리고 성령으로 충만한 것은 하나님의 말씀으로 충만한 것입니다. 성경 말씀이 우리 중심에 충만하기 바랍니다. 하나님의 말씀인 성경을 읽고 듣고 입과 몸으로 하나님의 말씀을 나타내는 것이 성령으로 충만한 것입니다. 성령충만은 성령으로 기도하고 성령으로 말씀을 깨닫는 것입니다.

또한, 성령으로 충만한 것은 삶이 깨끗한 삶을 살아갑니다. 사람은 다 죄인이기에 죄와 허물이 있습니다. 용서받은 그리스도인이라 할지라도 죄성이 남아 있어서 나도 모르는 사이에 죄를 짓습니다. 그렇지만 오직 성령으로 충만한 사람은 깨끗하게 살려고 힘을 씁니다.

결론적으로 성도들이 내면세계를 정비하고 정화하여 성숙한 그리스도인으로 행복한 그리스도인으로 살아가려면 성령으로 충만해야 합니다. 성령으로 충만하면서 내면세계가 정비되고 정화되는 것입니다. 자신의 내면세계에서 성령의 역사가 일어나 자신을 점령하여 흘러넘치는 것이 진정한 행복입니다.

자신의 내면세계에서 성령으로 충만하게 채워지면 질수록 내면세계는 성령으로 정비되고 점령되고 정화되는 것입니다. 이렇게 성령으로 정비되고 정화되면서 성령의 지배 속으로 들어가게 되는 것입니다. 성령의 지배 속에 들어가면서 내면세계가 정비되고 점령되고 정화되면서 성령으로 충만한 성도가 됩니다. 성령으로 충만해지면 날마다 자신 안에서 행복이 흘러넘치는 것입니다.

성령으로 충만한 성도가 되면서 영적으로 성숙한 그리스도인이 되어가는 것입니다. 행복한 그리스도인이 되는 것입니다. 영적으로 성숙한 그리스도인이 되면서 자연스럽게 외적세계도 성령의 지배 속으로 들어가게 되는 것입니다. 성령의 지배 속으로 들어가면 갈수록 영적이고, 정신적이고, 육체적이고, 환경적인 문제들이 하나씩 없어지기 시작합니다. 예수님의 평안을 체험하며 살아가게 됩니다. 예수님의 은혜로 날마다 마음이 평한하니 행복한 나날을 살아가는 것입니다.

시간이 경과되면서 성령으로 살고 성령으로 행하는 성도가 되는 것입니다. 성령께서 기도하게 하시고, 성령께서 진리를 깨닫게 하시고, 영-혼-육체의 질병이나 상처가 자리 잡지 못하도록 주인으로 좌정하시는 것입니다. 그러면서 성령께서 성도의 내면세계와 외면세계를 지배하고 장악하시면서 인도하시는 것입니다.

그러므로 그리스도인이 내면세계를 정비하고 정화하기 위하여 성령으로 세례를 받아야 하고, 성령으로 충만 받아야 한다는 것을 깨달았다는 것은 인생에 큰 축복이 되는 것입니다. 부디 성령으로 세례 받고 충만 받아 성령의 지배와 장악 속에서 하나님의 축복을 누리시기를 바랍니다.

24장 행복은 기도를 숨을 쉬듯이 하는 것

(요20:22)"이 말씀을 하시고 그들을 향하사 숨을 내쉬며 이르시되 성령을 받으라"

내면세계가 성령으로 충만하여 행복하려면 성령으로 숨을 쉬면서 기도하는 것을 숙달해야 합니다. 숨을 쉬면서 성령으로 기도하여 성령으로 충만하게 하는 방법입니다. 숨을 쉬는 것과 같이 기도하는 성도는 행복한 사람을 살아갑니다. 분명하게 숨을 쉬면서 기도하는 것은 마음으로 예수님을 생각 하면서 찾으면서 숨을 들이쉬고 내쉬는 것입니다.

세상 사람들이 하는 것과 같이 아무 생각 없이 숨을 쉬는 것이 아닙니다. 바르게 적용해야 할 것입니다. 사람의 생명은 숨에 있습니다. 하나님께서는 흙으로 사람을 지으시고, 그 코에 생기를 불어 넣으셨습니다(창 2:7). 그것이 숨입니다.

숨이 있기 전까지 사람은 생명이 없었으나 숨이 시작되면서 사람은 생명을 얻게 되었습니다. 숨이 풍성한 사람은 생명이 풍성한 것이며, 숨이 약하고 위축된 사람은 생명이 연약한 것입니다. 그러므로 사람이 살기 위해서는 음식과 물을 잘 먹고 마셔야 하지만, 이에 못지않게 숨을 잘 하여야 하는 것입니다. 숨을 잘 들여 마시는 것이 생명의 풍성함을 줍니다.

이는 단순한 공기, 산소의 마심이 아니고, 영을, 생명을 마시는 것입니다. 숨 기도를 하려면 반드시 성령의 세례를 받아야 합니다. 반드시 예수님을 생각하면서 해야 합니다. 성령으로 충만한 가운데 발성으로 기도하여 영의 통로가 뚫려야 합니다. 영의 통로가 뚫리지 않은 성도가 숨으로 기도하면 악한 기운의 영향으로 영이 막힐 수도 있습니다. 우리가 바르게 알아야 할 것은 기도는 영의 활동입니다.

고로 기도는 성령으로 해야 합니다. 많은 분들이 기도하면 무조건 성령이 충만해지는 것으로 알고 있습니다. 이는 한번 잘 생각해 보아야 합니다. 세상 사람들도 기도합니다. 세상 사람들이 기도할 때 누가 들어옵니까? 성도의 기도가 세상 사람들과 같은 기도를 한다면 어떤 영이 침입을 하겠습니까?

일부 크리스천이나 목회자들이 숨을 들이쉬고 내쉬면서 기도하는 것에 대하여 의문을 가지고 대하는 분들이 있습니다. 숨을 들이쉬고 내쉰다는 것은 숨을 쉴 때 마음이 열리기 때문입니다. 예수님께서도 "이 말씀을 하시고 그들을 향하사, 숨을 내쉬며 이르시되 성령을 받으라(요 20:22)" 말씀하셨습니다.

숨을 내쉬면서 성령을 받으라고 말씀하신 것입니다. 성령께서 예수님 안에 계시면서 예수님의 숨을 통하여 분출되기 때문입니다. 크리스천들도 마찬가지입니다. 하나님은 자신 안에 있는 마음속에 주인으로 계십니다. 자신 안에서 성령의 역사가 분출되어야 합니다. 그래서 숨을 들이쉬고 내쉬면서 기도하라는 것입니다. 성령께서 사람이 마음을 열어야 역사하실 수가 있기 때문입니다. 이상하다고 거부하면 성령께서 자신 안에서 역사하실 수가 없을 것입니다.

  첫째, 숨을 쉬며 기도하는 원리. 숨을 쉬는 것과 같이 기도하면 행복한 삶을 살아간다고 했습니다. 숨은 기도입니다. 죄를 토하고 의를 받아들인다는 의미에서 기도는 숨입니다. 숨은 생명입니다(창2:7). 히브리말로 "영"을 의미하는 루아흐는 바람, 기운, 숨을 말합니다. 예전에 성령님을 거룩한 숨님이라고 번역한 곳도 있습니다. 숨은 영의 공급과 영을 내쉬는 것입니다. "숨을 내쉬며 가라사대 성령을 받으라(요20:19-23)." 숨은 주님을 들여 마십니다.

  "나 여호와가 말하노라 사람이 내게 보이지 아니하려고 누가 자기를 은밀한 곳에 숨길 수 있겠느냐 나 여호와가 말하노라 나는 천지에 충만하지 아니하냐(렘 23:24)." 내쉬는 숨은 주님의 권능(기름부음)이 흘러나옵니다. 영적인 숨을 합시다. 숨은 자연적 숨(생명을 연장하는 숨)과 영적인 숨 두 종류가 있습니다. 영적인 숨이란 예수 믿고 성령의 세례를 받고 성령의 인도를 받으면서 하는 것을 말합니다.

  숨과 생명의 충만은 같습니다. 강한 숨은 생명의 충만 입니다. 마시는 숨과 내보내는 숨을 합시다. 들이쉬는 숨은 영적 충전입니다. 내보내는 숨은 영과 신체 정화입니다. 물은 혈액과 같은 역할을 합니다. 물은 구름, 바람이 움직이듯이 숨이 혈액의 흐름 움직여줍니다. 숨은 강하고 깊어야 합니다. 자신의 성품을 바꾸게 될 것입니다.

이단들이 영은 보이지 않다고 하면서 자신에게 예수님의 영이 임재 했다고 신도들을 속입니다. 그것은 시뻘건 거짓말입니다. 성령님이 사람을 통과하면 보입니다. 예수님이 얼굴에 나타납니다. 언행으로 나타납니다. 행동으로 나타납니다. 열매로 나타납니다. 숨으로 기도하면 내면이 강화되면 자신에게서 보이는 형상으로 나타난다는 것입니다. 얼굴을 보면 알 수가 있는 것입니다. 그러므로 성도들은 성령의 역사와 귀신의 역사를 분별하는 분별력을 길어야 합니다. 숨은 내면을 강하게 하는데 참으로 중요합니다.

약한 숨은 문제가 있습니다. 심 패 기능이 약하기 때문에 숨이 약한 것입니다. 숨을 쉬면서 기도를 하는데 숨이 잘 쉬어지지 않는 다면 내면세계가 불안정한 것입니다. 하루라도 빨리 성령으로 세례 받고 기도하여 영의 통로를 뚫어야 합니다. 숨은 에너지이며 생기이며 기운입니다. 숨이 약한 사람은 원수 마귀 귀신의 노예 생활에 가까워집니다. 비난 충격과 꾸지람 듣고 야단을 맞게 되면 숨이 약해집니다. 숨과 기운은 이렇습니다. 숨을 쉬는 힘은 그 사람의 생명력입니다.

풍선을 많이 불면 힘이 빠지고 어지러워집니다. 숨을 불어넣어 불은 풍성은 생명의 풍성입니다. 운동은 숨을 확장시켜줍니다. 숨은 나쁜 기운을 배출합니다. 한숨, 눈물, 불평도 배출합니다. 그러나 근심 두려움 원망 분노 등 악한 생각이나 감정에 사로잡힘은 자살 행위입니다. 악한 기운이 자리 잡으면 온갖 재앙을 일으킵니다.

기체의 악성 에너지가 시간이 지나면 암, 결석 등 고체에너지가 됩니다. 주여! 하면서 발성 기도를 통하여 숨을 충분히 배출해야 합니다. 거친 숨은 심장의 경고입니다. 주님의 음성을 들으려면 성령의 임재 가운데 부드럽고 깊고 자연스러운 숨을 쉬는 훈련을 해야 합니다. 대화중 제3자가 들어오면 싸늘해지기도 합니다. 호랑이도 제 말하면 옵니다. 영혼의 감각으로 알게 됩니다. 중보기도 자는 상대의 상태를 느낍니다. 쓰레기를 정화 시킬 능력이 없으면 대화와 접촉을 조심해야 합니다.

둘째, 숨을 쉬듯이 기도하는 방법

1) 숨을 쉬면서 하는 기도: 꼭 성령으로 세례를 받고 성령의 임재가운데 진행해야 합니다. 성령 세례 받지 않고 하는 숨 기도는 사찰에서 하는 명상기도와 다를 바가 없습니다. 반드시 성령으로 숨 기도를 해야 합니다. 그래야 전인격이 성령의 지배를 받게 됩니다.

① 코로 숨을 들이 마시며 "예수님 사랑합니다." 숨을 내쉬면서 "예수님 사랑합니다."

② 코로 숨을 들이 마시며 "예수님" 숨을 내쉬면서 "사랑합니다." 지속적으로 "예수님" 숨을 내쉬면서 "사랑합니다."

③ 입을 벌려 작은 마음의 소리로 하기도 합니다. 입이나 목으로 하는 기도는 될 수 있는 대로 하지 않는 것이 좋습니다. 목이 상할 수가 있기 때문입니다. 숨을 들이 마시고 내 쉬면서 주여! 숨을 들이 마시고 내 쉬면서 주여! 하면서 기도해도 내면이 정화됩니다.

④ 속으로 예수님이나 성령님을 생각하면서 기도를 드리기도 합니다.

⑤ 손을 심장에 대고 심장의 고동에 맞추어서 계속합니다. 반복합니다. 수 천, 수 만 번을 반복합니다. 그리스도인들이 예수님을 부르는 것은 주님과 가까운 교제를 위하고, 성령으로 충만하게 하기 위하여 부르는 프러포즈입니다.

이런 기도를 심장기도, 예수 기도라고도 하며, 숨, 심장, 걸음걸이에 맞추어서도 해보세요. 필자는 하루에 80분정도 걷기를 합니다. 그 때 예수님을 부르면서 숨을 쉬며 기도를 합니다. 예수 충만(성령 충만), 예수 사랑, 나의 하나님 식으로 바꾸어서도 할 수 있습니다. "오~ 주님! 제 마음 안에 충만하게 채워지소서." 기도하면서 숨을 쉬는 것이 좋습니다. 마음으로 예수님을 생각하고 집중하면서 숨을 쉬는 기도를 합니다.

2) 코로 숨을 쉬십시오. 들이쉬는 숨에 마음을 싣고 감사와 기도를 심어서 드립니다. 입으로 숨을 쉬면 입이 마르거나 목이 붓거나 아플 수도 있습니다. 주님의 기운이 임하심을 믿고 합니다.

3) 숨을 의식하십시오. 숨이 기도인 것을 의식하고 주님께 사랑과 감사의 마음으로 고백하면서 하는 것이 중요합니다.

4) 배출 숨을 쉴 때 가슴이 답답함을 느낄 때는 장애물이 있는 경우입니다. 예수님을 부르면서 계속 숨을 쉽니다. 성령이 충만한 가운데 가슴에 힘을 주고 트림하여 배출합니다. 안되면 후~, 하~하고 숨을 토해내세요. 안되면 숨을 들이쉬고 내쉬면서 주여! 하면서 기도허십시오. 절대로 성령의 역사가 일어나야 배출이 된다는 것을 명시해야 합니다.

숨을 깊고 강하게 들이쉬고 내쉬면서 "예수의 이름으로 나쁜 기운은 나가라" "떠나간 곳에 성령으로 충만하게 채워질지어다." 마음으로 명령기도도 하세요. 거울을 보면서 명령할 수도 있습니다. 조용히 숨을 쉬면서 내보낼 수도 있습니다.

5) 충분히 숨을 쉬십시오. 경외감을 가지고 감사하는 마음으로 숨을 쉬어야합니다. 숨이 차단되면 썩기 시작합니다. 지하방, 또는 창문 비닐로 막아도 공기가 상하기 시작합니다.

6) 강한 숨을 쉬는 기도는 가능하면 아랫배에 힘을 주고 숨을 깊게 많이 들어 마셔야 합니다. 배꼽아래까지 바람이 들어오도록 들이마셔야 합니다. 오랫동안 하면 성령의 역사가 일어나기 시작을 합니다. 부르짖는 기도와 비슷합니다.

7) 깊은 숨을 쉬는 기도는 아랫배에 힘을 주며 천천히 숨을 쉽니다. 마음 가라앉히고 조용히, 코를 통하여 깊이 숨을 들여마시고 내쉬고 합니다.

8) 정지 숨 기도는 히브리서 6장 4-6절의 내세의 능력을 맛보는 기도, 성령의 깊은 지배(입신)상태같이, 숨을 멈출 수도 있습니다. 숨을 멈춘다는 것은 자신이 숨을 쉬는 것을 느끼지 못한다는 말입니다. 은사는 영의 영성 아닌 육체의 영성입니다. 은사는 육체로 나타납니다. 은사에 치우치면 영이 안자라고 영에 치우치면 삶은 아름답지만 무능합니다. 그러므로 양자가 균형을 이루어야 합니다. 성령의 은사는 자신의 내면이 정비되고 정화되어 영적으로 성숙하면 나타나지 말라고 해도 은사는 나타납니다.

9) 배로 숨을 쉬면서 하는 기도는 배에는 공기가 들어갈 수 없지만, 아랫배에 힘을 주고 생명력이 배에 충만하도록 숨을 들이 마십니다. 강한 숨기도와 비슷합니다. 성령으로 충만해집니다. 영적인 파워 힘이 생깁니다. 자신감이 생깁니다. 자연스럽게 내면세계가 정비되고 정화됩니다. 요한복음 7장 38절 말씀과 같이 배에서 생수의 강이 흐릅니다. 처음에는 뜨겁지만 후에는 시원하고 평안하여 자유와 행복을 느낍니다.

10) 가슴으로 숨을 쉬는 기도는 심장기도로서 내적 깊은 기도와 비슷합니다. 감정이 섬세하고 눈물 많아집니다. 내적 기름부음을 일으켜줍니다. 영이 강하게 됩니다. 부드럽고 온유한 성품이 됩니다. 불안할 때 숨을 쉬며 낮은 발성 기도를 하면 5분 안에 평안해집니다. 성령이 충만하기 때문에 불안이 떠나가는 것입니다.

머리가 혼란할 때는 배에서 나오는 소리로 조금 높은 찬양을 하면 시원해집니다. 가슴 답답할 때는 배에 힘주고 배에서 나오는 소리로 방언하면 후련해집니다. 처음에는 배기도, 강한기도 후 심장기도로 진행합니다. 아름답고 사랑스러우며 따뜻한 사람 됩니다.

11) 머리로 숨을 쉬는 기도는 주의 이름을 부르며 머리에 마음을 집중하고 숨을 쉽니다. 코로 숨을 들이쉬고 코로 내쉬면서 합니다. 머리가 혼미하고 생각이 복잡한분에 효과가 있습니다. 악몽은 머릿속 정화 과정입니다. 환상이나 신비한 체험 동반할 수도 있습니다. 머리는 영적 문 역할을 하기에 주의가 요망됩니다.

12) 성경 말씀으로 성령을 마시는 숨 기도는 반복되는 짧은 문장으로 깊은 영향주어서, 처음 3,000번, 그 다음 6,000번, 12,000번 후에는 자유롭게 합니다. 평안과 자면서도 임재 느낍니다. "주님! 저를 불쌍히 여기시옵소서" "예수님 사랑합니다." 반복할 때 긍휼과 자비 느낍니다.

성경 전체를 묵상하며 할 수도 있습니다. 성경을 간절한 마음으로 소리 내어 읽는 영성훈련 방법도 있습니다. 소리는 안내고 강하게 부드럽게 숨하며 마시는 것도 좋습니다. 말씀을 눈으로 보며 코로 마셔도 됩니다.

13) 마시는 숨을 다양하게 사용하세요. 찬양 테 잎을 눕거나 쉬는 상태에서 들을 때도 숨을 쉬며 들으세요. 독서하면서도

숨을 쉬며 하는 기도를 적용하세요. 간증이나 설교 테 잎을 들을 때도 적용하세요. 설교를 들을 때도 적용하세요.

14) 즐거움으로 계속 하십시오. 억지로 하는 것은 좋지 않습니다. 습관이 되게 해야 합니다. 듣지 않고 간구만 했으면 듣는 기도와 선포기도로 자신을 정화하세요. 숨을 쉬면서 기도를 하는데 불안하고 즐거움이 사라진다면 재고해 보아야 합니다. 영혼 깊은 곳의 즐거움과 기쁨은 주님의 감동과 인도입니다. 주님은 우리에게 기쁨을 주시는 분입니다.

셋째, 걸으면서 숨을 쉬며 마음으로 기도하라. 걸으면서 숨을 쉬면서 예수님을 생각하면서 마음으로 기도하는 습관을 들이라는 것입니다. 걸으면서 기도하면 마음이 평안해지면서 삶이 행복해 지는 것입니다. 걷기를 시작하려면 바른 자세부터 익혀야 합니다. 바른 자세가 중요한 이유는 첫째로 뇌가 활성화됩니다. 바른 자세로 걸으면 근육이나 감각기관에서 신경계로 전달되는 정보량이 많아져서 대뇌가 더욱 자극을 받기 때문입니다.

둘째로 걸음걸이가 바르면 걷기 편하고 쉽게 지치지 않습니다. 즉, 편하게 걸을 수 있고 피로감을 줄여주는 보법으로 걷다 보면 바른 자세에 이르게 됩니다.

셋째로 걸음걸이가 바르면 남 보기에 좋고, 밝고 활달하며 자신감 있는 이미지를 심어줄 수 있습니다. 그러면 바른 보행 자세란 어떤 것일까요? 꼭두각시 인형처럼 머리 꼭대기에 실이 연결되어 하늘에서 끌어당긴다고 의식하라는 것입니다.

그러면 후두부, 등, 엉덩이의 가장 높은 부분이 일직선을 이루고 두 팔은 겨드랑이를 따라 자연스럽게 내려집니다. 그 자세로 서 있는데 누군가 허리 부분을 강하게 민다고 상상하라는 것입니다. 그러면 오른발이 크게 한보 앞으로 나갑니다. 이때 상체를 똑바로 유지하면 앞으로 내딛던 오른발은 발뒤꿈치부터 착지하고 뒤에 놓인 왼발이 지면을 차는 느낌을 받습니다. 이런 동작을 연속하여 걷는 것이 바른 보행 자세입니다.

자세만큼 중요한 것이 바로 숨을 쉬는 방법입니다. 걷기는 유산소 운동이므로 산소를 충분히 받아들이며 숨을 쉬지 않으면 그 효과가 나타나지 않습니다. 그러면 어떻게 숨을 쉬어야 혈중 산소가 충분해질까? 숨의 '호'가 '숨을 내쉬다.'라는 뜻이라는 데서 알 수 있듯 내쉬는 숨이 먼저입니다.

일단 폐에서 이산화탄소를 한껏 내뱉지 않으면 산소를 받아들일 수 없습니다. 따라서 걸을 때는 먼저 숨을 내쉬는 데 의식을 집중해야 합니다. 숨의 리듬이 발걸음과 조화를 이루어야합니다. 오른 발은 내딛으면서 숨을 들이쉬고, 왼쪽 발을 내딛으면서 숨을 내쉬고, 좌우지간 본인이 하기 쉬운 방법으로 걸으면 됩니다. 이 방법이라면 숨과 보행의 리듬을 맞추기 쉽습니다.

그렇게 걸으면서 마음으로 성령님을 생각하거나 부르면서

걷는 것입니다. 필자는 십 수 년을 이렇게 실천하며 걷고 있습니다. 마음속에 세상 것들이 들어오지 않고 영감이 풍성해지는 효과가 있습니다. 집중력이 좋아집니다. 폐활량이 강해집니다. 심장이 튼튼해집니다. 생활 속에서 운동하는 습관이 되어야 건강을 유지할 수가 있습니다.

넷째, 숨을 쉬며 기도하는 효과

1)내면세계가 정화된다. 마음을 이용하여 예수님을 찾음으로 인하여 성령이 충만하게 됩니다. 자연스럽게 영이신 예수님을 찾음으로 영적인 상태가 되는 것입니다. 영적인 상태가 되니 성령께서 전인격을 사로잡음으로 내면세계가 정화되고 영-혼-육체가 건강해지게 되는 것입니다. 심장과 소장 대장 기능이 튼튼해집니다. 살아가는 것이 행복해집니다.

2)스트레스 해소 효과. 이러한 방법으로 숨을 쉬면서 기도를 할 경우에는 부교감신경이 활발해져 마음이 편안해지기 때문에 우울증, 불면증, 공황장애와 같은 불안 장애를 완화시켜주고 스트레스를 해소 시켜 줍니다.

3)집중력 향상 효과. 두뇌로 산소공급이 활발해지면서 집중력을 향상하는 효과를 느낄 수 있어 학업 및 업무의 능률이 오르지 않는 사람에게도 도움이 됩니다.

4)장운동 활발 효과. 배를 사용하는 숨 쉬는 것이니 장의 운동도 활발해지기 때문에 소화 장애와 변비를 없애주는 역할을

합니다.

5)혈액순환 원활 효과. 혈액순환을 원활하게 도와주어 혈관 내 콜레스테롤을 줄여 심혈관 질환을 예방하고 심폐기능을 향상시키는 효과가 있습니다. 실제로 필자는 숨을 쉬면서 하는 기도를 장기간에 걸쳐서 한 결과 심장 기능이 강화되어 장이 튼튼해졌습니다. 그리고 배에서 올라오는 소리로 설교를 함으로 성대가 상하지를 않았습니다.

6)다이어트 효과. 가슴으로 숨을 쉬는 것 보다 배를 이용하여 숨을 쉬는 것이 칼로리 소모가 높고 신진대사를 활발하게 하여 체중감량에 도움이 됩니다. 숨을 쉬는 것이 이제 얼마나 우리의 몸에 영향을 끼치는지 잘 아시겠지요? 건강을 위해서 복식 숨(호흡) 효과를 잘 숙지하시고, 습관처럼 가슴이 아닌 배로 숨을 쉬면서 예수님을 찾는 기도할 수 있도록 하는 것이 좋습니다.

25장 행복은 걸어 다니는 성전이 됨으로

(고전 3:16)"너희는 너희가 하나님의 성전인 것과 하나님의 성령이 너희 안에 계시는 것을 알지 못하느냐"

진정한 행복은 자신이 걸어 다니는 성전이 되었을 때 누리는 것입니다. 하나님은 예수를 영접한 사람의 마음 안에 주인으로 임재하여 계십니다. 많은 성도들이 성경에 나오는 교회가 보이는 건물 교회인 것으로 알고 있는 경우가 많습니다. 성경에 기록된 교회는 물론 보이는 건물 교회를 말하고 알고 있지만, 성경에 기록된 교회는 대부분 성도들의 전인격이 성전 된 교회를 말합니다.

사람들은 하나님께서 유형 교회 건물 안에나 성당 안에 혹은 기도원에 혹은 가톨릭 교인들이 말하는 피정의 집에 계신다고 말합니다. 실상은 인간이 지은 어떤 형태의 건물이든 그 건물 안에 하나님은 계시지 않습니다. "우주와 그 가운데 있는 만물을 지으신 하나님께서는 천지의 주재시니 손으로 지은 전에 계시지 아니하시고"(행 17:24). 하나님은 바로 성도들의 성전 된 마음속에 거하시는 것입니다. 마음에 하나님을 주인으로 모시지 않은 사람들이 아무리 화려하게 지은 예배당에 모여도 그곳에서는 하나님은 계시지 않습니다. 하나님은 영과 진리로 예배드리는 사람을 찾고, 그런 성도의 마음 속에 주인으로 계시는 것입니다.

사람들의 관심은 눈에 보이는 예배당 건물입니다. 구약의 성전은 하나님의 임재를 나타냈으나 더 이상 백성들은 성전을 통해 하나님의 영광을 보지 못했습니다. 이 시대도 성전 용어보다 교회 예배당이란 말이 합당합니다. "충만한 교회 예배당" 건물로서의 성전은 더 이상 없습니다. 성경은 이제 주님을 모신 우리의 몸이 성전이라 합니다. "너희가 하나님의 성전인 것과 하나님의 성령이 너희 안에 거하시는 것을 알지 못하느뇨(고전3:16)" 우리의 관심은 어디에 있습니까? 웅장하고 화려한 건물입니까? 참 성전이신 예수님을 마음에 주인으로 모시는 믿음의 일입니까? 우리의 관심과 열정은 많은 이들의 심령에 예수생명이 불길처럼 일어나게 하여 행복한 삶을 살아가는 복음 사역이어야 합니다.

첫째, 마귀에게 빼앗긴 우리의 마음. 창세기 1장 27절로 28절에 하나님이 자기 형상 곧 하나님의 형상대로 사람을 창조하시되 남자와 여자를 창조하시고 하나님이 그들에게 복을 주셨다고 말한 것입니다. 또 창세기 2장 7절에 "여호와 하나님이 땅의 흙으로 사람을 지으시고 생기를 그 코에 불어넣으시니 사람이 생령이 되니라"고 했습니다. 그런데 하나님은 성경에 보니 영이라고 말했지, 하나님이 육체라고 말하지 않았습니다. 그러므로 육체적인 아담과 하와가 하나님의 형상과 모양이 아니라, 아담과 하와의 마음이 하나님의 형상과 모양이요, 그 마음속에 하나님이 와서 거하시는 것인데, 아담과 하와의 마음이 불신앙과 불순종으로 하나님을 떠나버리고 만 것입니다. 마귀의 말을 듣고 하나님을 반역하고 아담과 하와의 마음이 하나님을 떠나 버렸었습니다. 그러자 하나님도 아담과 하와의 마음속에 거하지 아니하시고 떠나시게 된 것입니다.

창세기 2장 17절에 "선악을 알게 하는 나무의 열매는 먹지 말라 네가 먹는 날에는 반드시 죽으리라" 하셨습니다. 그들이 선악과를 따먹고 그 마음이 죽어서 마귀가 그 마음에 들어오자 하나님은 아담과 하와의 마음을 떠나 버린 것입니다. 타락한 아담과 하와 이후의 인류들은 마음속에 하나님을 모시지 못하고 공중에 권세 잡은 악령을 마음속에 주인으로 모시고 산 것입니다. 사람의 마음은 영을 담든 그릇이기 때문에 성령이든, 악령이든 거하는 것입니다. 중간지대인 마음은 없습니다.

그래서 악령이 시키는 대로 불신앙과 불순종과 세속을 따라서 살았고 하나님과 멀리멀리 떠나 버리고 만 것입니다. 그러므로 사람에게 가장 중요한 것은 마음인 것입니다. 마음이 하나님을 떠나고, 마귀가 점령하자 공허하고 혼돈하며 흑암이 깊이 점령한 마음이 되고 만 것 입니다. 사람의 마음이 죄와 허무와 죽음의 황야가 되고 만 것입니다. 죄가 마음을 부패시키고 마음이 하나님 없으니 허무하기 짝이 없게 된 것입니다.

하나님이 계셔야 마음에 소망이 있고 기쁨이 있고 가치가 있을 것인데 이것 다 잃어버리고 마음이 허무하게 되고 죽음의 광야가 꽉 들어찬 것입니다. 어디에서 와서 왜 살며 어디로 가는지를 마음은 알지 못하고 오직 죄와 허무와 죽음의 황야가 되고 만 것 입니다. 마음이 길을 잃고 방황하게 된 것입니다. 하나님은 방황하는 인간을 예수님을 보내셔서 구원하십니다.

둘째, 예수님의 구원과 성전 회복. 하나님이 우리 마음을 변화시키기 위해서 보내신 분이 하나님의 아들 예수님인 것입니다. 우리 마음을 변화시킬 수 있는 유일한 분은 예수님 밖에 계시지 않습니다. 예수를 영접하면 성령께서 마음 안에 임재하시기 때문입니다. 예수님이 오셔서 십자가를 걸머지고 우리 옛사람을 십자가에 못박아 버려 마음에 죄악을 청산하고 마음을 점령한 귀신을 성령으로 쫓아내고 청소하고 변화시켜 주셨습니다. 그렇기 때문에 십자가의 보혈을 통해서 우리는 새로 거듭날 수가 있는 것입니다. 성경은 "누구든지 그리스도 안에 있으면 새로운 피조물이라 이전 것은 지나갔으니 보라 새것이 되었다"고 말한 것입니다. 주님이 우리를 새것으로 만들기 위해서 이사야 53장 5절로 6절에 보면 "그가 찔림은 우리의 허물 때문이요 그가 상함은 우리의 죄악 때문이라 그가 징계를 받으므로 우리는 평화를 누리고 그가 채찍에 맞으므로 우리는 나음을 입었도다. 우리는 다 양 같아서 그릇 행하여 각기 제 길로 갔거늘 여호와께서는 우리 모두의 죄악을 그에게 담당 시키셨도다."라고 말한 것입니다.

예수님이 우리의 부패하고 부정하고 죽은 마음을 십자가에 걸머지시고 청산한 것입니다. 우리의 육체를 청산한 것이 아니라, 우리 죄악으로 물든 영혼을 청산한 것입니다. 그리고 변화시켜서 하나님의 형상과 모양대로 다시 새롭게 지음을 주신 것입니다. 십자가를 통해서만이 우리는 하나님의 형상과 모양이 복구되고 새로운 피조물이 되는 것입니다. 십자가 없이 인간의 수양과 도덕으로 마음이 변화되지 않습니다. 아무리 자기 피부를 비눗물로 닦아도 황인종이 백인종이 되지 못하고, 흑인종이 황인종이 되지 못하는 것입니다. 마음이 그리스도의 보혈로 말미암아 변화되어야 참 새롭게 변화될 수가 있는 것입니다. 예수님은 보혈과 성령을 통하여 우리 마음을 점령하였던 마귀를 쫓아내고, 하나님과 화목케 하시고 보혈과 성령의 능력으로 우리를 새롭게 한 것입니다. 주의 십자가의 보혈의 능력과 성령의 역사가 없이는 마귀는 쫓겨 나가지도 않습니다. 보혈과 성령의 역사가 일어나면 마귀는 마음에서 철수하는 것입니다. 보혈과 성령의 역사 없이 하나님과 우리 사이를 화목시킬 수도 없습니다. 예수님의 보혈과 성령이 마귀를 청산해 버리고 쫓아내고 죄악을 씻어내고 우리 마음을 하나님과 화목 시키고 하나님이 또다시 우리 마음속에 와서 거하게 만들어 주시는 것입니다. 성도들을 성전으로 가꾸는 분은 성령입니다. 성령으로 기도할 때 성령께서 성도들을 성전으로 정화하시는 것입니다.

셋째, 말씀과 성령으로 마음을 다스리는 자가 삶을 다스린다. 어떻게 하면 마음을 다스릴 수가 있을까요? 하나님의 마음은 우리 마음속에 성령을 통해서 오시는 것입니다. 성령으로 세례를 받고 성령으로 충만 받아 전인격을 성전 만들어야 합니다. 성전 된 육체에 하나님 말씀을 성령으로 받아 드려서 마음을 다스려야 되는 것입니다. 그러므로 말씀을 우리가 듣고 말씀을 읽고 말씀을 묵상하는 것은 굉장히 좋습니다. 성령으로 마음을 다스리지 아니하면 말씀으로 다스리지 아니하면 마음은 절대로 다스려지지 않습니다. 말씀과 성령을 마음속에 항상 채워 놓아야 세상과 마귀가 마음에 들어오지 못합니다. 말씀과 성령의 충만을 등한이 하면 곧장 세상과 마귀가 들어와서 세상과 마귀의 생각을 집어넣어서 마음을 흔들어 놓는 것입니다. 그러므로 하나님의 말씀이 마음을 변화시키는 것입니다. 그러므로 마음으로 늘 하나님을 찾아야 합니다.

히브리서 4장 12절에 "하나님의 말씀은 살아 있고 활력이 있어서 좌우에 날선 어떤 검보다도 예리하여 혼과 영과 및 관절과 골수를 찔러 쪼개기까지 하며 또 마음의 생각과 뜻을 판단 한다"고 말한 것입니다. 말씀과 성령이 마음을 점령해야 되는 것입니다. 로마서 12장 2절에 "너희는 이 세대를 본받지 말고 오직 마음을 새롭게 함으로 변화를 받아 하나님의 선하시고 기뻐하시고 온전하신 뜻이 무엇인지 분별하도록 하라" 하나님의 말씀을 통해서 성도들의 전인격이 어떻게 변화될까요? 하나님의 말씀과 성령을 통해서 "내 마음이 영혼이 잘되고 범사에 잘되며 강건하고 생명을 얻되 풍성하게 얻는 생각으로 꽉 들어차야" 되는 것입니다. 용서와 의로움을 받은 생각으로 꽉 들어차야 되고, 거룩함과 성령 충만의 생각으로 꽉 들어차야 되고, 치료와 건강의 생각으로 꽉 들어차야 되고, 아브라함의 축복과 형통의 마음으로 꽉 들어차야 되고, 부활, 영생, 천국의 마음으로 꽉 들어차야 되는 것입니다. 마음에 하나님의 말씀과 성령이 들어와서 꽉 들어 채우고 새롭게 변화시키지 아니하면 세상과 마귀가 곧장 와서 마음을 부정적이고 파괴적이고 절망적이게 만드는 것입니다. 그렇기 때문에 "지킬만한 것보다 마음을 지켜라. 생명의 근원이 이에서 나온다"고 합니다. 마음을 지키는 것은 성령으로 기도하는 것입니다. 항상 하나님을 찾는 것입니다. 때문에 말씀과 성령으로 마음을 지켜야지 말씀과 성령이 떠나가면 하나님과 교통이 단절되고 마는 것입니다. 그러므로 가장 귀한 것이 하나님의 말씀과 성령인 것입니다.

교회는 생명의 말씀이 준비되어 있고, 성령의 역사로 성도들을 성전으로 가꾸는 곳이 교회인 것입니다. 신앙생활이란 말씀과 성령으로 성도들의 전인격을 변화시키는 것이 신앙생활이 되는 것입니다. 생명의 말씀과 성령의 역사가 없는 교회는 교회가 아닙니다. 교회는 성도들의 전인격이 성전이 되도록 깨끗하게 가꾸기 위하여 필요하다고 해도 과언은 아닙니다. 성도들은 예배당인 교회를 잘 만나야 합니다. 그런데 말씀과 성령의 역사가 없다면 교회로서 사명을 감당할 수가 없는 것입니다. 말씀과 성령의 역사가 없는 예배당인 교회는 종교적인 형식과 의식은 가질 수 있어도, 마음이 변화되지 아니하므로, 운명과 환경이 변화되지 않고, 하나님이 같이 계시지 아니하는 것입니다. 그러므로 우리는 항상 말씀을 사랑하고 성령의 임재가운데 말씀을 듣고, 성령으로 기도하여 말씀이 마음을 점령해서 말씀이 우리 속에서 역사하도록 해야 되는 것입니다.

성령의 역사가 일어나지 않으면 자신의 몸을 성전으로 가꿀 수가 없습니다. 심령에 마귀와 귀신이 거할 수가 있기 때문입니다. 마귀는 사람의 힘으로 어찌할 수 없는 강하자입니다. 반드시 성령의 역사가 일어나야 마귀와 귀신이 떠나가는 것입니다. 심령에서 성령이 사로잡아야 전인격이 성전으로 정화되고 거룩하게 되어 하나님께서 마음대로 역사하실 수가 있습니다. 마음은 성령으로 충만한 믿음으로 다스려야 되는 것입니다.

믿음은 들음에서 나며 들음은 그리스도의 말씀으로 말미암는 것입니다. 하나님의 말씀을 믿는 것입니다. 눈에는 아무 증거 안보이고 귀에는 아무 소리 안 들리고 손에는 잡히는 것 없더라도 하나님의 말씀을 믿고 흔들리지 말아야 마음을 다스릴 수 있는 것입니다. 하나님의 은혜로 주신 약속을 우리는 믿어야 되는 것입니다. 믿으면 그 믿음을 통해서 마음을 다스리고 그 마음이 하나님의 역사를 나타낼 수가 있는 것입니다.

열두 해를 혈루병 앓은 여인을 보십시오. 그가 하나님을 알지 못할 때는 마음을 다스릴 수가 없었습니다. 마음이 불안하고 초조하고 절망이었습니다. "나는 못산다. 나는 할 수 없다. 나는 죽는다"고 생각한 것입니다. 열 두해 동안 피를 흘리고 고통을 당했으니 빈혈증에 걸리고 가족들을 다 떠난 후로 산비아래 초막을 치고 살고 있으니 외롭기 그지없었습니다. 마음을 잡을 수가 없었습니다. 그는 이미 절망하고 죽음이 그 마음을 점령했습니다. 그런데 어느 날 예수 그리스도의 소식을 들었습니다. 하나님의 아들 예수 그리스도께서 갈릴리와 유다를 다니면서 죽은 자를 살리시고, 문둥이를 깨끗이 하고, 앉은뱅이를 일으키고, 천국복음을 전한다는 말씀을 듣고, 이 예수 그리스도를 마음속에 믿자 그 마음이 변화되기 시작한 것입니다.

마음이 변화되어 흑암이 떠나가고 좌절과 절망이 떠나가고 마음에 희망과 꿈과 소망이 넘쳐나자 예수님이 그를 찾아오게 된 것입니다. 마음이 변화된 사람을 예수님이 찾아오시는 것입니다. 마음이 세속으로 꽉 들어찬 사람에게 예수님이 찾아오지 않습니다. 예수님은 마음이 예수 그리스도를 사랑하고 사모하는 자를 찾아오는 것입니다. 혈루병 앓은 여인이 마음속에 예수님을 믿고 예수님을 사모하고 마음이 안정되고 주의 은혜를 받기를 사모하자 예수님이 그 집 앞을 지나가게 되고 예수님을 만나고 그 옷자락에 손을 대고 혈루병이 낫게 된 것입니다. 이 혈루병 앓은 여인이 소망을 갖고 치유를 받은 것은 먼저 마음속에 예수님을 모시고 믿음이 굳세게 섰기 때문에 그렇게 된 것입니다.

그러므로 환경이 변화되기를 기다리지 마십시오. 마음이 변화되면 환경이 따라서 변화되는 것입니다. 자신의 마음 안에서 성령의 역사가 일어나야 환경을 변화시키는 것입니다. 마음에 절망이 있는데 환경이 소망으로 찾을 수 없습니다. 마음에 슬픔이 있는데 환경이 갑자기 기쁨으로 변화될 수 없습니다. 마음에 공포가 있는데 환경에 평화가 다가올 수 없는 것입니다. 마음에 성령으로 충만한 믿음이 있으면 성령의 역사로 공포가 사라지고 평안한 환경이 되는 것입니다. 마음이 천국이면 세상도 천국되는 것입니다. 마음에 평화가 있으면 환경이 평화롭게 되는 것입니다. 마음에 축복이 있으면 환경이 축복으로 변화되는 것입니다. 마음에 치료가 있고 건강이 있으면 환경에 치료와 건강이 다가오게 되는 것입니다. 무엇이든지 마음이 먼저 변화되어야 환경이 변화되는 것입니다. 마음은 생명의 말씀과 성령의 역사로 변화되는 것입니다. 마음에 믿음으로 굳세게 서야 운명과 환경이 변화될 수가 있는 것 입니다. 그렇기 때문에 마음을 지키는 것은 성령으로 충만한 믿음인 것입니다. 하나님은 마음을 하나님의 나라를 만드시기 위하여 마음 안에 성령으로 임재하신 것입니다. 마음을 변화시켜야 모든 것을 변화시킬 수가 있기 때문입니다.

또한 마음은 마음속에 꿈으로 다스려야 되는 것입니다. 85세 된 아브라함이 마음이 흔들리고 마음이 캄캄했습니다. 왜냐하면 얼마 안 있으면 죽을 것인데 나이가 85세요, 아내가 75세인데 아들이 없습니다. 재산이 많습니다. 금과 은도 많고 짐승 떼들도 많은데 이 많은 재산을 상속할 자가 없어서 자기의 종에게 상속하고 갈 수밖에 없습니다. 그러므로 마음이 답답했습니다. 기도하고 부르짖었습니다. 그런데 하룻밤에 아브라함을 천막에서 불러내어 하늘을 쳐다보고 하늘에 있는 별들을 헤아리라고 말했습니다. 그리고 말하기를 "네 자손이 저 별들처럼 많을 것이다."라고 말한 것입니다. 거기에서 아브라함은 마음속에 꿈을 얻었습니다. 몸은 85세입니다. 아내는 75세입니다. 몸이 젊어진 것도 아닙니다. 아내가 젊어진 것도 아닌 것입니다. 그러나 마음이 절망과 흑암과 두려움에서 믿음으로 변화된 것입니다. 왜냐하면 꿈을 가질 수 있게 된 것입니다. 꿈이 마음을 다스린 것입니다. 눈에는 아무 증거 없습니다. 귀에는 들리는 소리 없습니다. 손에는 잡히는 것 없습니다. 몸은 여전히 85살의 늙은 몸입니다. 그러나 마음이 달라진 것입니다. 마음에 꿈을 얻게 된 것입니다. 그들은 하늘의 별과 같이 많은 자녀들을 거느린 사람이 된다는 꿈을 얻게 된 것입니다. 꿈이 마음을 변화시킨 것입니다.

십자가를 바라보면 변화될 수 있는 것입니다. 몸이 변화된 것이 아닙니다. 가정이 변화된 것도 아니고 환경이 변화된 것도 아니지만, 십자가를 바라보고 마음이 변화되면 몸도 변화되고 가정도 변화되고 환경도 변화될 수 있는 것입니다. 먼저 마음이 변화되어야 되는 것입니다. 마음이 무엇으로 변화되는 것입니까? 꿈을 바라볼 때 마음이 변화되는 것입니다. 어디에서 꿈을 얻을 수 있습니까? 십자가를 바라보면 꿈을 얻을 수가 있는 것입니다. 예수님은 십자가를 통하여 죄를 짓고 불의하고 추악하고 버림받아야 마땅한 나를 의롭다하고 용서해 주신 것입니다. 십자가를 통하여 용서받은 의인이 된 꿈을 얻을 수가 있는 것입니다. 소망을 얻을 수가 있는 것입니다. 예수님이 나를 대신해서 마귀와 세상과 싸워서 이기고 우리에게 거룩함과 성령 충만을 주셨으니 십자가를 통하여 거룩함과 성령 충만의 꿈을 얻을 수가 있었던 것입니다. 예수님이 나를 위해서 병들고 고통을 당하여 치료의 은혜를 베풀어 주셨으니 십자가를 통하여 치료의 꿈을 얻을 수가 있는 것입니다. 내가 가난하고 헐벗고 굶주리고 실패했을지라도 예수님이 십자가에서 나를 위하여 저주를 담당하시고 청산하셨기 때문에 십자가를 통하여 아브라함의 복과 형통이 임하는 것을 꿈꿀 수가 있는 것입니다. 내 마음속에 꿈을 받아 들일수가 있는 것입니다. 내가 비록 죽을지라도 십자가를 바라보고 영생을 꿈 꿀 수가 있는 것입니다.

십자가를 가슴에 끌어안고 십자가를 통하여 예수께서 나를 위해서 역사해 주신 그 은혜를 품으면 그 꿈이 이루어져 나오는 것입니다. 영혼이 잘됨같이 범사에 잘되며 강건하고 생명을 얻되 풍성하게 얻는 놀라운 병아리가 깨어 나오는 것입니다. 꿈을 품어야 마음을 지킬 수가 있는 것입니다.

마음은 꿈을 통해서 좌지우지 될 수가 있는 것입니다. 아브라함은 결국 85세에 꿈을 품었더니 100세에 그 꿈이 이루어져서 사랑하는 아들이삭을 선물로 받게 된 것입니다. 그 다음 마음은 입술의 고백을 통해서 지켜질 수가 있는 것입니다. 입술로 시인하므로 기적이 일어나는 것입니다. 로마서 10장 10절에 "사람이 마음으로 믿어 의에 이르고 입으로 시인하여 구원에 이르느니라" 예수 믿는 것도 마음에 그냥 믿어서 구원받는 것이 아닙니다. 입으로 고백해야 구원을 받게 되는 것입니다. 우리가 입술로 말한다는 것은 하나님의 역사를 풀어놓게 되는 것입니다.

잠언 16장 32절에 "자기의 마음을 다스리는 자는 성을 빼앗는 자보다 낫다"고 했는데 마음은 입술의 고백을 통해서 다스릴 수 있는 것입니다. 잠언서 4장 23절에 "모든 지킬 만한 것 중에 더욱 네 마음을 지키라 생명의 근원이 이에서 남이니라" 마음은 입술의 고백을 통해서 지킬 수가 있는 것입니다. 마음에 아무리 긍정적인 마음을 가지려고 해도 입술로 "나는 못한다. 나는 안 된다. 나는 할수 없다. 나는 죽는다. 나는 병들었다"고 고백을 하면 그 마음은 사망의 세력으로 묶이게 되는 것입니다. 마음이 아무리 답답하고 고통스러울지라도 입술로 고백을 긍정적으로 합니다. 예수 그리스도의 십자가의 보혈로 말미암아 "나는 용서받은 사람이다. 나는 의로운 사람이다. 나는 성령님이 주인으로 계신다. 나는 건강한 사람이다. 나는 복 받은 사람이다. 나는 영생복락을 얻은 사람이다. 나는 승리한다. 나는 영혼이 잘되고 범사에 잘되며 강건하며 생명을 얻되 넘치게 얻는 사람이다." 고백하면 그 마음이 기적을 가져오는 것입니다. 성경에 하나님을 믿으라. 누구든지 이 산들에 명하여 저 바다에 던지라 하고 그 말하는 것이 이룰 줄 마음에 믿고 의심하지 아니하면 그대로 되리라. 말씀으로 믿음을 꽉 잡아 놓으면 그대로 이루어진다고 말한 것입니다. 우리 입술의 말이 씨가 되는 것입니다. 그러므로 결코 마음에서 아무리 의로운 긍정적인 마음을 가졌다고 할지라도 입으로 부인하면 다 파괴되어 버리고 마는 것입니다. 입술의 열매를 가지고 마음을 지킬 수가 있는 것입니다.

자신의 전인격(영-혼-육체)을 성전으로 거룩하게 가꾸려면 성령으로 기도하면서 영을 강하게 해야 합니다. 영을 강하게 하는 영적인 방법은 ① 성령으로 말씀을 배우고, 묵상하고, 깨닫고 ② 마음으로 기도하며, 말씀을 삶에 적용하고 ③ 전인격으로 성령하나님을 체험하여 믿음을 갖게 하는 것이 영을 강하게 하여 걸어 다니는 성전으로 살아가는 기본적인 단계이며 절차입니다.

이 세 가지가 어느 한쪽으로 일방적으로 치우치지 않고 균형을 유지해야 하며, 어느 한 가지라도 결여 되었다면 그 것은 온전하지 못한 것입니다. 우리는 하나님이 완전한 것처럼 완전해야 합니다. 완전하다는 말의 헬라어는 '텔레이오스'인데 '전인격이 하나님으로 가득채워지다'라는 뜻을 지닙니다. 이 세 가지 구성 요소 중 어느 것도 빠짐없이 다 들어있는 상태를 말하는 것입니다. 우리의 영이 강해지는 것은 이 세 요소를 다 갖추고 있다는 것을 말합니다. 하나님은 우리가 이런 상태로 살아가기를 원하시는 것입니다.

걸어 다니는 성전으로 살아가는 영적인 습관은 첫째, 걸어가면서 말씀을 묵상하는 훈련입니다. 성령의 지배가운데 마음으로 말씀의 묵상을 지속적으로 하면 영이 강화됩니다. 예를 든다면 하나님은 영이십니다. 하나님은 반석이십니다. 그렇지 않으면 시편1편을 묵상하는 것입니다. 둘째, 걸어가면서 마음으로 기도하는 것입니다. 호흡을 들이쉬고 내쉬면서 하나님을 찾는 것입니다. 저는 마음으로 하나님! 사랑합니다. 하나님! 도와주세요. 하나님! 어떻게 해야 합니까? 하면서 하나님을 찾으며 집중하는 것입니다. 길을 걸어가면서도 쉬지 않고 하나님께 집중하는 것입니다. 셋째, 걸어가면서 마음으로 찬양을 부르는 것입니다. 호흡을 들이쉬고 내쉬면서 마음으로 찬양을 하는 것입니다. 찬양은 자신이 제일 잘 부를 수 있는 찬양을 1절만 지속적으로 하는 것입니다. 이렇게 영을 강화시키는 훈련을 지속적으로 하면 자신의 혼과 육체가 영의 지배를 받아 육체가 강건하여 집니다.

마음을 다스리는 자가 환경과 건강과 운명을 다스리는 것입니다. '아이고 내 팔자야. 나는 왜 이 모양이야. 나는 항상 모든 것이 좌절이 되고 절망이고 실패하고 패배한다.'고 말하면 안 됩니다. 마음을 올바르게 먹으면 마음이 운명을 다스리고 환경을 변화시킬 수가 있는 것입니다. 마음은 무엇으로 다스릴 수 있습니까? 사람의 마음은 하나님의 말씀으로 다스릴 수가 있는 것입니다. 말씀을 묵상하여 말씀이 들어와서 생각을 잡아줘야 되는 것입니다. 생각이 흔들리면 안 되는 것입니다. 생각이 바다 물결같이 흔들리면 안 되는 것입니다.

하나님 말씀이 마음을 점령하고 채워져야 합니다. 그러면 말씀은 변하지 않기 때문에 확실한 생각을 가질 수가 있는 것입니다. 마음은 꿈으로 다스릴 수가 있는 것입니다. 마음은 마음속에 꿈이 있을 때 그 마음을 점령하고 마음을 다스릴 수가 있는 것입니다. 마음은 믿음으로 다스리는 것입니다. 마음은 입술의 고백을 통해서 다스릴 수가 있는 것입니다. 마음으로 기도해야 합니다. 기도할 때 성령으로 충만해지기 때문에 마음을 지킬 수가 있습니다.

하나님의 성령은 우리 몸에 거하는 것이 아니라 마음에 거하고 계신 것입니다. 마음을 통해서 하나님은 역사하는 것입니다. 천국을 누리는 권능이 마음에 있는 것입니다. 그러므로 지킬만한 것보다 마음을 지켜야 되는 것입니다.

이 책을 통해 예수님이 땅끝까지 전파 되기를 소원합니다.
(출판으로 인한 이익금은 문서선교와 개척교회 선교에 사용합니다.)

행복이란 무엇일까?

발 행 일 | 2019. 11.04초판 1쇄 발행

지 은 이 | 강요셉

펴 낸 이 | 강무신

편집담당 | 강무신

디 자 인 | 강요셉

교정담당 | 강무신

펴 낸 곳 | 도서출판 성령

신고번호 | 제22-3134호(2007.5.25)

등록번호 | 114-90-70539

주   소 | 서울 서초구 방배천로 2길 53(방배동)

전   화 | 02)3474-0675/ 3472-0191

E-mail | kangms113@hanmail.net

유   통 | 하늘유통. 031)947-7777

ISBN | 978-89-97999-74-3 부가기호 | 03230

CIP | CIP2019040202

가   격 | 16,000원